JAMES REDFIELD nació en Alabama, Estados Unidos. Estudió en la Auburn University, donde obtuvo un Master of Arts, y está casado con Salle Merrill, también escritora. Es uno de los grandes autores de espiritualidad en el mundo gracias al éxito sin precedentes de *Las nueve revelaciones*, una obra que desde su aparición en 1992 ha vendido más de 20 millones de ejemplares en todo el mundo y se ha traducido a 34 idiomas. Redfield tiene la rara capacidad de crear clásicos instantáneos, y prueba de ello son los varios best sellers que siguieron la saga de La Profecía Celestina: *La Décima Revelación*, *La Undécima Revelación* y *La Duodécima Revelación*.

www.celestinevision.com

Papel certificado por el Forest Stewardship Council®

Penguin
Random House
Grupo Editorial

Título original: *The Secret Of Shambhala: In Search Of The Eleventh Insight*

Primera edición en B de Bolsillo: febrero de 2026

© 1999, James Redfield
Publicado por acuerdo con Grand Central Publishing, un sello editorial de Grand Central Publishing
Group, una división de Hachette Book Group, Inc., Nueva York, EE. UU.
© 2000, 2026, Penguin Random House Grupo Editorial, S. A. U.
Travessera de Gràcia, 47-49. 08021 Barcelona
© Jordi Giménez Samanes, por la traducción
Diseño de la cubierta: Penguin Random House Grupo Editorial
basado en el diseño original de Penguin Random House UK

Printed in Spain – Impreso en España

ISBN: 979-13-87652-64-7
Depósito legal: B-21.433-2025

Compuesto en Comptex & Ass., S. L.
Impreso en Novoprint
Sant Andreu de la Barca (Barcelona)

BB 5 2 6 4 7

La Undécima Revelación
El secreto de Shambhala

JAMES REDFIELD

Traducción de Jordi Giménez Samanes

Para Megan y Kelly,
cuya generación deberá evolucionar conscientemente.

ÍNDICE

AGRADECIMIENTOS

En el proceso de evolución de la concienciación espiritual hay muchos héroes. Debo una gratitud especial a Larry Dossey, por ser pionero en la popularización de la investigación científica en los ámbitos de la plegaria y la intencionalidad; también a Marilyn Schlitz, quien sigue impulsando el desarrollo de nuevos estudios sobre intencionalidad humana para el Institute of Noetic Sciences. En el terreno de la nutrición, debo expresar mi reconocimiento al trabajo ácido-alcalino de Theodore A. Baroody y Robert Young.

Quiero dar las gracias a Albert Gaulden, John Winthrop Austin, John Diamond y Claire Zion, por sus especiales y continuadas contribuciones a esta obra. Y por encima de todo, gracias en particular a Salle Merrill Redfield, cuya intuición y poderosa fe actúan de constante recordatorio del misterio.

NOTA DEL AUTOR

Cuando escribí *Las nueve revelaciones* y *La Décima Revelación* estaba convencido de que la cultura humana se encontraba en un proceso de evolución a través de una serie de revelaciones que apuntaban a la vida y la espiritualidad, revelaciones que podían describirse y estaban documentadas. Cuanto ha sucedido desde entonces no ha hecho más que confirmar esta creencia.

Estamos adquiriendo la conciencia completa de un proceso espiritual más elevado que opera por detrás de los escenarios en que se desarrolla la vida. Y a medida que ganamos conciencia, dejamos atrás una visión del mundo materialista que reduce la vida a la supervivencia, convierte la religión dominical en una experiencia mísera y se sirve de los juegos y las distracciones para relegar el asombro reverencial y auténtico que supone el hecho de estar vivos.

En lugar de esto, lo que deseamos es una vida llena de coincidencias misteriosas e intuiciones súbitas que nos señalen un camino especial para nosotros en esta existencia, una búsqueda de información y experiencia personales, como si algún destino con sentido luchara por emerger. Este tipo de vida es como una novela de detectives vivida en nuestro propio interior, cuyas pistas no tardan en hacernos avanzar de una revelación a otra.

Descubrimos entonces que en nuestro interior hay una experiencia real de lo divino que está esperándonos. Y si somos capaces de encontrar esta conexión, nuestras vidas se ven inspiradas por una claridad y una intuición aún mayores. Comenzamos a captar visiones de nuestro destino, de algún tipo de misión que podemos cumplir, y provistos de ellas empezamos a trabajar los hábitos que nos distraen de nuestro camino, tratamos a los demás con una cierta ética, y permanecemos fieles a nuestro corazón.

De hecho, con la Décima Revelación esta perspectiva se expande más y más hasta englobar el panorama completo de la historia y la cultura. En cierto nivel todos sabemos que, procedentes de un lugar celestial diferente a éste, hemos venido a la dimensión terrena para participar en un objetivo común: crear en este planeta poco a poco, generación tras generación, una cultura completamente espiritual.

Pero en este momento en que estamos captando esta revelación revigorizadora, otra nueva, la Undécima, está ya a las puertas. Nuestros pensamientos y actitudes presuponen la realización de nuestros sueños. De hecho, pienso que estamos por fin a un último paso de la comprensión del modo en que la intencionalidad de nuestra mente, nuestras plegarias e incluso nuestras opiniones y creencias secretas influyen en el éxito en la vida, no sólo nuestro, sino también de los demás.

Basándome tanto en mi propia experiencia como en aquello que está sucediendo a nuestro alrededor, ofrezco el presente libro como un ejemplo de lo que significa este nuevo paso en la conciencia. Creo firmemente que esta revelación se encuentra ya emergente en nuestro mundo, presente incluso en medio de las miles de discusiones espirituales de los últimos tiempos, aunque oculta, eso sí, bajo el odio y el miedo que todavía estigmatizan nuestra era. Como ha sido hasta ahora, nuestra única responsabilidad es la de vivir en consonancia con lo que sabemos, y a partir de ahí ofrecer nuestra mano... y difundir la palabra.

JAMES REDFIELD
Verano de 1999

Espantado entonces el rey Nabucodonosor, se levantó precipitadamente y (...) dijo: ¿No hemos arrojado al fuego tres hombres? (...) Pues bien, yo veo allí cuatro hombres sueltos que se pasean en medio del fuego sin daño alguno, y el cuarto de ellos parece un hijo de dioses. (...) Bendito sea el Dios de Sidraj, Misaj y Abed-Nego, que ha mandado su ángel y librado a sus siervos, que confiaron en él...

Libro de Daniel (Dan 3, 91-95)

1

Campos de intención

Sonó el teléfono, pero no lo cogí. Lo último que necesitaba en aquel momento era otra interrupción que me distrajera de mi trabajo. Traté de ignorarlo y me puse a contemplar por la ventana los árboles y las flores silvestres del campo, imaginando que me perdía en la frondosidad de los bosques que rodean mi casa.

Pero el teléfono volvió a sonar y se me formó en la mente la vaga pero insistente imagen de una persona que necesitaba hablar conmigo. Descolgué enseguida y contesté.

—¿Diga?

—Soy Bill —dijo una voz familiar. Bill era un experto en agronomía que había estado ayudándome en mi jardín. Vivía colina abajo, a pocos metros de distancia.

—Oye, Bill, ¿puedo llamarte yo un poco más tarde? Tengo que acabar un trabajo.

—No conoces a mi hija, ¿verdad?

—¿Cómo dices?

Silencio.

—¿Bill?

—Escucha —dijo por fin—, mi hija quiere hablar contigo. Se trata de algo que puede ser importante. No sé muy bien cómo, pero parece estar familiarizada con lo que haces. Dice que tiene cierta información sobre un lugar que podría interesarte. Un sitio localizado en el norte del Tíbet, creo. Dice que las personas que viven allí disponen de cierta información importante.

—¿Qué edad tiene tu hija? —pregunté.

Bill ahogó una risita en el otro extremo de la línea.

—Sólo tiene catorce años, pero estos últimos días ha estado diciéndome cosas realmente interesantes. Ella esperaba poder hablar contigo esta tarde, antes de irse a jugar el partido de fútbol. ¿Es posible?

En un principio empecé a dar excusas, pero entonces la imagen que se me había presentado cuando sonó el teléfono comenzó a hacerse más grande y nítida en mi mente. En ella aparecíamos una joven, que debía de ser la chica en cuestión, y yo hablando cerca de la gran cascada que había un poco más arriba de su casa.

—Bueno, está bien —dije—. ¿Qué tal a las dos?

—Perfecto —dijo Bill.

De camino me fijé en una casa nueva en el valle al pie de la colina escarpada del norte. Debe de haber ya unas cuarenta, pensé. Y todas construidas en los dos últimos años. La belleza de aquel valle era excepcional, pero la verdad es que no me preocupaba la posibilidad de que pudiera convertirse en un lugar superpoblado, ni de que pudiera echarse a perder el maravilloso paisaje natural. El lugar está situado junto al bosque de un parque nacional, y estábamos a más de quince kilómetros de la ciudad más cercana: demasiado lejos para la mayor parte de la gente. Y la familia propietaria de los terrenos, que estaba vendiendo parcelas seleccionadas en las colinas periféricas, parecía dispuesta a conservar intacta la serenidad de aquellos parajes. Las casas que se construían debían tener poca elevación y quedar ocultas entre los pinos y los ocozoles que poblaban las colinas.

Lo que más me molestaba era la preferencia por el aislamiento que demostraban mis vecinos. La mayoría eran personas en cierto modo poco convencionales, profesionales pertenecientes a carreras diversas, que se habían acondicionado unos espacios únicos que les permitieran trabajar con flexibilidad de horarios según su propia planificación del tiempo: una libertad que era necesaria si uno tenía que vivir a tan lejana distancia de la civilización.

Los vínculos comunes que parecían existir entre nosotros podrían resumirse en un persistente idealismo y en la necesidad de ampliar el campo de nuestras profesiones particulares a través de grandes dosis de visión espiritual, todo ello en la más pura tradición de la Décima Revelación. Pero la mayor parte de los habitantes del valle permanecen en sus casas sin prestar mucha atención a la comunidad ni a la necesidad de construir una visión común entre todos nosotros. Esto se hace especialmente palpable entre quienes profesan inclinaciones religiosas diferentes. Por la razón que sea, nuestro valle ha atraído a personas pertenecientes a un espectro de creencias muy amplio, entre ellas el budismo, el judaísmo, el cristianismo, tanto católico como protestante, y el islam. Y si bien es verdad que no existe ningún tipo de hostilidad por parte de ningún grupo religioso hacia otro, tampoco hay un sentimiento de afinidad.

La falta de sensibilidad comunitaria sí me preocupaba, ya que eran perceptibles una serie de síntomas entre algunos de nuestros chicos que apuntaban a un tipo de problemática propia de los suburbios: demasiado tiempo solos, demasiadas horas mirando vídeos, y demasiada tendencia a mostrar una actitud negativa en el colegio. Empezaba a pensar y a temer que no hubiera en sus vidas el suficiente calor de la familia y la comunidad que permitiese objetivizar estos problemas incipientes para poder verlos con la perspectiva necesaria.

A medida que ascendía la colina escarpada, el camino se estrechaba hasta llegar a un lugar entre dos grandes peñascos que acababan en una cortada de más de cincuenta metros de altura. Una vez pasados los riscos, se podían oír ya los primeros gorgoteos de la cascada de Phillips, así llamada en recuerdo del primer trampero que asentara un campamento en estos lugares a finales del siglo XVII. El agua caía a través de diferentes niveles de roca hasta un remanso que sobrepasaba ya en unos tres metros el espacio que fuera excavado por la mano del hombre. Las sucesivas generaciones que por aquí habían pasado habían ido añadiendo sus respectivas contribuciones, como una hilera de manzanos cerca de la boca de la cascada, o una capa de piedra de mortero para afianzar y hacer más profundo el estanque. Me dirigí hasta donde caía el agua para recoger una poca en el cuenco de las manos. Al agacharme aparté un palo con el brazo de forma inconsciente, pero el palo se movió y se deslizó por la cara de la roca hasta introducirse en un agujero.

—¡Una serpiente! —exclamé en voz alta, al tiempo que daba un paso atrás y sentía unas gotas de sudor asomándome a las cejas. Sigue habiendo peligros en un paraje agreste, aunque quizá no los mismos a los que tuviera que enfrentarse el viejo Phillips siglos atrás, cuando uno podía encontrarse cara a cara en la revuelta de un camino con un puma gigante cuidando de su cría, o peor aún, con una piara de jabalíes armados de afilados colmillos de diez centímetros de longitud capaces de abrirte la pierna hasta el hueso si no eras lo bastante ágil y rápido para ponerte a salvo subiéndote a un árbol. Y si tenías un día especialmente malo, podías topar con un cherokee furibundo o con un seminola errático harto de encontrarse colonos recién llegados en sus territorios de caza preferidos, y que abrigara la convicción de que una cuchillada a tiempo en tu corazón contendría la marea europea de una vez por todas. No, a quienes nos ha tocado vivir en esta generación, nativos americanos o descendientes de europeos, afrontamos peligros directos que ponen a prueba nuestro temple y nuestro valor en momentos aislados.

Los problemas de nuestra generación parecen ser más bien otros, y están relacionados con la actitud que adoptamos ante la vida y con la batalla perpetua entre el optimismo y la desesperación. En nuestros días se alzan por doquier voces fatalistas que nos recuerdan con táctica evidencia que el moderno estilo de vida occidental no puede sostenerse por más tiempo, que el aire de la atmósfera se está recalentando, que los arsenales terroristas no hacen sino multiplicarse, que los bosques están muriendo y que la tecnología ha entrado en una carrera insensata que nos conduce hacia una especie de mundo virtual que está enajenando a nuestros hijos y amenaza con llevarnos por el camino de la alienación sin objeto ninguno.

En contraposición a este punto de vista están, por supuesto, los optimistas, quienes proclaman que la historia siempre ha estado llena de agoreros, que todos nuestros problemas pueden solucionarse a través de la misma tecnología que ha generado tales peligros, y que la humanidad no ha hecho más que comenzar a alcanzar todo el potencial que posee.

Me detuve a contemplar el valle una vez más. Pensé que la Visión de Celestina tenía que estar definida en algún punto entre estos dos polos extremos, y que tenía cabida en ella la fe en el crecimiento personal y en la tecnología del hombre, pero sólo si era desarrollada siguiendo una moción intuitiva hacia lo sagrado, y un optimismo basado en una visión espiritual de la meta hacia la que puede marchar el mundo.

Una cosa era cierta. Si aquellos que creen en el poder de la visión tenían que marcar la pauta, debían comenzar a actuar ya, ahora que estamos atravesando el punto de equilibrio del nuevo milenio. Este hecho no deja de sobrecogerme y siento por él una admiración reverencial. ¿Cómo es posible que hayamos sido los seres afortunados a quienes les ha tocado estar vivos en el momento preciso del cambio no ya de un período de cien, sino de mil años? ¿Por qué nosotros? ¿Por qué esta generación y no otra? Me invade el sentimiento de que las grandes respuestas están aún por llegar.

Dirigí la mirada unos segundos a los alrededores de la cascada, con la vaga esperanza de ver a Natalie por allí cerca. Estaba seguro de que aquella situación se correspondía con la intuición que había tenido. Allí era donde había visto a la chica, junto a la cascada, sólo que yo estaba mirando a través de una ventana o algo así. Resultaba todo muy confuso.

Cuando llegué a su casa, me pareció que no había nadie. Me adentré en el porche de la angulosa construcción de madera oscura y llamé a la puerta con energía. Nadie respondió. Entonces, al mirar hacia la parte izquierda de la casa, algo atrajo mi atención. Al final de un camino de piedra que bajaba más allá del enorme huerto de Bill, había una pequeña pradera más elevada que acababa en el borde mismo de una escarpadura. ¿Qué había pasado con la luz?

Miré al cielo tratando de averiguar qué había sucedido. Había percibido un sensible cambio en la luminosidad proyectada sobre la pequeña pradera, como si el sol hubiera estado oculto detrás de una nube y hubiera asomado de repente, para iluminar aquella zona precisa. Pero no había nubes. Ascendí hasta la pradera y encontré a la muchacha sentada en el lindero de la hierba. Era alta y tenía el pelo oscuro, y llevaba puesto un uniforme de fútbol europeo. Al acercarme se volvió sobresaltada.

—No pretendía asustarte —dije.

Apartó la mirada un instante, como hacen los adolescentes, así que me puse en cuclillas para estar a su altura y me presenté.

Me devolvió la mirada con unos ojos de persona mucho mayor de lo que yo esperaba.

—No estamos viviendo las Revelaciones —dijo.

Me dejó sorprendido.

—¿Cómo dices?

—Las Revelaciones. No las estamos viviendo.

—¿Qué quieres decir?

Me miró con seriedad.

—Quiero decir que no las hemos descifrado del todo. Hay más cosas que aún debemos saber.

—Bueno, no es tan fácil...

Guardé silencio. No podía creer que una chica de catorce años hablara de aquel modo. Por un instante me sentí irritado. Pero entonces Natalie sonrió, no con una sonrisa abierta, sino sólo con un gesto de la comisura de sus labios que le confirió una expresión encantadora. Me sentí más relajado y me senté en el suelo.

—Yo creo que las Revelaciones son algo real —dije—. Pero no son fáciles de asimilar. Requiere su tiempo.

Ella no cedió.

—Pero hay personas que ya las están viviendo.

La miré a los ojos unos instantes.

—¿Dónde?

—En Asia central. En las montañas del Kuenlún. Lo vi en el mapa. —Hablaba con emoción—. Tiene que ir allí. Es importante que vaya. Hay algo que está cambiando. Tiene que ir ya. Tiene que verlo.

Al pronunciar aquellas palabras, la expresión de su

rostro apareció madura, dotada de autoridad, como la de una persona de cuarenta años. Parpadeé varias veces, sin dar crédito a lo que tenía delante.

—Tiene que ir allí —repitió.

—Natalie, no sé muy bien de qué lugar estás hablando. ¿Qué sitio es ése?

Miró hacia otro lado.

—Dices que lo viste en un mapa. ¿Podrías enseñármelo?

No hizo caso de lo que le decía, como si pensara en otra cosa.

—¿Qué... qué hora es? —preguntó hablando despacio, con un tartamudeo.

—Las dos y cuarto.

—Tengo que irme.

—Espera un momento, Natalie. Ese lugar que dices, me gustaría...

—Las chicas del equipo me están esperando. Voy a llegar tarde.

Se había levantado y caminaba a toda prisa, por lo que me costaba alcanzarla.

—Ese sitio de Asia, ¿serías capaz de recordar exactamente dónde está?

Me miró por encima del hombro y sólo vi la expresión de una chica de catorce años pensando en su partido de fútbol.

Al volver a casa, me sentí totalmente desconcertado. ¿Qué significaba todo aquello? Permanecí sentado a mi escritorio con la mirada fija, incapaz de concentrarme. Más tarde fui a dar un largo paseo y a tomar un baño en el río. Decidí llamar a Bill a la mañana siguiente y llegar al fondo del misterio. Me acosté temprano, pero hacia las tres de la madrugada, algo me despertó. La habitación estaba a oscuras. La única luz visible era la que se filtraba por debajo de la persiana. Escuché con atención, pero no distinguí nada aparte de los sonidos habituales de la noche: un intermitente coro de langostas, el croar monótono de las ranas en el río y, a lo lejos, el apagado ladrido de un perro.

Pensé en levantarme a cerrar las puertas de la casa, algo que rara vez hacía. Pero me encogí de hombros y deseché la idea; preferí dejar que me ganara otra vez el sueño. Me habría dormido enseguida de no ser porque al dar un último y somnoliento vistazo a la habitación percibí un ligero cambio en la ventana. La luz que entraba del exterior se había intensificado.

Me incorporé en la cama y miré con más atención. No cabía duda, a través de la persiana se filtraba más luz que antes. Me puse unos pantalones y me acerqué a la ventana. Separé con los dedos las láminas de madera. Todo parecía normal. ¿De dónde provenía aquella luz?

De repente oí un leve ruido detrás de mí. Había alguien dentro de casa.

—¿Quién anda ahí? —pregunté de forma instintiva.

No hubo respuesta.

Salí de la habitación y caminé por el pasillo que lleva a la sala de estar, pensando en coger el rifle para serpientes del armario. Pero me acordé de que la llave del armario estaba en la cómoda de la habitación, al lado de la cama, así que en lugar de volver sobre mis pasos continué caminando con tiento.

De repente noté una mano que me tocaba el hombro.

—Shhh, soy Wil.

Reconocí la voz de inmediato y asentí con la cabeza. Me acerqué al interruptor de la pared para encender la luz, pero él me detuvo, luego cruzó la habitación y se asomó a la ventana. Mientras se desplazaba, me di cuenta de que su aspecto había cambiado desde la última vez que le había visto. No se movía con la misma gracilidad y sus rasgos parecían de lo más corriente, habían perdido la ligera luminosidad de antes.

—¿Qué estás mirando? —pregunté—. ¿Qué sucede? Me has dado un susto de muerte.

Volvió hacia donde yo estaba.

—Tenía que verte. Todo ha cambiado. Vuelvo a estar donde estaba.

—¿Qué quieres decir?

Wil sonrió.

—Creo que estaba previsto que pasara todo esto, pero el caso es que ya no puedo entrar mentalmente en las otras dimensiones como hacía. Sigo elevando mi energía hasta cierto nivel, pero ahora me siento firmemente asentado en este mundo. —Apartó la mirada un instante—. Es como si cuanto hicimos por comprender la Décima Revelación no hubiera sido más que una prueba, una visión preliminar, un repaso fugaz al futuro, como cuando se tiene una experiencia límite con la muerte, y que ahora todo eso hubiera acabado. Sea lo que sea lo que tengamos que hacer, debemos hacerlo aquí, en nuestra Tierra.

—De todas formas yo nunca podría repetirlo de nuevo —dije.

Wil me miró a los ojos.

—¿Sabes? Se nos ha dado mucha información acerca de la evolución humana, sobre lo que es prestar atención, sentirse guiados por la intuición y las coincidencias. Hemos recibido la consigna de mantener una nueva visión, todos la hemos recibido. Sólo que no estamos haciendo que suceda al nivel al que somos capaces. Hay algo que aún nos falta por conocer.

Guardó un minuto de silencio y luego dijo:

—Todavía no estoy seguro de cuál es la razón, pero tenemos que ir a Asia... Tenemos que llegar hasta cierto lugar cercano al Tíbet. Allí está sucediendo algo. Algo que debemos conocer.

Me quedé perplejo. Era lo mismo que me había dicho la joven Natalie.

Wil volvió a la ventana y escudriñó a través de ella.

—¿Por qué miras todo el rato por la ventana? —pregunté—. ¿Y por qué te has introducido así en mi casa? ¿Por qué no llamaste sin más? ¿Pasa algo?

—Nada, probablemente —replicó—. Pero ayer me pareció que me seguían, aunque no puedo asegurarlo.

Volvió de nuevo a donde yo estaba.

—Por ahora no puedo dar una explicación a todo lo que está pasando. Ni siquiera estoy seguro de qué es. Pero hay un lugar situado en Asia que debemos hallar. ¿Podemos vernos el día dieciséis en el hotel Himalaya de Katmandú?

—¡Un momento, Wil! Tengo cosas que hacer. Me comprometí a...

Wil me miró con una expresión que sólo había visto en su rostro, una auténtica mezcla de disposición a la aventura y de decisión.

—Está bien —dijo—. Si no estás allí el día dieciséis, significará que no vendrás. Pero si vienes, asegúrate de estar alerta. Algo pasará.

Hablaba en serio al dejar en mis manos la elección, pero lo hacía con una amplia sonrisa.

Desvié la mirada, contrariado. Me sentía remiso a hacer lo que me pedía.

A la mañana siguiente decidí no decirle a nadie adónde iba, salvo a Charlene. Era imposible hablar con ella en persona porque se encontraba en comisión fuera del país, así que decidí dejarle un mensaje en el correo electrónico.

Me senté al ordenador y se lo envié. Como siempre que utilizaba este medio, me pregunté acerca del nivel de seguridad de Internet. Los piratas informáticos son capaces de introducirse en los ordenadores más seguros tanto de las empresas como del gobierno. ¿Qué grado de dificultad podía tener interceptar mensajes enviados a través del correo electrónico, y más teniendo en cuenta que Internet había sido ideado por el Departamento de Defensa como un medio para comunicarse con los investigadores confidenciales que tenían en las principales universidades? ¿Hay alguien que controle toda la red? Deseché aquella preocupación, pensando que estaba comportándome como un tonto. Mi mensaje era uno más entre decenas de millones. ¿A quién podía interesarle?

Desde el ordenador hice los arreglos necesarios para viajar a Nepal y poder llegar a Katmandú el día dieciséis, y hospedarme en el hotel Himalaya. Tendría que partir al cabo de dos días, pensé, el tiempo justo para los preparativos imprescindibles.

Sacudí la cabeza de un lado a otro. En parte estaba fascinado por la idea de irme al Tíbet. Sabía que su geografía era una de las más bellas y misteriosas del mundo. Pero no dejaba de ser un país que estaba bajo el control represivo del gobierno chino, por lo que podía convertirse en un lugar peligroso. El plan era seguir con aquella aventura mientras me sintiera seguro. No estaba dispuesto a volver a extralimitarme en mis posibilidades ni a dejarme arrastrar a situaciones que escaparan a mi control.

Wil se fue de mi casa tan repentinamente como había

llegado, sin añadir más información que lo que me había dicho aquella noche. En mi cabeza se agolpaban multitud de preguntas. ¿Qué sabía él de aquel lugar próximo al Tíbet? ¿Y por qué había una adolescente que me decía que tenía que ir allí? Wil actuaba con una cautela enorme. ¿Por qué? No pensaba ir más allá de Katmandú hasta averiguarlo.

Al llegar el día, traté de mantenerme alerta durante el largo trayecto en avión, con escalas en Francfor y Nueva Delhi, hasta llegar a Katmandú, pero no sucedió nada especial. Una vez en el hotel Himalaya, me registré con mi propio nombre y dejé mis cosas en la habitación. Luego di una vuelta por el edificio y me dirigí al restaurante del vestíbulo. Me senté y esperé a que Wil llegara en cualquier momento, pero no apareció. Al cabo de una hora se me ocurrió esperar en el salón de atención a clientes que, según me indicó un botones, estaba al aire libre. Fuera la atmósfera era un poco fría, pero hacía sol y pensé que el aire fresco me ayudaría a habituarme a la altitud.

Salí del vestíbulo y me dirigí al recinto. Había más gente de la que hubiera imaginado, si bien pocas personas hablaban entre sí. Mientras me sentaba a una de las mesas, me di cuenta de que las personas de mi alrededor —en su mayoría asiáticas, además de algunos pocos europeos diseminados— parecían estar estresadas o muy añoradas. Se miraban entre sí con el entrecejo fruncido y llamaban con un tono seco a los empleados del hotel para pedir bebida o revistas, evitando a toda costa cualquier asomo de contacto visual.

Poco a poco mi estado de ánimo empezó también a decaer. Y bien, pensé, aquí me veo otra vez en un hotel en el otro extremo del mundo, sin una cara amistosa a quien dirigirme. Respiré hondo y pensé una vez más en el aviso de Wil referente a que me mantuviera alerta. Me recordé a mí mismo que Wil se refería a que tuviera presente cualquier posible giro o modificación de sincronicidad, y a que estuviera atento a esas misteriosas coincidencias que pueden aparecer de pronto en un segundo para encaminar la vida de una persona hacia una nueva dirección.

Sabía que el percibir ese fluir misterioso seguía siendo la experiencia central de la verdadera espiritualidad, la evidencia inmediata de que había algo más profundo actuando tras el escenario del drama humano. El problema había sido siempre la naturaleza esporádica de tal percepción; se presenta durante unos momentos para captar nuestra atención y luego desaparece con igual rapidez.

Estaba echando una ojeada general al recinto, cuando reparé en un individuo moreno de alta estatura que salía del hotel y se dirigía hacia mí. Vestía unos pantalones color tostado y un elegante jersey blanco y llevaba un periódico doblado bajo el brazo. Caminó por entre los clientes sentados y ocupó la mesa que quedaba a mi derecha. Mientras agarraba el periódico con la otra mano, miró a su alrededor y me hizo un gesto afirmativo con la cabeza, mostrando una sonrisa radiante. Entonces llamó a uno de los camareros que esperaban de pie y le pidió una botella de agua. Tenía rasgos asiáticos, pero se dirigió al empleado en un inglés fluido y sin acento.

Cuando le trajeron el agua, firmó la nota y se puso a leer. Había algo en él que atraía de inmediato, pero hubiera sido incapaz de decir qué era. Irradiaba unas maneras agradables y una gran energía. De vez en cuando dejaba de leer y miraba al resto de clientes con una abierta sonrisa. En un momento dado entabló contacto visual con uno de los malhumorados caballeros sentados frente a mí.

Yo esperaba que el huraño individuo al que dirigió la

mirada apartara la vista rápidamente, pero en vez de eso le devolvió la sonrisa y ambos iniciaron una conversación intrascendente en una lengua que supuse sería nepalí. En un momento de su charla incluso se echaron a reír. Atraídas por la conversación, varias personas de las mesas contiguas adoptaron una actitud relajada y divertida, y una de ellas dijo algo que originó una nueva sucesión de risas.

Yo observaba la escena con interés. Aquí está pasando algo, pensé. El estado anímico general estaba cambiando.

—Cielos —exclamó el asiático de pelo moreno mirando hacia la posición que yo ocupaba—. ¿Ha visto esto?

Miré a mi alrededor. Los demás parecían haber vuelto a sus respectivas lecturas, mientras él señalaba algo que aparecía en el periódico y acercaba su silla a la mía.

—Han publicado un nuevo estudio sobre la plegaria —añadió—. Es fascinante.

—¿Qué han descubierto? —pregunté.

—Estaban estudiando el efecto de la plegaria en personas que tienen problemas de salud y han descubierto que aquellos pacientes por quienes otras personas ofrecían plegarias de forma regular tenían menos complicaciones y se recuperaban con mayor rapidez, aun cuando no eran conscientes de que otros pronunciaran plegarias por ellos. Es una prueba innegable de que la fuerza de la plegaria es real. Pero han descubierto algo más: la forma de plegaria más efectiva de todas es aquella que está estructurada no como una petición, sino como una afirmación.

—No sé si entiendo bien lo que quiere decir —comenté.

Me miraba fijamente con sus ojos azules.

—El estudio se centraba en dos tipos de plegaria. El

primer tipo es el que consiste simplemente en pedir la intervención de Dios, o de lo divino, para que socorra a una persona enferma. El segundo tipo de plegaria consiste en afirmar sin más, con fe, que Dios socorrerá a esa persona. ¿Ve la diferencia?

—No del todo.

—Un orador que solicita de Dios su intervención está asumiendo que Dios puede intervenir, pero sólo si decide escuchar nuestra petición. Ello implica que nuestro papel se reduce al de pedir. La segunda forma de plegaria presupone que Dios está dispuesto y tiene ya la voluntad de hacerlo, sólo que ha ordenado las leyes de la existencia humana de manera que el cumplimiento de la petición depende en parte de nuestra creencia de que tal cosa sucederá. De modo que nuestra plegaria debe ser una afirmación que proclame dicha fe. En el estudio realizado, este tipo de plegaria se ha revelado la más efectiva.

Asentí con la cabeza. Empezaba a captar la idea.

Mi acompañante desvió la mirada como para reflexionar y luego prosiguió.

—Las grandes plegarias que aparecen en la Biblia son todas afirmaciones, no peticiones. Piense en el Padre Nuestro. «Hágase tu voluntad así en la tierra como en el cielo. Danos hoy nuestro pan de cada día; perdona nuestras ofensas.» No dice: podríamos recibir por favor algo de alimento, ni por favor podríamos ser perdonados. Simplemente afirma que tales cosas están prestas a suceder ya, y gracias a la presuposición confiada de que sucedan, hacemos que pasen.

Guardó silencio de nuevo, como si esperara una pregunta, sin dejar de sonreír.

Yo también sonreí amistosamente. Su buen humor era contagioso.

—Hay científicos que establecen la teoría de que estos descubrimientos tienen otra serie de implicaciones, las cuales poseen un significado muy profundo para todos nosotros. Sostienen que si nuestras esperanzas, los presupuestos emanados de nuestra fe, hacen que la plegaria funcione, entonces es que cada uno de nosotros irradia constantemente al mundo una fuerza de energía oracional, seamos conscientes de ello o no. ¿Comprende de qué modo esto es cierto?

Prosiguió sin esperar a que yo contestara.

—Si la plegaria es una afirmación basada en nuestras esperanzas, o en nuestra fe, entonces todo aquello que esperemos tendrá el efecto de una plegaria. De hecho, estamos orando continuamente en favor de cierto modelo de futuro tanto para nosotros mismos como para los demás, sólo que no somos del todo conscientes de ello.

Me miraba como si acabara de dejarme una bomba de relojería encima de la mesa.

—¿Puede imaginárselo? —continuó—. La ciencia está confirmando hoy las aseveraciones de los místicos más esotéricos de todas y cada una de las religiones pasadas y presentes, quienes siempre mantuvieron que todos ejercemos una influencia mental y espiritual en lo que nos acontece en la vida. Recuerde que el Evangelio dice que si nuestra fe fuera del tamaño de una semilla de mostaza, seríamos capaces de mover montañas. ¿Y si esta capacidad nuestra fuera el secreto para lograr el verdadero éxito en la vida, para crear una comunión auténtica entre todos? —Entornó los ojos como si supiera más cosas de las que estaba diciendo—. Ya va siendo hora de que lo averigüemos.

Estaba verdaderamente intrigado por lo que aquel hombre decía, y asombrado todavía por la transformación experimentada en el estado de ánimo general de todos los clientes, cuando me volví instintivamente hacia mi izquierda, como solemos hacer cuando presentimos que alguien nos está mirando. Sorprendí a uno de los empleados mirándome fijamente desde la puerta de entrada. Al verse sorprendido, se apresuró a desviar la mirada y se alejó hacia un ascensor.

—Disculpe, señor —dijo otro empleado a mis espaldas—. ¿Desea que le sirva algo de beber? —preguntó.

—No... gracias —repuse—. Esperaré un poco.

Al volverme de nuevo vi que el empleado que me había mirado había desaparecido. Durante unos segundos lo busqué con la mirada. Cuando por fin me volví hacia mi derecha, donde estaba sentado el hombre moreno, descubrí que también había desaparecido.

Me levanté del asiento y le pregunté al cliente que ocupaba la mesa de enfrente si había visto marcharse al hombre del periódico. Negó con la cabeza y apartó la mirada con gesto huraño.

Pasé el resto de la tarde en la habitación. Los acontecimientos vividos en el recinto exterior del hotel me habían dejado desconcertado. ¿Quién sería aquel hombre que me había hablado acerca de la plegaria? ¿Había una sincronicidad implícita en aquella información? ¿Y por qué aquel empleado había estado observándome fijamente? ¿Y dónde estaba Wil?

Hacia el atardecer, después de haber dormido una larga siesta, decidí salir a cenar a un restaurante próximo que había oído mencionar a uno de los huéspedes.

—Es muy cerca. Muy limpio —me dijo un conserje con gafas cuando le pregunté cómo llegar al lugar—. Bueno.

Salí por la puerta del vestíbulo y me mantuve alerta

por si veía a Wil mientras caminaba bajo la última luz del día. La calle estaba repleta de gente y me adentré entre la multitud. Al llegar al restaurante me dieron una pequeña mesa en un rincón, junto a una valla de hierro forjado de casi metro y medio de alto que separaba el salón comedor de la calle. Tomé una cena ligera y leí un periódico inglés. Estuve sentado a la mesa más de una hora.

Al final me sentía un tanto incómodo. Tenía la sensación de que alguien me vigilaba de nuevo, pero esta vez no sorprendí a nadie observándome. Miré a las otras mesas, pero nadie parecía prestarme la menor atención. Me puse de pie y atisbé por encima de la valla de hierro a la gente que pasaba por la calle. Nada. Hice un esfuerzo por desprenderme de aquella molesta sensación, pagué la cuenta y volví caminando al hotel.

Cuando ya me aproximaba a la entrada, advertí la presencia de un hombre parado junto a una hilera de plantas a seis o siete metros a mi izquierda. Nos miramos y él echó a andar en mi dirección. Aparté la vista y seguí mi camino cuando caí en la cuenta de que se trataba del empleado al que había sorprendido mirándome en el recinto exterior de atención a clientes, sólo que ahora iba vestido con tejanos, una sencilla camisa azul y zapatillas de deporte. Aparentaba unos treinta años y la expresión de sus ojos era muy seria. Al pasar junto a él apreté el paso.

—Disculpe, señor —me llamó.

Yo seguí caminando.

—Por favor —insistió—. Tengo que hablar con usted.

Continué unos metros más hasta quedar a la vista del portero y del personal de recepción. Sólo entonces me volví y pregunté:

—¿Qué desea?

Se acercó hacia mí con una semirreverencia.

—Creo que he venido a encontrarme con usted. ¿Conoce al señor Wilson James?

—¿Wil? Sí. ¿Dónde está?

—Le ha sido imposible venir. Me pidió que viniera a buscarle en su lugar.

Me ofreció la mano y se la estreché con cierto reparo, mientras me presentaba.

—Me llamo Yin Doloe —dijo.

—¿Es usted empleado del hotel? —le pregunté.

—No, lo siento. Tengo un amigo que trabaja aquí. Me prestó la chaqueta de su uniforme para que pudiera moverme sin problemas. Necesitaba comprobar que usted había venido.

Le miré con detenimiento. El instinto me decía que estaba diciendo la verdad. Pero ¿por qué tanto secretismo? ¿Por qué no se había dirigido a mí en el servicio de atención a clientes y me había preguntado mi nombre?

—¿Qué es lo que ha retenido a Wil? —pregunté.

—No lo sé exactamente. Me pidió que viniera a buscarle y le llevara a Lhasa. Supongo que su intención es reunirse allí con nosotros.

Miré hacia otro lado. Las cosas comenzaban a presentar un mal cariz. Me volví de nuevo hacia él y dije:

—No estoy muy seguro de querer hacer lo que me propone. ¿Por qué no me ha llamado él mismo?

—Estoy seguro de que hay una razón importante —replicó Yin dando un paso hacia mí—. Wil insistió mucho en que le llevara a usted con él. Le necesita. —Me miraba con ojos suplicantes—. ¿Podemos irnos mañana?

—Hagamos una cosa —dije—. ¿Por qué no entramos en el hotel, tomamos una taza de café y discutimos la situación?

No dejaba de mirar a todas partes como si tuviera miedo de algo.

—Por favor, lo recogeré mañana por la mañana a las ocho. Wil ya reservó los billetes de avión y sacó un visado para usted.

Sonrió y acto seguido se escabulló antes de que yo pudiera protestar.

Salí a las 7.55 por la puerta del vestíbulo principal llevando conmigo únicamente una bolsa de viaje. La consigna del hotel había accedido a guardarme todo lo demás. Mi plan era regresar al cabo de una semana... a menos, claro estaba, de que sucediera algo extraño. En tal caso volvería de inmediato.

Yin se presentó a la hora exacta al volante de un viejo Toyota y salimos en dirección al aeropuerto. Durante el trayecto se mostró cordial, pero continuó alegando ignorancia en lo referente a lo sucedido con Wil. Se me ocurrió contarle lo que me había dicho Natalie en relación con aquel misterioso lugar situado en Asia central, así como la conversación nocturna con Wil en mi casa, sólo por ver su reacción. Pero al final decidí no hacerlo. Pensé que sería mejor observar a Yin con atención y comprobar cuál era su comportamiento.

Al llegar al aeropuerto verifiqué que en efecto tenía un asiento reservado a mi nombre en un vuelo a Lhasa. Miré a mi alrededor y traté de sopesar el estado de la situación. Todo parecía normal. Yin mantenía una actitud sonriente, prueba palpable de su buen humor. A diferencia, por desgracia, de la empleada de la oficina. Apenas hablaba inglés y era muy desabrida. Al ver con qué exigencias me pedía el pasaporte, no pude evitar irritarme y le contesté de malos modos. Ella se quedó parada mirándome y llegué a pensar que iba a negarse a expedirnos los pasajes.

Yin se apresuró a intervenir y habló con ella en tono tranquilo y en nepalí. Al cabo de unos minutos su actitud pareció cambiar ligeramente. No volvió a dirigirme la mirada, pero el tono empleado con Yin fue más agradable, y hasta se rió de algo que dijo él. Pasados unos minutos teníamos los pasajes y las tarjetas de embarque y estábamos sentados a una pequeña mesa de la cafetería situada junto a la puerta que nos correspondía. Reinaba un fuerte olor a humo de cigarrillos.

—Está usted lleno de enojo —me dijo Yin—. Y no utiliza muy bien su energía.

Me quedé desconcertado.

—¿De qué me está hablando?

Me dirigió una mirada benevolente.

—Me refiero a que no hizo usted nada para ayudar a la mujer de la oficina a modificar su estado de humor.

Enseguida me di cuenta de lo que pretendía decirme. En Perú, la Octava Revelación describía un método para mejorar a los demás concentrándonos en sus rostros de una determinada forma.

—¿Conoce las Revelaciones? —le pregunté.

Yin asintió con la cabeza, sin dejar de mirarme.

—Sí —dijo—. Pero hay algo más.

—No es tan fácil acordarse en todo momento de enviar energía —añadí en defensa propia.

Con un tono muy reflexivo, Yin dijo:

—Pero tiene que darse cuenta de que igualmente estaba influyendo en ella con su energía, fuera consciente de ello o no. Lo importante es el modo en que usted establece su... su campo de... de... —Yin hacía esfuerzos por encontrar la palabra inglesa adecuada—. Su campo de *intención* —dijo por fin—. Su campo de plegaria.

Le miré con atención. Era como si Yin pretendiera

describir la plegaria con el mismo sentido en que lo hiciera el hombre moreno del hotel.

—¿Qué quiere decir exactamente? —pregunté.

—¿Ha estado alguna vez en una habitación con gente, en una situación en que la energía y el estado de ánimo general fuesen bajos, y entonces llegara alguien que elevara de inmediato la energía de los presentes, uno por uno, sólo por el hecho de entrar en la sala? Esa persona, él o ella, irradia un campo energético que llega a todas las demás.

—Hummm, sí —dije—. Ya veo lo que quiere decir.

Su mirada me penetró.

—Si quiere encontrar Shambhala, debe aprender a hacer eso mismo de un modo consciente.

—¿Shambhala? ¿De qué está hablando?

Yin palideció de pronto, y adquirió una expresión de gran embarazo. Sacudió la cabeza de un lado a otro, como si se hubiera dado cuenta de que se había extralimitado y hubiera dejado traslucir algo que no debía.

—No tiene importancia —dijo con voz pausada—. Eso ya no es cosa mía. Es Wil quien debe explicárselo.

La cola para subir al avión estaba formándose ya y Yin se volvió y se dirigió hacia el oficial que recogía los billetes.

Yo me quedé devanándome los sesos, intentando ubicar en la memoria la palabra «Shambhala». Al final recordé. Shambhala era el nombre de una comunidad mítica según la tradición budista tibetana, aquella en la que estaban basadas las historias acerca de Shangri-La.

Miré a Yin a los ojos.

—Ese lugar es un mito... ¿no es así?

Yin se limitó a entregarle el billete al oficial y se introdujo por el pasillo de embarque.

Durante el vuelo a Lhasa, Yin y yo ocupamos asientos situados en secciones diferentes del avión, lo cual me concedió tiempo para pensar. Todo lo que sabía de Shambhala era que tenía un gran significado para los budistas tibetanos, cuyos escritos antiguos la describían como una ciudad santa hecha de oro y diamantes, ocupada por lamas y adeptos al budismo... y escondida en algún remoto lugar de las vastas e inhóspitas regiones del norte del Tíbet o de China. En los últimos tiempos, no obstante, la mayoría de los budistas parecían referirse a Shambhala en términos meramente simbólicos, como representación de un estado espiritual de la mente, no como un lugar ubicado en un espacio real.

Busqué en la bolsa del respaldo del asiento de enfrente y extraje un folleto de viaje del Tíbet, con la intención de actualizar en mi mente su geografía. Situado entre China, al norte, y la India y Nepal, al sur, el Tíbet está constituido fundamentalmente por una gran meseta donde pocos lugares bajan de los mil ochocientos metros de altitud. En su frontera meridional se encuentran las cumbres más elevadas del Himalaya, incluida la del Everest, y en el norte, a lo largo de la frontera interior con China, está la vasta cordillera de Kuenlún. Entre ambos confines abundan las gargantas profundas, los ríos salvajes y centenares de kilómetros cuadrados de pedregosa tundra. Según se desprendía del mapa, la parte oriental del Tíbet parecía ser la más fértil y poblada, mientras que el norte y el oeste parecían montañosos y escasamente poblados.

Sólo parecía haber dos carreteras importantes en la parte occidental del Tíbet: una al norte, utilizada principalmente por camioneros, y otra al sur, que bordeaba el Himalaya y era zona de paso de los peregrinos de toda la región que iban al encuentro de los lugares sagrados del

Everest, el lago Manasarovar o las montañas de Kailas, y más allá, hasta las misteriosas cumbres del Kuenlún.

Levanté los ojos del folleto. Mientras volábamos a más de diez mil metros de altitud, comencé a percibir una inequívoca variación en la temperatura y la energía del exterior. Por debajo de mí, las cimas del Himalaya se elevaban como puntiagudas agujas de piedra y hielo, enmarcadas en un límpido cielo azul. Volamos casi por encima de la cumbre del Everest al penetrar en espacio aéreo del Tíbet, la tierra de las nieves perpetuas, el techo del mundo. Aquélla era una nación de indagadores de la introspección, de viajeros interiores, y al contemplar los verdes valles y las pedregosas llanuras rodeadas de montañas que se extendían a mis pies, me sentí invadido por un respeto reverencial ante su misterio. Era una verdadera desgracia que sufriera en la actualidad la brutal administración de un gobierno totalitario. ¿Qué estaba haciendo yo allí?, me pregunté.

Me volví para mirar a Yin, que estaba sentado cuatro filas más atrás. Me molestaba su secretismo para conmigo. Me mentalicé una vez más de que tenía que mantenerme muy cauto. No estaba dispuesto a proseguir más allá de Lhasa sin una explicación completa.

Cuando llegamos al aeropuerto, Yin se resistió a contestar mis preguntas sobre Shambhala, afirmando una y otra vez que pronto nos reuniríamos con Wil y que él me informaría de todo. Cogimos un taxi y nos dirigimos a un pequeño hotel en los aledaños del centro de la ciudad, donde se suponía que Wil estaba esperándonos.

Sorprendí a Yin mirándome fijamente.

—¿Qué sucede? —pregunté.

—Sólo estaba cerciorándome de que se aclimata a la altitud —dijo él—. Lhasa está a tres mil seiscientos metros sobre el nivel del mar. Será mejor que se lo tome con paciencia, al menos durante un buen rato.

Asentí para demostrarle que agradecía su preocupación, pero por experiencias pasadas sabía que no me costaba adaptarme a las alturas. Estaba a punto de comentarlo cuando distinguí en la distancia una enorme estructura con aspecto de fortaleza.

—El palacio de Potala —dijo Yin—. Quería que lo viera. Fue la residencia invernal del Dalai Lama antes de su exilio. Hoy simboliza la lucha del pueblo tibetano contra la ocupación china.

Miró a otro lado y permaneció en silencio hasta que el vehículo se detuvo, no delante del hotel, sino unos treinta metros más abajo de la calle.

—Wil vendrá enseguida —dijo Yin al tiempo que abría la portezuela—. Espere en el taxi. Yo voy a registrarnos.

Pero en lugar de apearse, se quedó mirando fijamente la entrada del hotel. Al darme cuenta miré en la misma dirección que él. La calle estaba repleta de transeúntes tibetanos y de algunos pocos turistas, pero todo parecía normal. Entonces advertí la presencia de un chino de baja estatura parado junto a la esquina del edificio. Sostenía un papel en las manos, pero sus ojos vigilaban la zona con atención.

Yin miró hacia los coches aparcados junto a la acera de enfrente. La mirada de Yin se detuvo en un viejo sedán oscuro ocupado por varios hombres con traje.

Yin le dijo algo al taxista, quien nos miró con nerviosismo a través del espejo retrovisor y condujo el vehículo hacia el siguiente cruce. Al arrancar, Yin se agachó para no ser visto por los individuos del coche aparcado.

—¿Qué pasa? —pregunté.

Yin ignoró mi pregunta y ordenó al taxista que girara a la izquierda y se dirigiera al centro de la ciudad.

Al final le agarré del brazo y le ordené:

—Yin, dígame qué está pasando. ¿Quiénes eran esos hombres?

—No lo sé —respondió—. Pero seguro que Wil no está en ese hotel. Creo que sé dónde debe haber ido. Vigile a ver si nos siguen.

Miré por la ventanilla trasera mientras Yin le daba al conductor otra serie de instrucciones. Detrás de nosotros circulaban varios coches, pero todos fueron tomando otras direcciones. No había el menor rastro del sedán oscuro.

—¿Ve algo? —preguntó Yin, al tiempo que se volvía para mirar él mismo.

—Creo que no —repuse.

Iba a preguntarle a Yin otra vez qué estaba pasando, cuando advertí que le temblaban las manos. Observé su rostro durante unos segundos. Estaba pálido y cubierto de sudor. Me di cuenta de que estaba aterrorizado. Al verle sentí yo también un escalofrío de miedo que me recorrió todo el cuerpo.

Antes de que pudiera decir algo, Yin señaló al taxista un lugar donde detenerse y me empujó fuera del vehículo, junto a mi bolsa de viaje. Acto seguido me condujo por una calle secundaria y luego nos introdujimos por un estrecho callejón. Tras recorrer treinta o cuarenta metros, apoyamos la espalda contra la pared de un edificio y esperamos unos minutos, controlando la esquina de la calle que acabábamos de dejar. Ninguno de los dos pronunciamos una sola palabra.

Cuando nos pareció estar seguros de que nadie nos seguía, Yin me precedió por el callejón hasta el siguiente edificio y llamó a la puerta con varios golpes. No respondió nadie, pero el cerrojo se abrió misteriosamente desde dentro.

—Espere aquí —me dijo Yin mientras abría la puerta—. Vuelvo enseguida.

Entró sin hacer ruido en el edificio y cerró la puerta. Al oír echar el cerrojo me invadió una oleada de pánico. Y ahora ¿qué?, pensé. Yin estaba verdaderamente asustado. ¿Y si me dejaba allí abandonado? Miré hacia la bocacalle por donde se veía cruzar la gente. Aquello era exactamente lo que había estado temiendo. Parecía como si alguien estuviera persiguiendo a Yin, y tal vez también a Wil. No tenía la más remota idea de en qué lío me estaba metiendo.

Tal vez fuera mejor que Yin desapareciera, pensé. Así podría volver corriendo hasta la otra calle y confundirme entre la multitud hasta encontrar el camino del aeropuerto. Y en ese caso, ¿qué otra cosa podría hacer, sino volverme a casa? Nadie podría por ello cargarme con la responsabilidad de buscar a Wil o intentar cualquier otra cosa en aquella triste aventura.

La puerta se abrió de repente y apareció Yin.

—Wil ha dejado un mensaje —dijo Yin—. Vámonos.

Continuamos unos metros más por el callejón y nos escondimos entre dos grandes cubos de basura, mientras Yin abría un sobre y sacaba de él una nota. Le observé mientras leía. Cada vez parecía más pálido. Cuando concluyó me pasó la nota.

—¿Qué dice? —pregunté, cogiendo el papel. Al leer reconocí la caligrafía de Wil:

> Yin, estoy convencido de que se nos permite ir a Shambhala. Pero yo debo ir por delante. Es de la mayor importancia que traigas contigo a nuestro amigo americano. Ya sabes que los dakini te guiarán.
>
> WIL

Miré a Yin, quien sostuvo la mirada un momento y luego la apartó.

—¿Qué quiere decir con eso de «se nos permite ir a Shambhala»? Habla en sentido figurado, ¿no? No creerá que pueda ser un lugar real, ¿verdad?

Yin miraba al suelo.

—Wil piensa que es un lugar que existe realmente —dijo en un susurro.

—¿Y usted? —pregunté.

Desvió la mirada, con una expresión como si le hubieran cargado todo el peso del mundo sobre los hombros.

—Sí... sí... —admitió—. Lo que pasa es que a la mayoría de la gente le resulta muy difícil concebir un lugar así, y todavía más llegar hasta él. Desde luego que ni usted ni yo podemos... —Su voz se desvaneció poco a poco hasta enmudecer.

—Yin —dije yo—, tiene que decirme qué está pasando. ¿Qué se trae Wil entre manos? ¿Quiénes son esos hombres que vimos en el hotel?

Yin me miró un momento y luego respondió:

—Creo que son agentes de los servicios de inteligencia chinos.

—¿Cómo?

—No sé qué están haciendo aquí. Parece como si toda la actividad y los comentarios que ha generado el tema de Shambhala les hubiera puesto sobre aviso. Muchos de los lamas que residen aquí, en Lhasa, se han dado cuenta de que algo está cambiando con respecto a ese lugar santo. Se ha hablado mucho.

—¿Cambiando? ¿En qué sentido?

Yin respiró hondo.

—Yo quería que fuera Wil quien se lo explicara... pero supongo que en las circunstancias actuales debo intentar hacerlo yo mismo. Es necesario que usted comprenda qué es Shambhala. Las personas que hay allí son seres humanos nacidos en aquel santo lugar, pero se encuentran en un estadio evolutivo superior. Desde su morada ayudan a mantener la energía y la visión a todo el resto del mundo.

Aparté la mirada, pensando en la Décima Revelación.

—¿Como si fueran guías espirituales?

—No como usted lo imagina —repuso Yin—. No son como los miembros de una familia u otras almas de la Otra Vida que pudieran estar ayudándonos desde esa otra dimensión. Se trata de seres humanos que viven aquí, en la Tierra. Quienes habitan Shambhala han formado un sentimiento de comunidad extraordinario y viven en un nivel de desarrollo superior. Ellos modelan primero aquello a lo que el resto del mundo accederá más tarde.

—¿Dónde está ese lugar?

—No lo sé.

—¿Conoce a alguien que lo haya visto?

—No. De niño estudié con un gran lama que me anunció un día que se disponía a ir a Shambhala. Después de varios días de celebración, se marchó.

—¿Consiguió llegar?

—Nadie lo sabe. Desapareció y nunca más se le vio en lugar alguno del Tíbet.

—Entonces en realidad nadie sabe a ciencia cierta si existe o no.

Yin se quedó callado unos segundos y luego dijo:

—Nosotros tenemos nuestras leyendas...

—¿Quiénes sois vosotros?

Me miró fijamente. Hubiera jurado que había algún tipo de código de silencio que le impedía hablar.

—No puedo decírselo. Tan sólo el líder de nuestra secta, el lama Rigden, podría decidir hablar con usted.

—¿Qué dicen esas leyendas?

—Sólo puedo contarle que nuestras leyendas están constituidas por los testimonios que nos han dejado aquellos que, en el pasado, intentaron llegar a Shambhala. Tienen siglos de antigüedad.

Yin iba a decir algo más cuando oímos un ruido procedente de la bocacalle. Miramos con atención pero no vimos a nadie.

—Espere aquí —me dijo.

Yin volvió a llamar a la misma puerta de antes y desapareció una vez más en el interior del edificio. Salió al cabo de un instante y fue directo hacia un viejo y herrumbroso jeep con un techo de lona harapiento. Abrió la portezuela y me hizo señas para que subiera.

—Vamos —dijo—. Debemos darnos prisa.

2

La llamada de Shambhala

Mientras Yin conducía el jeep hacia las afueras de Lhasa, yo permanecía en silencio, contemplando las montañas y preguntándome cómo debía interpretar la nota de Wil. ¿Por qué había decidido marchar solo por delante? ¿Y quiénes eran los dakini? Iba a preguntárselo a Yin cuando cruzó un camión militar chino por el cruce ante el que nos habíamos detenido.

Su aparición me sobresaltó y noté que me invadía una sensación de nerviosismo por todo el cuerpo. ¿Qué estaba haciendo yo allí? Hacía unos minutos habíamos visto agentes de los servicios de inteligencia apostados en la entrada del hotel en el que debíamos reunirnos con Wil.

Debían de estar buscándonos.

—Aguarde un momento, Yin —dije—. Quiero que me lleve al aeropuerto. Todo esto me parece demasiado peligroso.

Yin me miró alarmado.

—Pero ¿y Wil? Ya ha leído la nota. Le necesita.

—Bueno, él está acostumbrado a esta clase de cosas. Pero a mí no me gusta buscar el peligro como lo estoy haciendo.

—Ya está usted en peligro. Tenemos que salir de Lhasa.

—¿Hacia dónde nos dirigimos?

—Al monasterio del lama Rigden, cerca de Shigatse. Está lejos, llegaremos tarde.

—¿Hay teléfono en ese lugar?

—Sí. Creo que sí.

Asentí con la cabeza y Yin se volvió para concentrarse en la carretera.

Pensé que no me iría mal salir de allí e ir a un lugar lejano desde el que poder organizar las cosas para volver a casa.

Fue un viaje de cuatro horas de baches por una autovía con el asfalto en mal estado, durante las cuales no hicimos sino adelantar camiones y coches muy viejos. El entorno era una mezcla de feos paisajes industriales enmarcados en unas vistas magníficas. Hacía rato que había oscurecido cuando introdujo el jeep en el patio interior de un pequeño bloque de casas de cemento. A la entrada de un garaje mecánico había un perrazo lanudo atado a una cuerda que nos ladró con ferocidad.

—¿Ésta es la casa del lama Rigden? —pregunté.

—No, claro que no —dijo Yin—. Pero aquí conozco gente que puede proporcionarnos comida y gasolina. Podemos necesitarla más tarde. Vuelvo enseguida.

Miré cómo Yin subía por las escaleras de madera y llamaba a la puerta. Abrió una vieja mujer tibetana, que salió y abrazó a Yin. Éste me señaló, sonrió y dijo algo que no pude entender. Me hizo señas de que fuera, así que bajé del jeep y entré en la casa.

Al cabo de un momento oímos un ligero ruido de frenos en el exterior. Yin se precipitó hacia la ventana y apartó las cortinas para mirar. Yo fui tras él. Fuera en la oscuridad distinguí un coche negro estacionado en el arcén de la carretera, a unos treinta metros del irregular camino de entrada.

—¿Quiénes son? —pregunté.

—No lo sé —repuso Yin—. Vaya a buscar nuestras cosas, deprisa.

Le miré inquisitivamente.

—No pasa nada —insistió—. Vaya, vaya, dese prisa.

Salí de la casa y me dirigí al jeep, evitando mirar el coche estacionado a lo lejos. Metí medio cuerpo por la ventanilla abierta, cogí mi bolsa y la mochila de Yin y regresé a la casa. Yin seguía mirando por la ventana.

—Cielo santo —dijo de pronto—, ahí vienen.

Una ráfaga de luz procedente de los faros del coche iluminó la ventana al acercarse el vehículo a la casa. Yin me arrebató su mochila con una mano y me condujo hacia la puerta trasera, por la que salimos a la oscuridad.

—Por aquí —gritó Yin volviéndose hacia mí mientras nos adentrábamos por un camino que conducía a unas colinas rocosas. Me giré para mirar la casa y, horrorizado, vi cómo un grupo de agentes completamente uniformados descendían del coche y rodeaban el edificio. Otro vehículo que ni siquiera habíamos visto apareció a gran velocidad por un lateral de la casa y de él saltaron varios hombres que comenzaron a subir la cuesta que quedaba a nuestra derecha. Advertí que si continuábamos por el mismo camino, nos los encontraríamos cara a cara un poco más adelante.

—Yin, espera un momento —dije en un susurro perfectamente audible—. Por aquí nos van a salir al encuentro.

Se detuvo y me acercó el rostro en la oscuridad.

—A la izquierda —dijo—. Daremos un rodeo.

Pero en el mismo momento en que lo decía, vi cómo el otro grupo de agentes corría en aquella dirección. Si seguíamos el camino que proponía Yin, sería inevitable que nos vieran.

Miré justo enfrente de nosotros, hacia la parte más accidentada de la ladera. Algo atrajo mi atención: había un tenue tramo del sendero que estaba levemente más iluminado.

—No, tenemos que subir por aquí —dije de forma instintiva, al tiempo que tomaba aquel camino. Yin tardó un instante en reaccionar y venir tras de mí a toda prisa. Nos abrimos paso a través de las rocas, pero los agentes que ascendían por la ladera derecha estaban cada vez más cerca.

Al llegar a lo alto de una elevación, vimos aproximarse a un agente y nos agazapamos entre dos enormes rocas. La zona en la que estábamos seguía ligeramente más iluminada. El agente se hallaba apenas a diez metros de nosotros y se acercaba, de modo que parecía inevitable que nos viera de un momento a otro. De pronto, cuando ya estaba casi en el límite de la zona levemente iluminada se detuvo, siguió andando y volvió a pararse, como si de repente se le hubiera ocurrido otra idea. No dio un paso más, sino que se volvió por donde había venido y bajó corriendo la ladera.

Pasados unos segundos le pregunté a Yin en un susurro si creía que el agente nos había visto.

—No —repuso—, no lo creo. Vamos.

Seguimos escalando la colina durante unos diez minutos, hasta que nos detuvimos delante de un barranco rocoso para mirar hacia la casa. Vimos que habían llegado más vehículos de aspecto oficial. Uno de ellos era un viejo coche de policía provisto de una luz roja intermitente. La escena me dejó aterrado. Ahora ya no había ninguna duda: aquella gente venía por nosotros.

Yin también miraba con ansiedad hacia la casa. De nuevo le temblaban las manos.

—¿Qué van a hacer con su amiga? —pregunté, espantado ante lo que pudiera decirme.

Yin me miró con los ojos llenos de lágrimas y furia, y luego siguió montaña arriba.

Continuamos la marcha durante varias horas, abriéndonos camino a la luz de una media luna que quedaba periódicamente oscurecida por las nubes. Pensé en preguntarle a Yin acerca de las leyendas que había mencionado, pero mi acompañante seguía furioso y reservado. Al llegar a lo alto de la colina, Yin se detuvo y dijo que debíamos descansar. Mientras yo me sentaba en una piedra, él se adentró unos metros en la oscuridad, dándome la espalda.

—¿Por qué estaba tan seguro —me preguntó sin volverse— del camino que debíamos tomar?

Respiré hondo.

—Vi... algo —dije dubitativo—. Ese camino estaba ligeramente más iluminado que el resto del entorno. Me pareció que era por donde debíamos seguir.

Se volvió y se sentó delante de mí, en el suelo.

—¿Había visto alguna vez algo similar?

Traté de tranquilizarme. Me latía el corazón con fuerza y apenas podía hablar.

—Pues... sí —dije—. Varias veces últimamente.

Miró hacia otro lado y guardó silencio.

—Yin, ¿usted sabe qué está pasando?

—Las leyendas dirían que estamos recibiendo ayuda.

—¿Ayuda? ¿De quién?

Una vez más se limitó a desviar la mirada.

—Yin, dígame todo lo que sepa sobre este asunto.

No respondió.

—¿Se trata de los dakini que mencionaba Wil en su nota?

Seguía sin responder.

De pronto me sentí irritado.

—¡Yin! Dígame qué sabe.

Se levantó con precipitación y me miró a los ojos.

—Tenemos prohibido hablar de ciertas cosas. ¿No lo comprende? La mera mención en vano de los nombres de esos seres podrían dejar a un hombre mudo durante años, o ciego. Son los guardianes de Shambhala.

Se volvió con furia hacia una roca plana, extendió la chaqueta sobre ella y se tumbó encima.

Yo también me sentía cansado, e incapaz de pensar.

—Debemos dormir —dijo Yin—. Y no se preocupe, mañana sabrá más cosas.

Le miré unos segundos y luego me estiré sobre la piedra en que había estado sentado, antes de caer profundamente dormido.

Me despertó un rayo de luz que se filtraba por entre dos picos nevados en la distancia. Al incorporarme vi que Yin no estaba. Me puse de pie de un salto y, con el cuerpo dolorido, busqué por los alrededores. Yin había desaparecido.

Maldición, pensé. No tenía modo alguno de saber dónde me encontraba. Me asaltó una profunda sensación de angustia. Después de media hora de espera contemplando las pardas y rocosas colinas, Yin seguía sin aparecer. Entonces me levanté de nuevo y descubrí una carretera de grava a más de cien metros colina abajo que me había pasado inadvertida hasta aquel momento. Cogí la bolsa y bajé por entre las rocas hasta llegar a la carretera, por la que emprendí la marcha hacia el norte. Si no me equivocaba, Lhasa estaba en esa dirección.

Habría recorrido algo más de medio kilómetro cuando me di cuenta de que a menos de cien pasos detrás de mí, cuatro o cinco personas caminaban en la misma dirección. Salí de la carretera de inmediato y me escondí entre las rocas a la espera de verles pasar. Cuando llegaron a mi altura advertí que se trataba de los miembros de una misma familia, compuesta por un hombre ya mayor, un hombre y una mujer de unos treinta años y dos adolescentes. Acarreaban grandes sacos a cuestas y el hombre joven tiraba de un carretón cargado de pertenencias. Tenían aspecto de refugiados.

Estuve a punto de unirme a ellos y enterarme así del camino que debía seguir, pero al final deseché la posibilidad. Me dio miedo que pudieran informar luego a las autoridades, así que esperé a que acabaran de pasar. Permanecí unos veinte minutos en mi escondite y continué en la misma dirección, poniendo suma atención. A lo largo de unos tres kilómetros la carretera serpenteaba a través de pequeñas colinas y páramos rocosos, hasta que a lo lejos, en lo alto de uno de los cerros, divisé un monasterio. Dejé la carretera y trepé por las rocas hasta que estuve a unos doscientos metros del edificio. Estaba construido con ladrillos de arcilla coloreados. El techo plano estaba pintado de marrón oscuro y tenía dos alas, una a cada lado del cuerpo principal.

No aprecié movimiento alguno, por lo que al principio pensé que el lugar estaba deshabitado. Pero la puerta de la fachada principal se abrió de repente y un monje, ataviado con un manto rojo de una tonalidad brillante, salió del edificio y se puso a trabajar en un jardín junto a un árbol solitario, a la derecha de las naves.

Aunque parecía del todo inofensivo, decidí no correr riesgos. Bajé hasta la carretera de grava, la crucé y di un amplio rodeo al ala izquierda del monasterio, dejándolo atrás. Entonces subí de nuevo con cuidado a la carretera.

Sólo me detuve para desprenderme de la chaqueta, pues hacía un calor sorprendente.

Después de recorrer cerca de dos kilómetros, y cuando estaba a punto de llegar a lo alto de una cuesta de la carretera, oí unos sonidos inidentificables. Me apresuré a ocultarme entre las rocas y escuché. Al principio me pareció alguna clase de ave, pero poco a poco me di cuenta de que era alguien que hablaba a lo lejos. ¿Quién podía ser?

Me encaramé con gran cuidado por entre las rocas hasta ocupar una posición más elevada, desde donde poder observar el pequeño valle a los pies de la colina. Me quedé petrificado. Allí abajo había un cruce de carreteras con tres jeeps militares aparcados. Junto a ellos, tal vez una docena de soldados hablando y fumando. Retrocedí de inmediato y agachado busqué un sitio donde ocultarme entre dos montículos de rocas.

Desde mi escondite improvisado oí un ruido a lo lejos que procedía de más allá del control militar. Era un rumor sordo que se convirtió en un sonido giratorio e intermitente que reconocí enseguida. Se trataba de un helicóptero.

No pude evitar verme presa del pánico y salí corriendo a toda velocidad por entre las piedras, alejándome de la carretera. Al cruzar un pequeño cauce de agua, resbalé y me mojé los pantalones hasta las rodillas. Me incorporé de un salto y salí corriendo de nuevo, pero resbalé otra vez en una piedra lisa y caí rodando por la pendiente. Cuando me recobré, me había desgarrado los pantalones y lastimado una pierna. Hice un esfuerzo por ponerme de pie y seguí corriendo en busca de un lugar más seguro donde esconderme.

Mientras el helicóptero se acercaba, pasé al otro lado de una pequeña elevación y me volví para mirar. Entonces, alguien me agarró del brazo y tiró de mí hasta una pequeña vaguada. Era Yin. Nos quedamos completamente inmóviles mientras el imponente helicóptero pasaba justo sobre nosotros.

—Es un Z-9 —dijo Yin. Su expresión revelaba una mezcla de pánico e ira—. ¿Por qué se marchó del lugar en que pasamos la noche? —me espetó casi a gritos.

—¡Usted me abandonó! —repliqué.

—Me ausenté menos de una hora. Debió esperar.

El miedo y la irritación explotaron en mi interior.

—¿Esperar? ¿Por qué no me dijo que pensaba ir a algún sitio?

No había acabado de desahogarme cuando oí a lo lejos el sonido del helicóptero que se acercaba de nuevo.

—¿Qué vamos a hacer ahora? —pregunté a Yin—. No podemos quedarnos aquí.

—Volveremos al monasterio —dijo—. Allí es donde fui antes.

Asentí con la cabeza e, incorporándome, busqué el helicóptero en el cielo. Por fortuna viraba hacia el norte, pero otra cosa me llamó la atención: el monje que había visto antes en el monasterio bajaba bordeando el arroyo a nuestro encuentro.

Al llegar hasta nosotros le dijo algo a Yin en tibetano y luego me miró.

—Venga, por favor —dijo en inglés, al tiempo que me agarraba del brazo y me conducía en dirección al monasterio.

Entramos por la verja de un patio adyacente y pasamos junto a un buen número de tibetanos que esperaban de pie, provistos de bolsas y diversas pertenencias. Algunos parecían muy pobres. Nos dirigimos al cuerpo principal del monasterio y el monje abrió sus grandes puertas de madera, para hacernos pasar a un vestíbulo que se encontraba ocupado por otro grupo de tibetanos. Al cruzar la estancia reconocí a la familia a la que había dejado pasar en la carretera aquella misma mañana. Me miraron con ojos afectuosos.

Yin advirtió que los miraba y me preguntó el motivo, por lo que le expliqué que los había visto antes en la carretera.

—Estaban allí para guiarle hasta aquí —dijo—. Pero tenía usted demasiado miedo para poder seguir la sincronicidad.

Me miró con seriedad e hizo que siguiéramos al monje hasta un pequeño estudio con estanterías de libros, escritorios y varios molinillos de oración. Nos sentamos en torno a una mesa de madera tallada y Yin y el monje se entregaron a una extensa conversación en tibetano.

—Déjeme ver esa pierna —me dijo en inglés un monje a mis espaldas. Llevaba un pequeño cesto lleno de vendas blancas y botellines con cuentagotas. Yin le sonrió abiertamente.

—¿Se conocían? —pregunté.

—Me llamo Jampa —dijo el monje dándome la mano con una ligera reverencia.

Yin se inclinó hacia mí.

—Jampa lleva con el lama Rigden más de diez años.

—¿Quién es el lama Rigden?

Jampa y Yin intercambiaron una mirada, como si dudaran de hasta dónde podían contarme. Yin dijo al fin:

—Ya le hablé de las leyendas. Nadie sabe interpretarlas mejor que el lama Rigden. Es uno de los mayores expertos en Shambhala.

—Dígame qué ha sucedido exactamente —me dijo Jampa mientras me aplicaba alguna clase de bálsamo en la pierna rasguñada.

Miré a Yin, quien asintió con la cabeza.

—Tengo que informar al lama de lo que le ha sucedido —aclaró Jampa.

Le conté todo lo que había ocurrido desde nuestra llegada a Lhasa. Cuando acabé, Jampa me miró:

—¿Y qué le pasó antes de venir al Tíbet?

Le expliqué el encuentro con la hija de mi vecino y la visita de Wil.

Intercambió de nuevo una mirada con Yin.

—¿Cuáles han sido sus pensamientos al respecto? —quiso saber Jampa.

—Pienso que todo esto me viene grande —dije—. Me gustaría ir al aeropuerto.

—No, no me refiero a eso —se apresuró a corregir Jampa—. Esta mañana, cuando descubrió que Yin no estaba, ¿cuál fue su actitud, su disposición mental?

—Me asusté. Lo único que sabía era que los chinos darían conmigo en cuestión de minutos. Traté de pensar en cómo volver a Lhasa.

Jampa se volvió y miró a Yin con el entrecejo fruncido.

—No sabe nada de los campos de plegaria.

Yin negó con la cabeza y desvió los ojos.

—Hemos hablado de eso —dije—, pero no acabo de ver muy bien qué importancia tiene ahora. ¿Qué puede decirme acerca de esos helicópteros? ¿Nos persiguen a nosotros?

Jampa se limitó a sonreír y a decirme que no me preocupara, que aquél era un lugar seguro. En ese momento entraron varios monjes que nos sirvieron sopa, pan y té. Mientras comíamos noté que se me despejaba la mente y traté de valorar la situación. Quería saber qué estaba pasando. Todo. Y de inmediato.

Miré a Jampa con determinación y él me devolvió una mirada de profundo afecto.

—Sé que tiene muchas preguntas —dijo—. Deje que le explique al menos lo que pueda. Aquí en el Tíbet somos una secta especial, no una secta típica. Llevamos siglos manteniendo la creencia de que Shambhala es un lugar que existe realmente. Conservamos además el saber secular de las leyendas, que conforman una sabiduría oral tan antigua como el Kalachakra, orientado a la integración de la verdad de todas las religiones.

»Muchos de nuestros lamas están en contacto con Shambhala a través de sus sueños. Hace algunos meses, su amigo Wil comenzó a aparecer en los sueños de Shambhala del lama Rigden. Poco tiempo después, Wil fue guiado a este monasterio. El lama Rigden accedió a verle y descubrió que Wil también tenía sueños relacionados con Shambhala.

—¿Qué le dijo Wil? —pregunté—. ¿Dónde está?

Meneó la cabeza.

—Me temo que tendrá que esperar a que el lama Rigden quiera proporcionarle esa información.

Miré a Yin, quien intentó sonreír.

—¿Y los chinos? —pregunté a Jampa—. ¿Qué papel desempeñan en todo esto?

Jampa se encogió de hombros.

—Lo ignoramos. Quizá saben algo acerca de lo que está sucediendo.

Asentí.

—Hay una cosa más —dijo Jampa—. Parece que en todos los sueños aparece otra persona. Un norteamericano.

Jampa hizo una pausa y se inclinó ligeramente.

—Su amigo Wil no está seguro, pero cree que es usted.

Después de bañarme y cambiarme de ropa en la habitación que Jampa me había proporcionado, salí al patio situado en la parte de atrás del monasterio. Había varios monjes trabajando en un huerto, como si la presencia cercana de los chinos no les preocupara lo más mínimo. Miré hacia las montañas y escruté el cielo. No se veía rastro de helicópteros.

—¿Quiere que nos sentemos en el banco de allí arriba? —dijo una voz a mis espaldas. Me volví y vi a Yin que salía por la puerta.

Asentí con la cabeza y ascendimos a través de una serie de terrazas llenas de plantas ornamentales y hortalizas, hasta llegar a una zona de descanso frente a una ornamentada capilla budista. Por detrás de nosotros el horizonte quedaba enmarcado por una sucesión de imponentes montañas, pero hacia el sur se nos ofrecía una vista panorámica de kilómetros de extensión. Había muchas personas caminando o arrastrando carretas por los caminos.

—¿Dónde está el lama? —pregunté.

—No lo sé —contestó Yin—. Aún no ha accedido a verle.

—¿Por qué?

Yin sacudió la cabeza.

—No lo sé.

—¿Cree que sabe dónde está Wil?

Yin volvió a negar con la cabeza.

—¿Cree que los chinos siguen buscándonos? —pregunté.

Yin se limitó a encogerse de hombros, con la mirada perdida en la distancia.

—Lamento que mi energía sea tan negativa —dijo—. Por favor, no deje que le influya. Es sólo que a veces la rabia me domina. Desde 1954, los chinos se han aplicado sistemáticamente a la tarea de destruir la cultura tibetana. Mire toda esa gente caminando de un lado a otro. La mayoría son campesinos que se han visto obligados a abandonar sus tierras a causa de las iniciativas económicas impuestas por los chinos. Otros son nómadas que se mueren de hambre por culpa de una política que ha truncado sus medios de vida. —Apretó los puños—. Los chinos están haciendo en el Tíbet lo mismo que hizo Stalin en Manchuria, traer a miles de personas de fuera, en este caso chinos, para trastocar el equilibrio cultural e instituir sus formas de vida. Nos exigen que en nuestras escuelas sólo se enseñe la lengua china.

—¿Por qué vienen aquí todas esas personas que viven fuera del monasterio?

—El lama Rigden y el resto de los monjes intentan ayudar a los pobres, quienes viven muy malos tiempos a causa de la transición de una cultura que era la suya a otra diferente. Por eso los chinos le dejan tranquilo, porque ayuda a solucionar problemas sin soliviantar a la población en contra de ellos.

Yin había pronunciado sus últimas palabras con un ligero reproche hacia el lama, por lo que rectificó de inmediato.

—No —dijo—. No pretendía insinuar que el lama fuera un colaboracionista. Pero lo que están haciendo los chinos es algo despreciable. —Apretó de nuevo los puños y se golpeó en las rodillas—. Muchos creyeron al principio que el gobierno chino respetaría las formas de vida tibetanas, que podríamos llevar una existencia digna en el seno de la nación china sin tener que renunciar a nuestra cultura y tradiciones. Pero ha quedado claro que el gobierno está empeñado en destruirnos, así que tenemos que empezar a dificultarles la tarea.

—¿Se refiere a combatirlos con las armas? —pregunté—. Yin, sabe que nunca podrían ganar.

—Lo sé, lo sé. Pero es que me pongo tan furioso cuando pienso en lo que están haciendo. Algún día los guerreros de Shambhala cabalgarán fuera de la ciudad santa y derrotarán a esos monstruos del mal.

—¿Cómo dice?

—Es una profecía que existe en nuestro pueblo. —Me miró y movió la cabeza de un lado a otro—. Sé que tengo que trabajar mi ira. Socava mi campo de plegaria.

De pronto se levantó y añadió:

—Voy a preguntarle a Jampa si ha hablado con el lama. Le ruego que me dispense. —Hizo una ligera reverencia y se marchó.

Me quedé un rato contemplando el paisaje tibetano, tratando de comprender en toda su intensidad los estragos ocasionados por la ocupación china. Al cabo de unos minutos me pareció oír otro helicóptero a lo lejos, pero no estaba seguro. Sabía que la rabia de Yin estaba justificada, y reflexioné unos minutos más acerca de la realidad de la situación política del Tíbet. Recordé mi intención de pedir que me dejaran llamar por teléfono, pero me pregunté hasta qué punto sería difícil realizar una llamada internacional.

Me disponía a volver al interior del monasterio cuando me sentí cansado, de modo que realicé un par de respiraciones profundas y traté de concentrarme en la belleza de cuanto me rodeaba. Las montañas coronadas de nieve y los colores verde y ocre del paisaje eran intensos y hermosos. El azul del cielo sólo estaba interrumpido por unas pocas nubes que se extendían por el horizonte situado al oeste.

Al mirar hacia otro lado, advertí que dos de los monjes que ocupaban una terraza inferior me miraban fijamente. Me volví para ver si detrás de mí había algo que llamara su atención, pero no aprecié nada especial. Les sonreí.

Al cabo de unos minutos, uno de los monjes empezó a subir los escalones de piedra sujetando un canastillo lleno de utensilios. Al llegar a mi altura hizo un educado gesto de asentimiento a modo de saludo y se puso a escardar un parterre de flores a cinco o seis metros a mi derecha. Unos minutos después otro monje se le unió a la tarea. De vez en cuando me miraban con curiosidad y haciendo gestos de cortesía con la cabeza.

Respiré hondo varias veces y me concentré de nuevo en la lejanía, pensando en lo que había dicho Yin con respecto a su campo de plegaria. Le preocupaba que su ira contra los chinos socavara su energía. ¿Qué había querido decir con eso?

De pronto comencé a notar el calor del sol y a percibir su irradiación de una forma más consciente. Sentí cierta paz, como no la había sentido desde que saliera de casa. Hice otra respiración con los ojos cerrados y percibí algo más, una dulce e inusual fragancia de flores. Lo primero que pensé fue que los monjes habrían cortado algunas flores de las plantas que estaban escardando y las habrían dejado junto a mí.

Abrí los ojos pero no vi flores a mi alrededor. Pensé entonces que una brisa había traído la fragancia hasta mí, pero no se notaba el menor movimiento de aire. Advertí que los monjes habían dejado sus utensilios en el suelo y que me miraban con los ojos abiertos de par en par y la boca entreabierta, como si acabaran de ver algo extraño. Me volví otra vez para ver qué pasaba. Al darse cuenta de que me habían interrumpido, se apresuraron a meter sus utensilios en los canastillos y bajaron las escaleras casi corriendo hacia el monasterio. Los seguí con la mirada y vi sus mantos rojos flotar y arremolinarse mientras se volvían para comprobar si yo estaba mirándolos.

Tan pronto penetré en el monasterio percibí una agitación fuera de lo habitual. Los monjes iban de un lado para otro y cuchicheaban entre sí.

Caminé por un corredor hasta llegar a mi habitación, donde decidí pedirle a Jampa que me permitiera utilizar el teléfono. Me sentía más animado, pero seguía enfrentado a mi instinto de conservación.

En la práctica estaba cada vez más involucrado en los acontecimientos de aquel lugar, en vez de dar pasos concretos para intentar salir del país. ¿Qué serían capaces los chinos de hacer conmigo si me detenían? ¿Conocían mi nombre? Tal vez fuera demasiado tarde para escapar vía aérea.

Me disponía a salir en busca de Jampa cuando él mismo irrumpió en la habitación.

—El lama ha accedido a verle —dijo—. Tenga presente que es un gran honor. Y no se preocupe, habla inglés perfectamente.

Asentí con la cabeza, un poco nervioso.

Jampa permanecía de pie en el umbral de la puerta con actitud expectante.

—Quiere verle... ahora —dijo.

Me puse en pie y lo seguí hasta una gran sala de techo muy alto, desde donde pasamos a una estancia más pequeña situada en el extremo opuesto. Mientras cruzábamos esta segunda sala para sentarnos en la parte delantera, cinco o seis monjes provistos de molinillos de oración y cubrecuellos blancos nos miraron con interés. Desde un rincón, Yin nos hizo señas con la mano.

—Ésta es la sala de bienvenida —dijo Jampa.

La estancia era de madera pintada de azul claro y las paredes estaban adornadas con murales y mandalas. Al cabo de unos minutos entró el lama. Era de mayor estatura que la mayoría de monjes, pero vestía exactamente igual que los demás, con un manto rojo. Después de mirar uno a uno a cuantos nos encontrábamos en la sala, hizo una seña para que Jampa se acercara. Se tocaron frente contra frente y susurró algo a su oído.

El monje se volvió de inmediato e indicó a los demás que salieran con él de la habitación. La señal incluía también a Yin, quien al levantarse me miró y asintió con la cabeza, lo que yo interpreté como apoyo ante la conversación que había de afrontar. Algunos monjes me entregaron sus cubrecuellos y asintieron con expresión emocionada.

Cuando la sala se quedó vacía, el lama se acercó hasta mí y se sentó en una diminuta silla con respaldo que tenía a su derecha. Yo me puse en pie y volví a sentarme con una ligera reverencia.

—Muchas gracias por recibirme —dije.

Él hizo un gesto de asentimiento, sonrió y se quedó observándome largo rato.

—¿Puedo preguntarle por mi amigo Wilson James? —inquirí por fin—. ¿Sabe usted dónde está?

—¿Cuál es su idea acerca de Shambhala? —preguntó el lama a su vez.

—Creo que siempre he considerado ese lugar como un espacio imaginario, una fantasía. Como Shangri-La.

Movió la cabeza y replicó con llaneza:

—Es un lugar real que existe como una parte más de la comunidad humana.

—¿Por qué nadie ha conseguido descubrir dónde está? ¿Y por qué hay tantos destacados budistas que hablan de

Shambhala como una forma de vida, como una mentalidad?

—Porque Shambhala representa además una forma de ser y de vivir. Puede hablarse de él en tales términos. Pero es también un espacio real donde vive una comunidad de personas que comparten determinado modelo.

—¿Ha estado usted allí?

—No, no, aún no he sido llamado.

—Entonces, ¿cómo puede estar tan seguro?

—Porque he soñado con Shambhala muchas veces, al igual que muchos otros adeptos. Hemos comparado nuestros sueños y son tan similares que sabemos que tiene que ser un lugar real. Y somos depositarios de la sagrada sabiduría, las leyendas, que explican nuestra relación con esa sagrada comunidad.

—¿En qué consiste esa relación?

—Debemos conservar la sabiduría mientras esperamos el momento en que Shambhala saldrá de su morada y se dará a conocer a todos los pueblos.

—Yin me contó que algunas personas creen que los guerreros de Shambhala vendrán para derrotar a los chinos.

—La rabia que abriga Yin es muy peligrosa para él mismo.

—¿Está equivocado, pues?

—Él habla desde el punto de vista humano, que considera la derrota en términos de guerra y combate físico. El modo exacto en que la profecía vaya a cumplirse es algo que todavía desconocemos. Primero tenemos que comprender lo que significa Shambhala. Pero lo que sí sabemos es que será un tipo de batalla diferente a lo que pueda entenderse desde el punto de vista humano.

La última afirmación me pareció más bien críptica, pero hablaba con un tono tan piadoso que me infundió más respeto que confusión.

—Nosotros creemos —prosiguió el lama Rigden— que el momento en que debe darse a conocer el camino de Shambhala está muy próximo.

—Lama, ¿cómo sabe eso?

—Por nuestros sueños, una vez más. Su amigo Wil estuvo aquí, como sin duda usted ya sabe. Lo consideramos una gran señal, pues habíamos soñado con él. Había olido la fragancia y escuchado la voz.

Me quedé sorprendido.

—¿Qué fragancia?

El lama sonrió.

—La misma que ha percibido usted hoy mismo.

Ahora lo entendía todo: la reacción de los monjes y la decisión del lama de recibirme.

—Usted también está siendo llamado —añadió—. La comunicación de la fragancia es algo que se da muy raras veces. Yo sólo conocía personalmente dos casos: el primero cuando estaba con mi maestro y el segundo cuando su amigo Wil estuvo aquí. Ahora ha sucedido de nuevo con usted. Dudaba si recibirle o no. Es muy peligroso hablar de estas cosas de forma frívola. ¿Ha oído también el grito?

—No —dije—. No sé a qué se refiere.

—Es otra forma de llamada de Shambhala. Manténgase a la escucha de algún sonido que le resulte diferente. Cuando lo oiga, lo reconocerá.

—Lama, no estoy muy seguro de querer seguir adelante. Este lugar es muy peligroso para mí. Los chinos parecen saber quién soy. Creo que lo que me gustaría es volver a Estados Unidos lo antes posible. ¿Podría decirme dónde puedo encontrar a Wil? ¿Está cerca de aquí?

El lama negó con la cabeza, con expresión entristecida.

—No, él sí decidió seguir adelante.

Yo guardaba silencio. El lama me miró durante largos segundos.

—Hay algo más que debe saber —dijo por fin—. En los sueños aparece con gran claridad que sin usted Wil podría perecer en el intento. Para que él tenga éxito usted debe estar a su lado.

Me invadió una sensación de temor y aparté la mirada. Aquello no era precisamente lo que estaba deseando escuchar. El lama añadió:

—Las leyendas dicen que en Shambhala cada generación tiene un destino concreto que es de conocimiento público y del que se habla en voz alta. Y lo mismo es válido para otras culturas humanas que están fuera de Shambhala. A veces podemos obtener una gran fortaleza y clarividencia si observamos la valentía y la determinación de la generación que nos ha precedido.

Me pregunté adónde quería ir a parar.

—¿Su padre vive aún? —me preguntó.

Negué con la cabeza.

—Murió hace un par de años.

—¿Participó en la gran guerra de los años cuarenta?

—Sí —repuse—, así es.

—¿Estuvo en el frente?

—Sí, durante la mayor parte de la guerra.

—¿Le contó alguna vez la situación que le hizo pasar más miedo?

La pregunta me retrotraía a las conversaciones mantenidas con mi padre en mi juventud. Pensé unos segundos.

—Probablemente el desembarco de Normandía en 1944, en Omaha Beach.

—Ah, sí —dijo el lama—. He visto las películas de su país que narran ese desembarco. ¿Las ha visto usted?

—Sí. Siempre me han conmovido mucho.

—Hablan del miedo y la valentía de los soldados —insistió.

—Sí.

—¿Cree que usted habría sido capaz de realizar todas esas gestas?

—No lo sé. Ni siquiera sé cómo pudieron realizarlas ellos.

—Tal vez a ellos les resultara más fácil por ser la llamada dirigida a una generación entera. En mayor o menor grado todos la escucharon: ellos eran quienes debían combatir, quienes debían fabricar las armas, quienes debían proveer la comida. Y salvaron el mundo en un momento en que pasaba por el mayor de los peligros.

Hizo una pausa como esperando a que yo hiciera alguna pregunta, pero me limité a observarle.

—La llamada de su generación es diferente —continuó—. Ustedes también tienen que salvar el mundo, pero deben hacerlo de una manera distinta. Deben comprender que en su interior hay un gran poder que puede ser cultivado y extendido, una energía mental a la que siempre se ha llamado plegaria.

—De eso me han hablado —dije—. Pero creo que aún no sé cómo utilizarla.

El lama Rigden sonrió y se puso en pie, mirándome con un centelleo en los ojos.

—Sí —dijo—. Pero lo sabrá, lo sabrá.

Me estiré en el camastro de mi habitación a reflexionar sobre lo que me había dicho el lama, quien había puesto fin a la conversación, sin darme opción a plantearle los interrogantes que aún me quedaban.

«Ahora vaya a descansar —me había dicho, al tiempo

que hacía sonar una campanilla para llamar a algunos monjes—. Mañana seguiremos hablando.»

Más tarde Jampa y Yin me pidieron que les contara todo lo que me había dicho el lama, pero la verdad era que éste me había dejado con más enigmas que respuestas. Seguía sin saber dónde había ido Wil, o cuál era el verdadero significado de la llamada de Shambhala. Todo ello resonaba en mi interior como algo fantástico y al mismo tiempo peligroso.

Yin y Jampa habían eludido hablar de estas cuestiones. Pasamos el resto de la velada comiendo y contemplando el paisaje exterior, antes de irnos a dormir, cosa que hicimos temprano. Ahora me encontraba en mi habitación, mirando el techo e incapaz de dormir, mientras los pensamientos se me agolpaban en la cabeza, dando vueltas y más vueltas.

Reproduje mentalmente varias veces mi experiencia completa en el Tíbet, hasta que por fin caí dormido. Soñé que corría entre el gentío por las calles de Lhasa y que buscaba protección en un monasterio. Los monjes que me habían abierto la puerta me miraban y volvían a cerrarla. Me perseguían soldados. Me ponía a correr sin esperanza a través de callejas oscuras hasta que, al final de un callejón, miraba a la derecha y veía un espacio iluminado similar a los que había visto últimamente. Al acercarme, la luz desaparecía paulatinamente, pero veía una puerta delante de mí. Los soldados se acercaban a la bocacalle del callejón y yo me introducía por la puerta y me encontraba de pronto rodeado de un paisaje glacial...

Me desperté con un sobresalto. ¿Dónde estaba? Poco a poco fui reconociendo la habitación; me levanté y me dirigí a la ventana. El alba apuntaba ya por el este. Traté de alejar de mi mente el sueño que acababa de tener y volverme a la cama, pero la idea se reveló del todo infructuosa. Estaba completamente desvelado.

Me puse unos pantalones y una chaqueta, bajé las escaleras que daban al patio trasero, entre los huertos, y me senté en un ornamentado banco de metal. Mientras miraba hacia el lugar en que debía producirse la salida del sol, oí un ruido detrás de mí. Me volví y vi la figura de un hombre que venía hacia mí desde el monasterio. Era el lama Rigden.

Me levanté y él hizo una profunda reverencia.

—Se ha levantado muy temprano —dijo—. Espero que haya dormido bien.

—Sí —dije mientras observaba cómo se acercaba al estanque con surtidor y esparcía sobre la superficie un puñado de grano para los peces. Al devorar la comida removieron toda el agua.

—¿Qué ha soñado? —preguntó sin mirarme.

Le conté lo de la persecución y el espacio iluminado. Me miró con expresión de asombro.

—¿Es que ha tenido esa experiencia en su vida de vigilia? —inquirió.

—Varias veces durante este viaje —dije—. Lama, ¿qué está pasando?

Sonrió y se sentó en un banco enfrente del mío.

—Está recibiendo ayuda de los dakini.

—No comprendo qué quiere decir. ¿Qué son los dakini? Wil le dejó a Yin una nota en la que los mencionaba. Pero antes de eso yo nunca había oído esa palabra.

—Son seres del mundo espiritual. Suelen aparecer bajo aspecto femenino, pero pueden adoptar la forma que deseen. En occidente se les conoce como ángeles, pero son mucho más misteriosos de lo que la mayoría de la gente piensa. Me temo que sólo los moradores de

Shambhala los conocen de verdad. Las leyendas cuentan que se mueven con la luz de Shambhala.

Hizo una pausa y me miró.

—¿Ha decidido si va a contestar a la llamada?

—No sabría por dónde seguir —dije.

—Las leyendas le ayudarán. Dicen que sabremos cuándo ha llegado el momento en que Shambhala se dará a conocer porque habrá muchas personas que comiencen a comprender cómo viven los moradores de Shambhala, o cuál es la verdad que encierra la energía de la plegaria. La plegaria es un poder que no sólo se manifiesta cuando nos sentamos a orar en una situación determinada. La plegaria actúa entonces, claro está, pero también en otros momentos.

—¿Se refiere a un campo de plegaria constante?

—Sí. Sólo por el hecho de esperar que algo se haga realidad, sea bueno o malo, a un nivel consciente o inconsciente, estamos ayudando a que acceda a la categoría de ser. Nuestra plegaria es una energía o poder que emana de nosotros en todas direcciones. En la mayoría de las personas este poder es muy débil y contradictorio. Pero en otras, aquellas que parecen cumplir muchos logros en la vida y que son muy creativas y cosechan éxitos, este campo de energía es fuerte, aunque por lo general sólo sea a un nivel inconsciente. En general, estas personas han crecido en un entorno en que aprendieron a esperar el éxito como algo normal y a darlo poco menos que por hecho. Tienen modelos de rol social fuertes que emular. Pero las leyendas dicen que pronto todas las personas conocerán la existencia de este poder y comprenderán que nuestra capacidad para utilizar esta energía puede fortalecerse y ampliarse.

»Le cuento todo esto para poder explicarle cómo contestar a la llamada de Shambhala. Para encontrar este santo lugar tiene que ampliar de forma sistemática su energía hasta que usted mismo emane una fuerza creativa suficiente para poder llegar allí. El procedimiento para hacerlo está expuesto en las leyendas e implica tres importantes etapas. Hay una cuarta etapa, pero sólo la conocen por completo los moradores de Shambhala. Por eso es tan difícil encontrar este lugar. Aunque uno sólo pueda ampliar con éxito su energía en las tres primeras etapas, con ello habrá contribuido de manera efectiva a encontrar el camino de Shambhala. Los dakini deben abrir la vía de acceso.

—Dijo que los dakini eran seres espirituales. ¿Son entonces almas que están en la otra vida y actúan sobre nosotros a modo de guías?

—No, los dakini son seres de otra naturaleza que actúan para despertar y proteger a los seres humanos. No son seres humanos ni nunca lo fueron.

—¿Y son como los ángeles?

El lama sonrió.

—Son lo que son. La realidad es única. Cada religión les ha dado un nombre diferente, de la misma forma que cada una de ellas tiene una particular forma de describir a Dios y de aconsejar cómo deberían vivir los seres humanos. Pero en todas las religiones la experiencia de Dios, la energía del amor, es exactamente la misma. Cada religión tiene su propia historia acerca de esta relación y del modo de hablar de ello, pero sólo hay una única fuente divina. Lo mismo sucede con los ángeles.

—Entonces usted no es estrictamente budista.

—Nuestra secta y las leyendas que nosotros conservamos hunden sus raíces en el budismo, pero defendemos la síntesis de todas las religiones. Nosotros creemos que cada una tiene su verdad, que debe incorporarse junto con todas las verdades del resto de religiones.

Y creemos que es posible hacer esto sin que ninguna de las tradiciones pierda su propia identidad ni su verdad fundamental. Yo me considero igualmente cristiano, por ejemplo, y judío, o musulmán. Creemos que los moradores de Shambhala trabajan también por la integración de la verdad de todas las religiones. Trabajan por ello con el mismo espíritu con que el Dalai Lama da a conocer los rudimentos del Kalachakra a todas las personas de corazón sincero.

Le observaba, tratando de asimilarlo todo.

—No intente comprenderlo todo ahora —dijo el lama—. Sepa nada más que la integración de la verdad de todas las religiones es importante para que la energía de la plegaria crezca lo suficiente como para resolver los peligros planteados por aquellos a quienes les impulsa el miedo. Recuerde también que los dakini son seres reales.

—¿Qué les mueve a ayudarnos? —pregunté.

El lama respiró hondo y meditó. La pregunta parecía encerrar un punto de frustración para él.

—He trabajado toda mi vida para poder responder a esa pregunta —dijo por fin—, pero debo admitir que no lo sé. Creo que ése es el gran secreto de Shambhala y que no se comprenderá en tanto no se comprenda Shambhala.

—Pero ¿usted cree que los dakini me están ayudando?

—Sí —respondió con firmeza—. Y a su amigo Wil también.

—¿Y Yin? ¿Cuál es su papel en todo esto?

—Yin conoció a su amigo Wil en este monasterio. Él también ha soñado con usted, pero en un contexto diferente al mío o al de los otros lamas. Yin se educó en Inglaterra y está muy familiarizado con las formas de pensar y de proceder occidentales. Él será su guía. Sin duda le habrá parecido poco entusiasta, pero eso sólo es porque no quiere defraudar las ilusiones de nadie. Será su guía y le llevará tan lejos como él mismo pueda ir.

Hizo una nueva pausa y me miró fijamente.

—¿Qué problema hay con el gobierno chino? —pregunté—. ¿Qué buscan? ¿Por qué están tan interesados en lo que está pasando?

El lama bajó la vista.

—No lo sé. Parece como si presintieran que está pasando algo relacionado con Shambhala. Siempre han abrigado la intención de eliminar la espiritualidad tibetana, pero ahora parecen haber descubierto nuestra secta. Debe actuar con sumo cuidado. Nos tienen miedo, mucho miedo.

Aparté la mirada unos segundos, sin dejar de pensar en los chinos.

—¿Ha tomado alguna determinación? —preguntó.

—¿Quiere decir si voy a seguir adelante o no?

Sonrió con empatía.

—Sí.

—Aún no lo sé. No estoy seguro de tener el valor suficiente para arriesgarme a perderlo todo.

El lama me observaba sin decir nada y asintiendo con la cabeza.

—Antes me habló de los retos a los que debía enfrentarse mi generación —dije—. Sigo sin entender muy bien a qué se refería.

—La Segunda Guerra Mundial, la guerra fría —comenzó el lama—, ésos fueron los retos a los que tuvo que hacer frente la generación anterior. Los grandes adelantos de la tecnología habían puesto en manos de las naciones armas de destrucción en masa. En su fervor nacionalista, las fuerzas del totalitarismo intentaron conquistar los países democráticos. Esta amenaza podría haberse cumplido si los ciudadanos corrientes no hubieran luchado y muerto en defensa de la libertad. Al actuar así aseguraron el éxito de la democracia en el mundo.

»Pero su tarea es diferente de la de sus padres. La misión de su generación es distinta en su naturaleza misma de la misión de la generación de la Segunda Guerra Mundial. Ellos tuvieron que combatir una tiranía particular a través de la violencia y de las armas. Ustedes ahora tienen que luchar contra el concepto de guerra y contra el concepto de enemigo. Pero eso comporta un heroísmo similar. ¿Comprende? Sus padres no tenían forma alguna de hacer lo que hicieron, pero perseveraron. Lo mismo tienen que hacer ustedes. Las fuerzas del totalitarismo no se han retirado, lo que sucede es que ya no adoptan la antigua forma de naciones con anhelo de imperio. Las fuerzas de la tiranía son hoy internacionales y mucho más sutiles, se aprovechan de nuestra dependencia de la tecnología y el dinero y de nuestra búsqueda de la comodidad. Con el miedo como mayor aliado, procuran concentrar todo el crecimiento tecnológico en manos de unos pocos, con el fin de que su posición económica quede a salvo y la evolución futura del mundo permanezca bajo control.

»Oponerse a ellos con la fuerza es imposible. Hoy la democracia debe salvaguardarse por medio de la siguiente etapa en el proceso evolutivo de la libertad. Tenemos que utilizar el poder de nuestra visión, así como las expectativas que generamos nosotros mismos bajo la forma de la plegaria continua. Este poder es mucho mayor de lo que pueda parecer y debemos dominarlo y empezar a utilizarlo antes de que sea demasiado tarde. Hay indicios de que algo está cambiando en Shambhala. Hay algo que está abriéndose, transformándose.

El lama me miraba con una determinación de hierro.

—Debe responder a la llamada de Shambhala. Es la

única forma de honrar a lo que sus antecesores hicieron antes que usted.

Sus palabras me llenaron de ansiedad.

—¿Por dónde debo comenzar? —pregunté.

—Complete la extensión de su energía —replicó el lama—. No le resultará fácil, a causa de su miedo y su ira. Pero si persiste, la vía de acceso se presentará ante usted por sí misma.

—¿La vía de acceso?

—Sí. Nuestras leyendas dicen que hay varias vías de acceso a Shambhala: una en el extremo oriental del Himalaya, en la India; otra al noroeste, en la frontera con China; y otra en el extremo norte, en Rusia. Las señales le guiarán hacia la vía correcta. Cuando todo parezca perdido, busque la ayuda de los dakini.

Mientras el lama hablaba, Yin salió del edificio del monasterio con sus cosas y las mías.

—Muy bien —dije con un creciente sentimiento de terror—. Lo intentaré. —Y mientras lo decía no podía creer que estuviera pronunciando aquellas palabras.

—No se preocupe —dijo el lama Rigden—. Yin le ayudará. Pero recuerde que antes de poder encontrar Shambhala, debe ampliar el nivel de energía que emana de usted hacia el mundo. De lo contrario no tendrá éxito. Debe dominar la fuerza de sus esperanzas.

Miré a Yin, quien me dirigió una media sonrisa.

—Es hora —dijo.

3

CULTIVAR LA ENERGÍA

Al salir por la entrada principal del monasterio vi junto a la carretera un jeep marrón de unos diez años. Cuando nos acercamos comprobé que estaba repleto de neveras portátiles, cajas de comida deshidratada, sacos de dormir y gruesos abrigos. Varios bidones de gasolina estaban atados en la parte trasera.

—¿De dónde han sacado todo este material? —pregunté.

Yin me miró con los ojos entornados.

—Llevamos mucho tiempo preparando este viaje.

Tras abandonar el monasterio del lama Rigden, Yin condujo varios kilómetros en dirección norte y luego se salió de la amplia carretera de grava para adentrarse en otra más estrecha, apenas lo bastante ancha para que pudiera pasar el jeep. Continuamos varios kilómetros en silencio. La verdad era que no sabía qué decir. Si había accedido a emprender aquel viaje era puramente por efecto de las palabras del lama, y por lo que Wil había hecho por mí en el pasado, pero ahora empezaba a crecer en mi interior una cierta angustia por la decisión tomada. Traté de olvidar aquella sensación y pensar en las palabras del lama Rigden. ¿Qué había querido decir con aquello de dominar la fuerza de mis esperanzas?

Me volví hacia Yin, quien estaba fijamente concentrado en la carretera.

—¿Adónde nos dirigimos? —pregunté.

Él respondió sin mirarme:

—Hemos tomado un atajo que nos llevará a la autopista de la Amistad. Debemos dirigirnos hacia el sudoeste, hasta Tingri, en las proximidades del Everest. Tardaremos todo el día en llegar. Es además un trayecto ascendente.

—La zona por la que pasaremos... ¿es segura?

Yin me miró.

—Tendremos que ir con mucho cuidado. El objetivo es encontrarnos con el señor Hanh.

—¿Quién es?

—Alguien que lo sabe casi todo acerca de la Primera Extensión de la energía de plegaria que debe usted aprender. Es tailandés, y una persona muy educada.

Moví la cabeza de un lado a otro.

—No estoy seguro de comprender muy bien qué significan esas extensiones. ¿Qué son exactamente?

—Como sabe, usted tiene un campo de energía, ¿correcto? Un campo de plegaria que fluye de usted continuamente.

—Sí.

—Y como sabe también, ese campo tiene un efecto en el mundo que le rodea, en todo aquello que ocurre. Y ese efecto puede ser débil y reducido o fuerte y extenso, ¿no es así?

—Sí, supongo.

—Bien, pues hay maneras concretas de extender y expandir su campo, y así convertirse en una persona más creativa y poderosa. Las leyendas dicen que en último término todos los seres humanos sabrán cómo llevarlo a cabo. Pero usted debe hacerlo ahora si quiere llegar a Shambhala y encontrar a Wil.

—¿Usted es capaz de realizar esas extensiones? —pregunté.

Yin frunció el entrecejo.

—Yo no diría tanto.

Me quedé mirándole. Aquello era paradójico. ¿Cómo iba yo a aprender a hacer todo eso que decía, si hasta Yin tenía dificultades para realizarlo?

Durante cuatro horas proseguimos el viaje sin hablar. Comíamos nueces y verduras sin detener el vehículo, cosa que sólo hicimos una vez para repostar gasolina de un camión cisterna. Hacía rato que había oscurecido cuando llegamos a Tingri.

—Aquí deberemos andar con sumo cuidado —dijo Yin—. Estamos cerca del monasterio de Rongphu y del campo base del Everest. Habrá soldados chinos vigilando a los turistas y escaladores. Pero también podremos ver vistas increíbles de la cara norte del Everest.

Yin dio varios rodeos con el jeep antes de llegar a una zona de viejas edificaciones de madera, tras las cuales había una sencilla casa de adobe.

El patio que rodeaba la morada de Hanh presentaba un aspecto inmaculado, con arriates de plantas meticulosamente cuidados. Mientras aparcábamos salió al soportal un hombre alto y corpulento vestido con un colorido manto. Aparentaba algo más de sesenta años, si bien sus movimientos eran los de una persona más joven. Llevaba la cabeza completamente afeitada.

Yin saludó con la mano, mientras el hombre trataba de distinguir quién era. Al reconocer a Yin sonrió abiertamente y vino hacia nosotros, que nos bajábamos ya del jeep.

Los dos hombres intercambiaron algunas frases en tibetano y luego Yin me señaló y me presentó:

—Es un amigo norteamericano.

Le dije mi nombre a Hanh y éste me saludó con una ligera inclinación y me dio la mano.

—Bienvenido —dijo—. Por favor, entren.

Mientras Hanh volvía a la casa, Yin se asomó dentro del jeep y cogió su mochila.

—Llévese su bolsa —dijo.

El interior de la casa era modesto, pero estaba repleto de pinturas y alfombras tibetanas llenas de colorido. Nuestro anfitrión nos llevó a una salita de estar, desde la que pude ver casi todas las demás habitaciones. A la izquierda había una pequeña cocina y un dormitorio, y a la derecha, otra habitación más que tenía aspecto de sala de terapias. En el centro de aquella habitación había una mesa de masaje o de exploración y en la pared unos armarios y un pequeño lavabo.

Yin volvió a hablar con Hanh en tibetano, pero pude entender mi nombre. Hanh se inclinó hacia adelante con creciente interés. Me miró e inspiró aire profundamente.

—Usted tiene miedo —dijo Hanh, observándome con atención.

—No me diga —repuse.

Hanh se rió ante mi respuesta irónica.

—Pues tendremos que hacer algo al respecto si quiere culminar su viaje.

Dio una vuelta a mi alrededor, observando mi cuerpo.

—Los moradores de Shambhala —comenzó— viven de una forma diferente a la de la mayoría de los seres humanos. Desde siempre. En realidad, a lo largo de milenios siempre ha habido un abismo entre los niveles de energía de unos y otros. Si bien en los últimos tiempos, a medida que los seres humanos han evolucionado e incrementado su nivel de conciencia, esta distancia se ha reducido, sigue siendo muy grande.

Mientras Hanh hablaba, yo observaba a Yin. Parecía tan nervioso como yo.

Hanh también se dio cuenta.

—Yin tiene tanto miedo como usted —dijo—. Pero él sabe que el miedo puede controlarse. Creo que usted aún no es consciente de esta realidad. Debe empezar a actuar y pensar como lo hacen los habitantes de Shambhala. Primero tiene que cultivar su energía y luego estabilizarla.

Hanh hizo una pausa y se concentró de nuevo en mi cuerpo. Me dijo sonriendo:

—Ha tenido usted muchas experiencias. Debería ser más fuerte.

—Quizá es que no comprendo la energía lo suficientemente bien —repuse.

—Oh, no, no es eso. Usted sí que comprende. —Hanh dibujó una abierta sonrisa—. Es sólo que no quiere cambiar su forma de vivir. Le gusta dejarse seducir por las ideas y luego llevar una vida inconsciente, más o menos según los modelos que siempre ha seguido.

La conversación no seguía los derroteros que yo hubiera deseado, y notaba cómo al miedo le sucedía una ligera irritación.

Mientras yo continuaba de pie, Hanh dio algunas vueltas más a mi alrededor, sin dejar de observar con intensidad mi cuerpo de arriba abajo.

—¿Qué está buscando? —pregunté.

—Cuando trato de ponderar el nivel energético de alguien, me fijo primero en la postura —dijo Hanh con naturalidad—. La suya no es del todo mala, debe de haberla trabajado en algún momento, ¿me equivoco?

Su observación era muy perspicaz. Durante mi adolescencia, hubo un año en que experimenté un crecimiento muy rápido y como resultado se me encorvó la columna. Siempre estaba cansado y me dolía la espalda. Sólo mejoré cuando empecé a practicar cada mañana algunas posiciones básicas de yoga.

—La energía todavía no fluye por su cuerpo con total libertad —añadió Hanh.

—¿Es capaz de decir eso sólo con mirarme?

—Y sintiéndole. La cantidad y fuerza de su energía imprime una sensación similar a la de su grado de presencia en esta habitación. Seguro que habrá vivido alguna vez la experiencia de que alguien entra en una habitación y todos los presentes sienten su carisma.

—Desde luego que sí. —Aquello me hizo pensar en el hombre del hotel de Katmandú.

—Cuanta más energía tiene una persona, más sienten los demás su presencia. Suele ser energía que fluye y se esparce a través del ego y que al principio se percibe con gran fuerza pero luego se disipa con rapidez. Pero en la interacción con los demás, se convierte en una energía genuina y constante que no falla.

Asentí con la cabeza.

—Hay una cosa a su favor, y es que está usted abierto —continuó Hanh—. En algún momento de su pasado experimentó usted una apertura a lo místico, un súbito aflujo de energía divina. ¿Es así?

—Sí —dije, pensando en mi experiencia en las montañas peruanas, cuyo recuerdo permanecía vívido en mi memoria. Estaba pendiente de un hilo, convencido de que los soldados peruanos iban a matarme, cuando de repente me invadió una calma, una euforia y una alegría fuera de lo común. Aquélla fue la primera vez que experimenté lo que los místicos de diversas religiones han llamado un estado de transformación.

—¿Cómo era esa energía que le llenó? —preguntó Hanh—. ¿Cómo la sentía?

—Era como una oleada de paz. Todo mi miedo desapareció.

—¿Cuál era su forma de fluir?

Nunca me había planteado aquella pregunta, pero enseguida empecé a recordar.

—Como si me recorriera la espina dorsal de abajo arriba y me saliera por la parte superior de la cabeza. Tuve una sensación como si tiraran de mi cuerpo hacia arriba. Como si estuviera flotando, como si hubiera habido una cuerda tirando de mí hacia arriba.

Hanh asintió y me miró a los ojos.

—¿Cuánto tiempo duró?

—No mucho. Pero había aprendido a respirar en el seno de la belleza que me rodeaba con el fin de reavivar aquel sentimiento.

—Lo que falta en su práctica —dijo Hanh— es saber mantener la energía de manera consciente a un nivel superior. Ésta es la primera extensión que debe realizar. Tiene que hacer que su energía fluya de una manera constante y con mayor plenitud. Y tiene que hacerlo con una técnica precisa, procurando que sus acciones no erosionen su campo de energía una vez conformado.

Hizo una breve pausa.

—¿Comprende lo que quiero decir? En todos los aspectos de su vida debe mantener su nivel superior de energía. Tiene que ser consecuente. —Me miró con expresión maliciosa—. Tiene que vivir sabiamente. Vamos a cenar.

Fue a la cocina y volvió con una bandeja de verduras acompañadas de salsa. Hizo que Yin y yo nos sentáramos a una mesa y sirvió las verduras en tres pequeños cuencos. Enseguida comprendí que la comida también formaba parte de la información que Hanh impartía.

Mientras comíamos, reanudó la charla.

—Es imposible que alguien mantenga un nivel superior de energía en su interior si consume materia muerta como alimento.

Desvié la mirada y me desconecté. No me interesaba oír un discurso sobre dieta alimentaria.

Mi actitud pareció irritar a Hanh.

—¿Está loco? —exclamó casi gritando—. Es posible que su propia supervivencia dependa de esta información, ¿y ni siquiera va a tomarse la molestia de escucharla? Pero ¿qué se ha pensado? ¿Que puede vivir como le dé la gana y seguir haciendo cosas importantes?

Se calmó y me miró de soslayo. Comprendí que su enojo era sincero, pero que al mismo tiempo formaba parte de su escenificación. Tuve la impresión de que estaba transmitiéndome información a más de un nivel a la vez. Al devolverle la mirada, no pude evitar sonreír. Hanh era innegablemente simpático.

Me propinó unos golpecitos en el hombro y me sonrió a su vez.

—La mayoría de las personas —prosiguió— están llenas de energía y entusiasmo cuando son jóvenes, pero al llegar a una edad más adulta van deslizándose poco a poco por una pendiente mientras fingen no darse cuenta. Después de todo, a sus amigos les sucede lo mismo, y sus hijos están en plena actividad, así que se dedican a comer guiándose por el paladar.

»No pasa mucho tiempo antes de que comiencen a sufrir molestias insidiosas y dolencias crónicas como afecciones digestivas o irritaciones en la piel, que achacan a "la edad", hasta que un día descubren que tienen una enfermedad seria que ya no tiene remedio. Por lo general van a ver a un médico al que no preocupa el tema de la prevención, y empiezan a tomar fármacos, que a veces les alivia el problema y a veces no. Más tarde, a medi-

da que van pasando los años, contraen alguna enfermedad, que va agravándose progresivamente hasta que un
día se dan cuenta de que se están muriendo. El único
consuelo que les queda es pensar que lo que les está pasando le sucede a todo el mundo, que es algo inevitable.

»Lo más terrible es que esta caída de energía se produce, en mayor o menor medida, incluso en personas
que tienden a lo espiritual. —Se inclinó hacia mí e hizo
como que miraba por la habitación para ver si había alguien escuchando—. Eso incluye a algunos de nuestros
más respetados lamas.

Reprimí las ganas de reír.

—Si por un lado buscamos alcanzar un nivel superior de energía y por otro consumimos alimentos que
nos merman esa energía —continuó Hanh—, no vamos
a ninguna parte. Debemos someter a consideración todas las energías que de forma rutinaria permitimos que
entren en nuestros campos de energía, en especial los alimentos, y descartarlas todas salvo las mejores, si es que
queremos que nuestros campos energéticos sigan siendo
fuertes.

Volvió a inclinarse hacia mí.

—Esto le resulta muy difícil a la mayoría de la gente,
pues todos tenemos adicción a los alimentos que ingerimos habitualmente, a pesar de que la mayoría sean per-
niciosos.

Miré a otro lado.

—Sé que gran parte de la información sobre alimentación que corre por ahí es muy contradictoria —prosiguió—. Pero la verdad se halla entre toda esa información. La búsqueda debemos hacerla nosotros mismos
desde la perspectiva más global posible. Somos seres espirituales que vienen a este mundo para elevar su energía. Pero gran parte de lo que encontramos aquí está

pensado exclusivamente para servir al placer sensual y la distracción, cosas que merman nuestra energía y nos empujan a la desintegración física. Si de verdad creemos que somos seres espirituales, debemos evitar tales tentaciones.

»Las primeras etapas de la evolución revelan que desde un principio no tuvimos otro remedio que experimentar con los alimentos a través del sistema de ensayo y error, pues de alguna forma había que averiguar qué alimentos eran buenos y cuáles podían matarnos. Si te comes esa planta sobrevives; si te comes esa otra, te mueres. En aquel momento de la historia averiguamos qué podía matarnos, pero sólo ahora somos capaces de descubrir qué alimentos redundan en nuestra longevidad y mantienen nuestro nivel de energía elevado, y cuáles acaban desgastándonos.

Hizo una breve pausa durante la cual tuve la sensación de que sopesaba lo que yo comprendía.

—En Shambhala ven esa imagen global —continuó—. Quienes habitan allí saben quiénes somos en tanto seres humanos. A simple vista parece que seamos materia, hecha de carne y sangre, ¡pero somos átomos! ¡Energía pura! Es un hecho demostrado por esa ciencia de ustedes. Cuando profundizamos en la observación de los átomos, lo primero que vemos son partículas, y luego, en los niveles más profundos, esas mismas partículas desaparecen convirtiéndose en modelos de energía pura que vibra. Y si consideramos desde esta perspectiva nuestras costumbres alimentarias, comprobamos que todo aquello que introducimos en nuestros cuerpos en calidad de alimento afecta a nuestro estado vibracional. Hay alimentos que incrementan nuestra energía y nuestra vibración y otros, las disminuyen. La verdad es así de simple.

»Toda enfermedad es el resultado de una disminución de la energía vibracional, y cuando ésta llega a cierto nivel, existen fuerzas naturales en el mundo destinadas a desincorporeizar nuestros cuerpos.

Me miró como si acabara de decir algo muy profundo.

—¿Quiere decir desincorporeizar físicamente? —pregunté.

—Sí. Recurramos una vez más a la imagen general. Cuando muere un ser vivo, sea un perro atropellado por un coche o una persona tras una larga enfermedad, las células del cuerpo pierden en el acto su vibración y se vuelven químicamente muy ácidas. Este estado ácido es la señal para los microbios del mundo (virus, bacterias, hongos) de que ha llegado el momento de descomponer el tejido muerto en cuestión. Tal es su cometido en el universo físico. Devolver un cuerpo a la tierra.

»Como dije antes, cuando nuestros cuerpos pierden energía debido a los alimentos que comemos, nos volvemos susceptibles de contraer enfermedades. Sucede de la siguiente forma. Cuando ingerimos comida, ésta se metaboliza y deja en nuestro cuerpo unos restos. Estos desechos pueden ser de naturaleza ácida o alcalina, según el alimento. Si son alcalinos, el cuerpo los elimina rápidamente con poca energía. Pero si esas materias de desecho son ácidas, son muy difíciles de eliminar y quedan almacenadas en estado sólido en órganos y tejidos, bajo formas cristalinas de baja vibración que crean obstáculos o rupturas bruscas en los niveles vibratorios de nuestras células. Cuantos más desechos ácidos se almacenan, más ácidos se vuelven los tejidos. ¿Y adivina qué pasa entonces? —Me miró una vez más de forma muy expresiva—. Que aparece algún microbio, de un tipo u otro, que percibe todo ese ácido y actúa descomponiéndolos.

»¿Comprende lo que quiero decir? Cuando muere un organismo, su cuerpo experimenta una inmediata transformación a un estado altamente ácido y los microbios lo consumen con rapidez. Si cuando estamos vivos nos asemejamos a ese estado ácido, que es el propio de los organismos muertos, entonces nos vemos obligados a sufrir el ataque de los microbios. Todas las enfermedades humanas son resultado de algún ataque de este género.

Lo que decía Hanh tenía mucho sentido. Hacía algún tiempo había encontrado en Internet información sobre el pH corporal, y coincidía con su teoría.

—¿Está diciendo que lo que comemos nos predispone directamente a la enfermedad? —pregunté.

—Sí, los malos alimentos pueden hacer descender nuestro nivel vibracional hasta un punto en que las fuerzas de la naturaleza inicien el proceso de retorno de nuestros cuerpos a la tierra.

—¿Y las enfermedades que no son causadas por microbios?

—Todas las enfermedades se generan de un modo u otro por la acción microbiana. Los mismos investigadores occidentales están llegando a esta conclusión. Se ha descubierto una serie de microbios asociados a las lesiones arteriales de las dolencias cardíacas, así como a la producción de tumores cancerosos. Pero recuerde, los microbios sólo cumplen su función. La verdadera causa de la enfermedad son las dietas causantes de un entorno ácido.

Hizo una pausa y añadió:

—Asimílelo bien. Los seres humanos podemos encontrarnos en un estado de energía alto y alcalino o bien en un estado ácido que informa tanto a los microbios que viven en nuestro interior como a los que proceden del exterior que estamos preparados para la descomposición. La enfermedad no es más que la corrupción de una parte de nuestro cuerpo debido a que los microbios que nos rodean han recibido la señal de que ya estamos muertos.

Volvió a mirarme con expresión maliciosa.

—Discúlpeme por ser tan directo —dijo—. Pero no tenemos mucho tiempo. Los alimentos que comemos determinan casi por completo en cuál de estas dos condiciones nos encontramos. En general, los alimentos que dejan residuos ácidos en nuestro cuerpo son los pesados, los muy elaborados o refinados y los dulces: carnes, harinas, bollería, alcohol, café y las frutas más dulces. Los alimentos alcalinos son más verdes, frescos y vivos, como las hortalizas frescas y sus zumos, las verduras, frutos como el aguacate, y frutas como la uva y el limón. Más sencillo no puede ser. Somos seres espirituales que viven en un mundo energético y espiritual. Ustedes los occidentales han sido educados pensando que las carnes cocinadas y los alimentos elaborados son buenos. Pero ahora sabemos que crean un entorno de desincorporeización lenta que con el tiempo se cobra su factura en vidas humanas.

»Todas las enfermedades que infestan la humanidad —arterioesclerosis, infarto, artritis, sida y sobre todo los diferentes tipos de cáncer— son consecuencia de la contaminación existente en nuestros cuerpos, lo que supone una señal para los microbios que se encuentran en nuestro interior de que estamos preparados para sucumbir, perder la energía y morir. Siempre nos hemos preguntado por qué hay personas que estando expuestas a los mismos microbios que otras no contraen una enfermedad. La diferencia estriba en el entorno o "medio ambiente" intracorporal. Sin embargo, aun en el caso de que tengamos demasiada acidez en nuestros cuerpos y hayamos empezado incluso a descomponernos, la situación es reversible si mejoramos nuestra alimentación y la orientamos hacia un estado de energía más elevado y alcalino.

Hablaba ahora moviendo los brazos, con los ojos muy abiertos y centelleantes.

—Los seres humanos deberían vivir más de ciento cincuenta años. Pero nuestra forma de comer inicia una lenta destrucción desde el comienzo. Vemos por todas partes personas que están desicorporeizándose ante nuestros propios ojos. Pero no tendría que ser así.

Hizo una pausa e inhaló aire.

—No es así en Shambhala.

Tras otra breve pausa Hanh me observó una vez más.

—Bien, pues ahí lo tiene —concluyó—. Las leyendas dicen que los seres humanos conocerán primero la verdadera naturaleza de los alimentos y cuáles deben consumir. Sólo después podremos abrirnos por completo a las fuentes interiores de energía que incrementan más aún nuestra vibración.

Apartó su silla de la mesa y me miró.

—Está aclimatándose muy bien a la altitud del Tíbet, pero me gustaría que descansara.

—Se lo agradezco mucho —dije—. Estoy agotado.

—Sí —convino Yin—, ha sido un día muy largo.

—Póngase en situación de esperar un sueño —añadió Hanh mientras me conducía a una habitación.

—¿Esperar un sueño?

Hanh se volvió hacia mí.

—Sí, es usted más poderoso de lo que piensa.

Me reí.

Me desperté de pronto y miré por la ventana. El sol estaba muy alto en el cielo. No recordaba sueño alguno. Me puse los zapatos y fui a la salita.

Hanh y Yin estaban hablando sentados a la mesa.

—¿Qué tal ha dormido? —me preguntó Hanh.

—Muy bien —dije dejándome caer en una silla—. Pero no soy capaz de recordar ningún sueño.

—Eso es porque no tiene suficiente energía —dijo él como de pasada. De nuevo miraba mi cuerpo. Advertí que concentraba su atención en mi forma de sentarme.

—¿Qué está mirando? —pregunté.

—¿Así es como se despierta por las mañanas? —inquirió Hanh.

Me puse de pie.

—¿Qué pasa?

—Después de dormir lo primero que hay que hacer es despertar el cuerpo y aceptar la energía. —Se había puesto de pie ante mí, con las piernas separadas y las manos en las caderas. Mientras yo le miraba, él juntó los pies deslizándolos sobre el suelo y levantó los brazos. En un mismo movimiento elevó el cuerpo hasta sostenerse sobre la punta de los pies, con las palmas de las manos juntas sobre la cabeza.

Parpadeé varias veces. Había algo extraño en la forma en que se movía su cuerpo, y no podía identificarlo con precisión. Más que impulsado por los músculos, parecía flotar. Me fijé en que su rostro resplandecía con una abierta sonrisa. Con la misma rapidez, su cuerpo se desplazó hacia mí con un movimiento grácil. Parpadeé una vez más.

—La mayoría de las personas tienen un lento despertar —dijo Hanh—, y se van arrastrando por la casa hasta que se ponen en marcha con una taza de café o té. Van al trabajo y allí siguen arrastrándose o se limitan a utilizar un reducido grupo de músculos. Se conducen según unos modelos fijos y, como le dije ayer, desarrollan una serie de obstáculos o trabas que entorpecen las vías por las que la energía fluye.

»Debe asegurarse de que todas las zonas de su cuerpo estén abiertas con el fin de poder recibir toda la energía disponible. Eso se logra moviendo todas las mañanas cada uno de los músculos, a partir de su centro. —Se señaló un punto justo por debajo del ombligo—. Si se concentra en moverlos a partir de esta zona, sus músculos quedarán libres para operar en su nivel de coordinación más alto. Éste es el principio fundamental de todas las artes marciales y danzas. A partir de ahí puede incluso inventar sus propios movimientos.

Y acto seguido se puso a ejercitar una multitud de movimientos que yo jamás había visto antes. Se parecían un poco a los giros propios del tai chi. Pensé que estaba representando un desarrollo de tales movimientos clásicos.

—Su cuerpo —añadió— le enseñará cómo tiene que moverse para ayudar a eliminar sus trabas individuales.

Apoyado sobre una sola pierna se inclinó hacia adelante, echando el brazo hacia atrás como si fuera a lanzar una pelota rasa, sólo que con la mano casi tocaba el suelo al hacer el movimiento. Luego, sosteniéndose en la otra pierna, dio un giro completo sobre sí mismo. No aprecié el menor desequilibrio y, una vez más, parecía flotar.

Moví la cabeza de un lado a otro y traté de concentrarme en Hanh, pero éste había dejado de moverse y permanecía quieto, como si un fotógrafo hubiera congelado sus movimientos en una instantánea, algo que parecía imposible. De pronto caminaba hacia mí de nuevo.

—¿Cómo hace eso? —pregunté.

—Empiezo despacio y tengo presente el principio básico. Si se mueve a partir de su centro y espera que la energía fluya en su interior, se moverá de una forma cada vez más ligera. Por supuesto que para perfeccionarlo tiene que ser capaz de abrirse a toda la energía divina disponible en su interior.

Hizo una pausa y me miró.

—¿Recuerda bien su apertura mística?

Pensé otra vez en Perú y en mi experiencia en las cumbres.

—Bastante bien, creo.

—Estupendo —dijo—. Salgamos fuera.

Yin sonrió mientras se levantaba y seguimos a Hanh hasta un pequeño jardín, donde subimos por unos escalones que conducían a un espacio en el que había una hierba pardusca y poco tupida y una serie de rocas grandes e irregulares. Las piedras estaban recorridas por vistosas vetas rojizas y marrones. Durante diez minutos Hanh me mostró algunos de los movimientos que le había visto hacer antes y luego me señaló un lugar en el suelo para que me sentara, mientras él ocupaba un asiento a mi derecha. Yin se sentó detrás de nosotros. El sol de la mañana bañaba las montañas lejanas con una cálida luz amarilla. Me sentía impresionado por su belleza.

—Las leyendas dicen —comenzó Hanh— que el abrirse a un estado de energía superior es una habilidad que todos los seres humanos adquirirán un día. Ello empezará por un conocimiento general de que tal conciencia es posible. A partir de ahí avanzaremos hacia una comprensión de todos los factores que entran en juego para cultivar y mantener niveles superiores de energía.

Hizo otra breve pausa y me miró.

—Usted conoce ya el procedimiento básico, pero ahora tiene que expandir sus sentidos. Las leyendas dicen que primero hay que relajarse y mirar lo que nos rodea. La mayoría de nosotros rara vez nos fijamos en las cosas que tenemos a nuestro alrededor. Nuestra mente suele estar demasiado ocupada para ello. Sin embargo, es preciso que recordemos que todo lo que hay en el universo está vivo y dotado de energía espiritual, como parte de Dios que es. Tenemos que intentar conectar con nuestro principio divino interior de un modo intencional.

»Sabemos si estamos conectados con esta energía por nuestro sentido de la belleza. Hágase siempre esta pregunta: ¿hay belleza a nuestro alrededor? El grado de belleza que somos capaces de ver es la medida de la cantidad de energía divina que recibimos en nuestro interior.

Hanh continuó para darme tiempo a que pudiera mirar, mirar de verdad, a mi alrededor.

—Una vez empezamos a establecer nuestra conexión y a experimentar la energía divina en nuestro interior, todo comienza a ser más perceptible. Las cosas están ante nosotros, y somos capaces de apreciar su forma y color únicos. Cuando tiene lugar esta percepción, podemos inspirar aún más energía.

»Verá, en realidad, la energía no procede hasta tal punto de las cosas que nos rodean, si bien es posible absorber energía directamente de algunas plantas y lugares sagrados. La energía sagrada procede de nuestra conexión con aquello que hay de divino en nuestro interior. Todo lo que nos rodea, tanto si es natural como hecho por la mano del hombre (flores, piedras, hierba, montañas, objetos artísticos), tiene una belleza y una presencia majestuosas que están fuera del alcance perceptivo de la mayor parte de los seres humanos. Cuando nos abrimos a lo divino, lo único que hacemos es incrementar nuestra vibración energética y con ello nuestra capacidad perceptiva, de modo que podemos ver el mundo tal y como es. ¿Comprende? Los seres humanos ya vivimos en un mundo de inmensa belleza, formas y colores. El cielo ya está aquí. Lo que sucede es que aún no nos hemos abierto a la suficiente energía interior para verlo.

Le escuchaba fascinado. Me resultaba todo más claro que nunca.

—Concéntrese en la belleza —me instruía Hanh— y comience a inhalar la energía a su interior.

Realicé una inspiración profunda.

—Mientras respira observe los incrementos de belleza que se producen —señaló Hanh.

Miré de nuevo las rocas y las montañas. Ante mi sorpresa reparé en que la más alta de las cumbres que se veían en la distancia era la del monte Everest. Por alguna razón no había reconocido su forma hasta aquel momento.

—Sí, sí, mire el Everest —dijo Hanh.

Mientras contemplaba la montaña, aprecié que los riscos ribeteados de nieve de la vertiente formaban pequeños escalones ascendentes que llegaban hasta la cima en forma de corona. Mi percepción experimentó como una sacudida ante aquella visión y la montaña más alta del mundo se me hizo al instante más cercana, como si de algún modo formara parte de mí, y me pareció que si alargaba la mano habría podido tocarla.

—Siga inspirando —dijo Hanh—. Su vibración y su capacidad perceptiva aún se incrementarán más. Todo se le aparecerá más brillante, como iluminado desde su interior.

Inspiré otra vez y empecé a sentirme más ligero. Noté que la espalda se me estiraba sin apenas esfuerzo. De forma inexplicable reviví de nuevo la experiencia vivida en las montañas peruanas.

Hanh asentía con la cabeza.

—Su capacidad para percibir la belleza es el indicativo clave de que la energía divina está penetrando en usted. Pero hay también otros indicativos.

»Uno es que se sentirá más ligero. La energía ascenderá por su interior y le levantará, como usted dijo, como si una cuerda tirara de su cabeza hacia arriba. Y sentirá un mayor conocimiento acerca de quién es usted y qué es lo que está haciendo. Recibirá intuiciones y sueños relacionados con el siguiente paso a dar en su camino vital.

Hizo una pausa y miró mi cuerpo. Yo estaba sentado con la espalda erguida sin ningún esfuerzo.

—Llegamos ahora a la parte más importante —dijo—. Debe aprender a mantener la energía, a hacer que siga fluyendo en su interior. Para ello tiene que recurrir al poder de sus esperanzas, el poder de su energía de plegaria.

De nuevo aquella palabra: *esperanzas*. Nunca hasta entonces la había oído utilizar en aquel contexto.

—¿Cómo lo conseguiré? —pregunté confuso, a la vez que mi cuerpo perdía energía y la intensidad de las formas y colores que me rodeaban disminuía.

Hanh abrió desmesuradamente los ojos y soltó una estruendosa risotada. Intentó varias veces contenerse, pero al final cayó rodando por el suelo presa de una hilaridad incontrolable. Cada vez que recobraba la compostura se echaba a reír al mirarme. Incluso oí que Yin se reía con disimulo a mi espalda.

Al final Hanh logró dominarse inspirando varias veces y relajándose.

—Lo siento de veras —dijo—. Pero es que ha puesto una cara tan divertida. Usted no cree tener ningún tipo de poder, ¿no es cierto?

—No es eso —protesté—. Lo que pasa es que no sé muy bien qué quiere decir con eso de «esperanzas».

Hanh seguía sonriendo.

—Estará de acuerdo en que usted lleva consigo implícitas ciertas esperanzas o expectativas vitales, ¿no? Espera que salga el sol cada mañana. Espera que la sangre circule por sus venas.

—Sí, claro.

—Bien, pues lo único que le pido es que trate de ser consciente de esas esperanzas o expectativas. Es la única manera de mantener y expandir el nivel de energía superior que acaba de experimentar. Tiene que aprender a esperar de su vida ese nivel de energía, y debe hacerlo de una forma totalmente deliberada y consciente. Es el único modo de completar la Primera Extensión de la plegaria. ¿Querría intentarlo de nuevo?

Empleamos varios minutos en hacer inspiraciones y reconstituir la energía. Cuando estaba llegando a la visión del nivel superior de belleza que había experimentado antes, le hice una señal afirmativa.

—Ahora —dijo Hanh— debe esperar que esa energía siga llenándole y fluya al exterior en todas direcciones. Visualícelo.

Traté de mantener mi nivel de energía mientras preguntaba:

—Ese flujo hacia el exterior... ¿cómo sé que está produciéndose?

—Podrá sentirlo. Por ahora limítese a visualizarlo.

Inspiré una vez más y visualicé cómo la energía crecía en mi interior y fluía al exterior en todas direcciones.

—Aún no sé si está pasando de verdad —dije.

Hanh me miró directamente a los ojos, con una actitud que parecía de ligera impaciencia.

—Usted sabe que la energía fluye hacia el exterior porque la energía se mantiene en su interior, los colores y formas continúan siendo intensos, y siente cómo le llena y luego sale fuera de usted.

—¿Cómo es ese sentimiento? —pregunté.

Me miró con incredulidad.

—Usted conoce la respuesta.

Miré de nuevo hacia las montañas, mientras visualizaba cómo mi flujo energético salía hacia ellas. Al principio seguían conservando su belleza pero luego empezaron a mostrar también un inmenso atractivo. Entonces me invadió una oleada de profunda emoción y me vino a la mente la experiencia de Perú.

Hanh asentía con la cabeza.

—¡Claro! —exclamé—. La señal de que la energía está fluyendo es el sentimiento de amor.

Hanh sonrió abiertamente.

—Sí. Es un amor que se convierte en un sustrato emocional que permanece con usted todo el tiempo en que su energía de plegaria fluye hacia el mundo. Debe mantenerse en un estado de amor.

—Pero esto se me antoja tremendamente idealista para los seres humanos corrientes —dije.

Hanh ahogó una risita.

—No estoy instruyéndole en cómo ser un ser humano corriente. Estoy diciéndole cómo situarse en el vértice de la evolución. Estoy invitándole a ser un héroe. Recuerde tan sólo que debe esperar que la energía divina le llene a un nivel superior y fluya fuera de usted. Cuando se sienta desconectado, recuerde ese sentimiento de amor. Trate de reavivar ese estado de una forma consciente. —Sus ojos centellearon una vez más—. Sus esperanzas son la clave para poder mantener esta experiencia. Debe visualizarla, creer que se presentará en cualquier situación en que se encuentre. Tiene que cultivar y afirmar conscientemente estas esperanzas todos los días.

Asentí con la cabeza.

—Bien —dijo—, ¿comprende ahora todos los procesos de los que le he hablado?

Antes de que yo pudiera contestar, añadió:

—La clave está en su modo de despertar por las mañanas. Por eso le pedí anoche que se fuera a dormir, para poder ver cuál era su despertar. Debe hacerlo de una forma disciplinada. Despierte su cuerpo al influjo de energía según la pauta que le he enseñado. Ejecute los movimientos a partir de su centro, sienta la energía de forma inmediata. Espérela de forma inmediata.

»Coma sólo alimentos que todavía estén vivos. Al cabo de un rato, le será más fácil conectar con la energía interna divina. Tómese el tiempo necesario cada día para llenarse de energía y despertarse con los movimientos aprendidos. Recuerde los indicativos. Visualice cómo la energía le penetra y sienta cómo fluye al mundo. Haga todo esto y habrá completado la Primera Extensión. De este modo será capaz no sólo de experimentar la energía de vez en cuando sino de cultivarla y mantenerla a un nivel superior.

Hizo una profunda reverencia y sin añadir nada más se volvió y se encaminó hacia la casa. Yin y yo le seguimos. Cuando entramos, Hanh había empezado a separar comida y a meterla en una gran cesta.

—¿Qué puede decirme de la vía de acceso? —le pregunté a Hanh.

Se detuvo y me miró.

—Hay muchas vías de acceso.

—Quiero decir si sabe dónde podemos encontrar la vía de acceso a Shambhala.

Me miró con seriedad.

—Sólo ha completado una extensión de su energía de plegaria. Ahora tiene que aprender qué hacer con la energía que irradia. Y es usted muy testarudo, y predispuesto al miedo y la ira. Tendrá que superar esas pulsiones antes de poder llegar a ningún sitio cerca de Shambhala.

Tras aquellas palabras Hanh hizo un gesto de asentimiento a Yin y le entregó la cesta. Luego se dirigió a la otra habitación.

4

En consciente estado de alerta

Mientras iba hacia el jeep sentía un increíble bienestar. El aire era frío y las montañas que se elevaban a nuestro alrededor seguían apareciendo luminosas. Subimos al vehículo y Yin arrancó.

—¿Tiene idea de hacia adónde debemos ir? —pregunté.

—Sé que debemos dirigirnos hacia el noroeste del Tíbet. Según las leyendas, es la vía de acceso más cercana a nosotros. Pero, como dijo el lama Rigden, tendremos que dejarnos guiar.

Yin hizo una pausa y me miró.

—Ya es hora de que le hable de mi sueño.

—¿El sueño que mencionó el lama Rigden, en el que aparecía yo? —pregunté.

—Sí. En él usted y yo viajamos juntos a través del Tíbet en busca de la vía de acceso, que nos es imposible encontrar. Nos adentramos en parajes muy lejanos, nos movemos en círculo y nos extraviamos. Pero en el momento de mayor desesperación, encontramos a alguien que nos dice adónde debemos ir.

—¿Qué sucede luego?

—El sueño se acaba ahí.

—¿Quién era esa persona? ¿Wil?

—No, creo que no.

—¿Cuál cree que es el significado del sueño?

—Que debemos permanecer muy alerta.

Continuamos en silencio durante unos segundos, hasta que le pregunté:

—¿Hay muchos soldados en el noroeste del Tíbet?

—No suele haberlos —repuso Yin—. Salvo en la frontera o en las bases militares. El problema serán los próximos quinientos o seiscientos kilómetros, hasta que pasemos el monte Kailas y el lago Manasarovar. Hay varios controles militares en el recorrido.

Durante cuatro horas continuamos sin incidentes. Viajamos por carreteras de grava que se convertían de vez en cuando en polvorientas pistas de tierra. Llegamos a Saga sin el menor contratiempo y tomamos lo que según Yin era la carretera del sur hacia el noroeste del Tíbet. Adelantamos a algunos camiones de transporte o automóviles viejos, así como a tibetanos a pie que tiraban de sus carretones. En los alrededores de las zonas de descanso de los camiones se veían algunos extranjeros haciendo autostop.

Al cabo de una hora Yin abandonó la carretera principal y cogió un camino de tierra. El jeep se balanceaba de un lado a otro por los profundos socavones.

—Un poco más adelante, por la carretera principal, suele haber un puesto de control chino —dijo Yin—. Es mejor que demos un rodeo.

Al llegar a la loma de la colina, cuya escarpada ladera remontábamos, Yin detuvo el jeep y caminamos hasta el borde de un barranco.

A nuestros pies, a varias decenas de metros de distancia, divisamos dos grandes camiones militares con insignias chinas. Junto a la carretera habría tal vez una docena de soldados.

—No es buena señal —comentó Yin—. En ese cruce

no suele haber más que unos pocos soldados. Aún siguen buscándonos.

Traté de controlar mi nerviosismo y mantener la energía en un nivel elevado. Me pareció que algunos de los soldados miraban hacia lo alto de la colina donde estábamos, así que agaché la cabeza.

—Aquí pasa algo —dijo Yin en un susurro.

Cuando volví a mirar hacia el puesto de control, los soldados estaban registrando una furgoneta que acababa de detenerse en el cruce. Junto a la carretera un hombre rubio de mediana edad estaba siendo interrogado. En el interior de la furgoneta había alguien más. Apenas nos llegaban retazos de la conversación, en una lengua europea que parecía ser holandés.

—¿Por qué los detienen? —le pregunté a Yin.

—No lo sé —respondió él—. Quizá no tengan los permisos en regla, o tal vez hayan preguntado lo que no debían.

Me resistía a abandonar la escena, con ansias de ayudar.

—Por favor —dijo Yin—. Debemos marcharnos.

Subimos al jeep y Yin condujo lentamente por la parte superior de la colina y durante el descenso de la vertiente opuesta. Al pie de la pendiente tomamos otro camino estrecho que giraba a la derecha y nos alejamos del puesto de control, siempre en dirección noroeste. Continuamos por aquel camino durante unos ocho kilómetros más, antes de que se uniera de nuevo a la carretera principal, por donde seguimos hasta Zhongba, una pequeña ciudad con algunos hoteles y unas pocas tiendas. Allí nos cruzamos con varios coches patrulla.

—Aquí podremos pasar por dos peregrinos que se dirigen al monte Kailas —dijo Yin—. No llamaremos tanto la atención.

Yo no estaba tan convencido. De hecho, menos de un

kilómetro después un camión militar chino se incorporó a la carretera justo detrás de nosotros y sentí cómo me invadía de nuevo un sentimiento de temor. Yin giró por una bocacalle y el camión pasó de largo hasta perderse de vista.

—Tiene que ser fuerte —dijo Yin—. Es hora de que aprenda la Segunda Extensión.

Me guió una vez más a través de la Primera Extensión hasta que fui capaz de visualizar y sentir cómo mi energía se desbordaba y fluía hacia lo lejos.

—Ahora que su energía sale de usted, debe conseguir que ese campo de energía tenga algún efecto.

Sus palabras me dejaron fascinado.

—¿Algún efecto?

—Sí. Podemos dirigir nuestro campo de plegaria de modo que actúe en el mundo. Para ello usamos nuestras esperanzas. Ya lo hizo una vez, ¿se acuerda? Hanh le enseñó a esperar que la energía siguiera fluyendo a través de usted. Lo que debe hacer ahora es disponer su campo de acuerdo con otras esperanzas diferentes, y con verdadera disciplina. De lo contrario, toda su energía puede convertirse en miedo e ira.

Me miró con una expresión de tristeza que no había visto hasta ese momento.

—¿Pasa algo malo? —pregunté.

—Siendo aún un muchacho presencié cómo un soldado chino mataba a mi padre. Les tengo un odio y un miedo intensos. Y debo confesarle además una cosa: yo tengo sangre china. Eso es lo peor para mí. Ese recuerdo y el sentimiento de culpabilidad asociado a él es lo que erosiona mi energía, por eso tengo tendencia a esperar lo peor. Aprenderá que a esos niveles superiores de energía nuestros campos de plegaria actúan de forma muy veloz para aportarnos exactamente aquello que esperamos. Si tememos algo, nos aportan aquello que tememos. Si odiamos, nos aportan más odio o más acontecimientos relacionados con aquello que odiamos.

»Por fortuna, cuando caemos en tales esperanzas negativas nuestros campos de plegaria se colapsan con suma rapidez, pues perdemos la conexión con lo divino y dejamos de irradiar amor. Pero una esperanza inspirada por el miedo siempre es poderosa. Por ello debe vigilar sus esperanzas con sumo cuidado y disponer su campo de una forma consciente.

Sonrió sin dejar de mirarme y añadió:

—Usted no odia a los militares chinos como yo. Pero sigue abrigando mucho miedo, y parece además capaz de dejarse llevar por la ira... igual que yo. Quizá por eso estamos juntos.

Observaba la carretera mientras Yin conducía, pensando en lo que acababa de explicarme y sin poder creer que nuestros pensamientos pudieran ser tan poderosos. Mi ensueño se vio interrumpido cuando Yin aminoró la marcha y aparcó el jeep delante de unas polvorientas edificaciones de madera.

—¿Por qué nos detenemos? —pregunté—. ¿No llamaremos más la atención si nos paramos?

—Sí —contestó Yin—. Pero tenemos que arriesgarnos. Hay espías por todas partes, pero no tenemos elección. Es muy inseguro adentrarse en las regiones occidentales del Tíbet con un solo vehículo. No hay talleres donde reparar posibles averías. Tenemos que encontrar a más gente que quiera venir con nosotros.

—¿Y si nos delatan?

Yin me miró horrorizado.

—Eso no sucederá si encontramos a las personas adecuadas. Vigile sus pensamientos. Ya le he dicho que tenemos que disponer a nuestro alrededor el campo apropiado. Es muy importante.

Hizo ademán de apearse del vehículo pero dudó unos instantes.

—Tiene que hacer las cosas mejor que yo en este terreno, de lo contrario no tendremos la menor oportunidad. Concéntrese en disponer su campo con vistas a la *rten brel*.

Me quedé callado unos segundos.

—¿*Rten brel*? ¿Qué es eso?

—Es la expresión tibetana que significa «sincronicidad». Debe disponer su campo con vistas a permanecer en sintonía con el proceso sincronístico, para atraer las intuiciones, las coincidencias que puedan ayudarnos.

Yin miró hacia una de las edificaciones y bajó del jeep, haciéndome un gesto con la mano para que yo no me moviera.

Estuve esperando durante casi una hora, viendo a los transeúntes tibetanos que pasaban por la calle. De vez en cuando veía a alguien con rasgos indios o europeos. En una ocasión hasta me pareció ver pasar por una calle lejana al holandés que habíamos visto en el puesto de control. Me esforcé por mirar, pero no estaba seguro.

¿Dónde estaba Yin?, me pregunté. Lo último que deseaba era que nos separáramos otra vez. Me imaginé a mí mismo conduciendo solo por las calles de aquella ciudad, perdido, sin tener la menor idea de adónde ir.

Por fin vi que Yin salía de la casa. Dudó unos instantes y miró a ambos lados de la calle antes de encaminarse hacia el jeep.

—He encontrado dos personas que conozco —dijo mientras se sentaba al volante—. Creo que estaban dispuestos. —Trataba de ser convincente, pero su tono de voz le traicionaba.

Arrancó el coche y partimos. Al cabo de cinco minutos pasamos por delante de un pequeño restaurante construido enteramente de estaño ondulado. Yin aparcó el jeep a unos cincuenta metros del restaurante, detrás de varios bidones de petróleo. Estábamos en las afueras de la ciudad y apenas había gente por la calle. Al entrar nos encontramos en una sala con seis mesas desvencijadas separada de la cocina por una barra estrecha y encalada. En la cocina había varias mujeres trabajando, una de las cuales se acercó al ver que nos sentábamos a una mesa. Yin intercambió con ella unas breves palabras en tibetano. Me pareció entender que hablaban de comida. La mujer asintió con la cabeza y me miró.

—Lo mismo —le dije a Yin, mientras me desprendía del abrigo y lo colgaba del respaldo de mi silla—. Y agua. —Yin tradujo mi petición y la mujer sonrió y se fue.

Yin adoptó un semblante serio.

—¿Comprendió lo que le dije? Debe disponer un campo que aporte más sincronicidad.

Asentí.

—¿Cómo puedo conseguirlo?

—Primero asegúrese de que completa la Primera Extensión. De que la energía fluye en su interior y se desborda e irradia hacia el mundo. Haga que sus esperanzas relacionadas con esa energía sean constantes. Entonces debe esperar que su campo de plegaria actúe para aportarle exactamente los pensamientos y acontecimientos necesarios para poder acceder al mejor de sus destinos posibles. Con el fin de disponer este campo alrededor de usted, debe mantenerse en un estado de alerta consciente.

—¿Alerta? ¿En espera de qué?

—En espera de la sincronicidad. Debe mantenerse en un estado que le permita ser capaz de buscar de manera constante la primera cantidad de información que se presente y que sea susceptible de servirle de ayuda en algo relacionado con su destino, aunque sea mínima. Aunque la sincronicidad se presenta en el momento menos pensado, también es cierto que puede incrementar las probabilidades estadísticas si dispone un campo constante, lo cual se consigue esperándola en todo momento.

Busqué mi cuaderno de notas del bolsillo trasero de los pantalones. Aunque no lo había utilizado hasta entonces, en aquel momento tuve la intuición de anotar lo que me decía Yin. Pero al no encontrarlo recordé que me lo había dejado en el jeep.

—Tenga, está cerrado —me dijo Yin tendiéndome las llaves—. No se entretenga en ningún otro sitio.

Fui directamente hacia el jeep y cogí el cuaderno. Cuando me disponía a volver al restaurante, me sorprendió el ruido de motor de unos vehículos que subían por la calle. Me oculté entre los bidones para observar lo que pasaba. Delante del restaurante se habían detenido dos camiones grises de fabricación china. De ellos descendieron cinco o seis hombres uniformados, que entraron en el establecimiento. Desde mi posición podía ver lo que sucedía en el interior a través de las ventanas. Los agentes obligaron a todas las personas que había en el restaurante a alinearse contra una pared y les cachearon. Traté de localizar a Yin entre ellos, pero no le veía por ninguna parte. ¿Habría escapado?

En el exterior se detuvo otro coche patrulla, del que descendió un larguirucho oficial chino con uniforme militar que se dirigió hacia la entrada. Sin duda era el hombre que estaba al mando. Lanzó una breve mirada al interior desde la puerta y se volvió para mirar a ambos lados de la calle, como si intuyera algo. Al girar la cabeza hacia donde yo estaba, me escondí detrás de los bidones, con el corazón latiéndome a toda velocidad.

Pasados unos segundos me aventuré a asomarme de nuevo. Los chinos estaban sacando a las personas del local y las cargaban en los camiones. Yin no estaba entre ellas. Uno de los vehículos partió y el oficial al mando dio instrucciones al resto de sus hombres. Supuse que les ordenaba que registraran la calle.

Me acurruqué entre los bidones e inspiré profundamente. Sabía que si me quedaba allí, sólo sería cuestión de tiempo que me encontraran. Mientras pensaba qué podía hacer, descubrí un estrecho y sucio callejón que llevaba a la calle paralela. Me subí al jeep, lo puse en punto muerto y dejé que rodara por la suave pendiente de la calle hasta el callejón, donde giré el volante a la derecha. Al doblar la esquina le di al contacto, sin tener la menor idea de adónde ir. Lo único que quería era alejar el jeep de los soldados.

Después de recorrer varias manzanas, giré a la izquierda por una calle estrecha que me llevó hasta una zona escasamente edificada. Al cabo de cien metros estaba fuera de la ciudad. Recorrí un par de kilómetros y me salí de la carretera para detener el vehículo tras una montaña de enormes rocas.

Y ahora ¿qué?, pensé. Estaba completamente perdido, sin la más remota idea de adónde podía ir. Me invadió un sentimiento de rabia y de frustración. Yin debería haber previsto aquella posibilidad. Era muy probable que en aquella ciudad hubiera alguien a quien él conociera y que pudiera ayudarme, y en cambio en aquella situación no podía encontrar a nadie.

Una bandada de cornejas vino a posarse sobre una roca a mi derecha y luego remontaron el vuelo para ponerse a volar en círculos graznando sobre el jeep. Miré por la ventanilla en ambas direcciones, con la certeza de que debía haber algo que perturbara a los pájaros, pero no vi nada. Al cabo de unos minutos el grueso de la bandada salió volando hacia el oeste, sin dejar de graznar. Pero una de las cornejas se posó de nuevo en lo alto de la roca, mirando en silencio hacia mi posición. Me servirá de centinela, pensé, mientras decido qué hacer.

En la parte trasera del jeep encontré algo de fruta deshidratada, nueces y galletas. Comí de forma inconsciente, a la vez que, con nerviosismo, bebía de vez en cuando algunos tragos de agua de la cantimplora. Era consciente de que tenía que idear algún plan. Podía coger el jeep y conducir en dirección hacia el oeste, pero decidí no hacerlo. Comenzaba a sentirme abrumado por el miedo y me invadieron unas ansias de hacer aquello que había estado deseando desde mi llegada: olvidarme de aquel viaje de una vez por todas y volver a Lhasa para coger un avión de regreso. Me sentía capaz de recordar algunas de las desviaciones que habíamos tomado, pero había otras que tendría que decidirlas al azar. No podía creer que ni siquiera hubiera intentado hacer una llamada desde el monasterio del lama Rigden o, más tarde, desde casa de Hanh para organizar mi vuelta.

Mientras pensaba en ello oí el ruido del motor de un vehículo que bajaba por la carretera en dirección a donde yo estaba. Por un momento pensé en arrancar el jeep y salir huyendo, pero me di cuenta de que el vehículo se acercaba a gran velocidad. Así que opté por coger la cantimplora y una bolsa de comida y esconderme tras la roca más alejada, desde donde podía ver lo que sucediera.

El vehículo aminoró la marcha. Mientras pasaba a la altura de la roca que me ocultaba, advertí que se trataba de la misma furgoneta que habíamos visto en el puesto de control. El conductor era el hombre rubio que había sido interrogado por los soldados chinos. En el asiento del pasajero iba una mujer.

La furgoneta se detuvo por completo y sus ocupantes se pusieron a hablar entre ellos. Sentí el impulso de salir de mi escondrijo y decirles algo, pero el miedo me lo impidió una vez más. ¿Y si los soldados les habían alertado sobre nosotros? ¿Y si les habían ordenado que dieran aviso si nos veían? ¿Serían capaces de delatarme?

La mujer entreabrió la puerta como si fuera a salir, sin dejar de hablar con su acompañante. ¿Habrían advertido la presencia del jeep? La mente me daba vueltas a toda velocidad. Decidí que si la mujer se bajaba de la furgoneta y se acercaba, saldría corriendo. Así se quedarían sólo con el jeep y yo podría ganar algo de tiempo y de distancia mientras venían los agentes.

Con esta resolución en la cabeza, eché un nuevo vistazo a la furgoneta. Sus dos ocupantes miraban las rocas, con una expresión de inquietud en sus rostros. Intercambiaron una mirada y la mujer cerró la portezuela de golpe, antes de salir disparados en dirección oeste. Observé cómo la furgoneta coronaba la pequeña colina a mi izquierda y desaparecía.

En mi interior sentí una cierta desilusión. A lo mejor podían haberme ayudado, pensé. Aún podía subirme al jeep y perseguirles, pero deseché la idea. Mejor no tentar a la suerte, decidí. Era más prudente ceñirme a mi plan originario e intentar encontrar la forma de volver a Lhasa y coger un avión de regreso.

Tras esperar media hora más volví al jeep y lo puse en marcha. La corneja que estaba posada en la roca lanzó un graznido y salió volando por encima de la carretera, en la dirección en que había desaparecido la furgoneta holandesa. Yo opté por la dirección contraria, hacia Zhongba, pero tomé una serie de carreteras secundarias para evitar las calles principales y el restaurante. Recorrí así varios kilómetros antes de llegar a lo alto de una colina. Ralenticé la marcha sobre la loma para buscar un punto desde el que poder ver la carretera principal.

Cuando lo encontré descubrí que a un kilómetro más o menos al pie de la colina, había un nuevo puesto de control con decenas de soldados, cuatro grandes camiones y dos jeeps con tropas que se dirigían a gran velocidad hacia donde me encontraba.

Me subí al jeep y arranqué a toda prisa para volver por donde había venido, con la esperanza de que no me hubieran visto. Pensé que tendría mucha suerte si conseguía dejarles atrás. Lo mejor sería intentar conducir hacia el oeste, todo lo lejos que pudiera, y luego girar hacia el sur y hacia el este. Tal vez fuera posible llegar a Lhasa a través de carreteras secundarias.

Crucé a toda velocidad la calle principal y me adentré por carreteras paralelas que me llevaron en dirección sur. Al doblar un recodo me di cuenta de que había seguido un camino equivocado, pues había vuelto inadvertidamente a la carretera principal. Antes de poder detenerme, vi a menos de cincuenta metros otro puesto de control chino. Había soldados por todas partes. Me salí de la calzada y detuve el vehículo.

Y ahora ¿qué?, pensé. ¿La prisión? ¿Qué me harán? ¿Pensarán que soy un espía?

Al cabo de unos segundos me di cuenta de que los chinos parecían ignorar mi presencia, a pesar de estar estacionado a la vista de todo el mundo. A mi lado pasaban viejos coches y carretas, e incluso transeúntes a pie y en bicicleta. Los soldados los detenían a todos y les pedían la documentación, a algunos incluso los cacheaban. Pero a mí no me prestaban la menor atención.

Miré a mi derecha y vi que estaba parado a corta distancia de un pasaje que conducía hasta una pequeña casa de piedra situada a unas decenas de metros de distancia.

A la izquierda de la casa había una parcela de hierba sin cortar, tras la cual se veía otra calle.

Justo en ese momento pasó a mi lado un camión grande que se detuvo delante del jeep y me dejaba fuera del campo visual del puesto de control. Al cabo de unos momentos apareció un Land Cruiser Toyota conducido por un hombre rubio que paró junto al camión. De inmediato se pusieron a hablar a gritos en chino. El vehículo maniobró marcha atrás como si tratara de dar la vuelta, pero los soldados lo rodearon. Aunque mi campo de visión estaba tapado, pude oír airados gritos en chino sembrados de asustados ruegos en inglés con fuerte acento holandés.

—No, por favor —decía la voz—. Escúchenme. Soy un turista. Miren, tengo un permiso especial para circular por la carretera.

Llegó otro coche, y el corazón me dio un vuelco. Dentro iba el oficial chino que había visto en el restaurante. Me hundí en el asiento mientras él pasaba junto al jeep.

—¡Enséñeme su documentación! —le ordenó al holandés en perfecto inglés.

Mientras escuchaba, percibí una leve transformación a mi derecha. Miré a través de la ventanilla del asiento del copiloto y vi que el pasaje que iba a la casa parecía estar bañado con una cálida luminosidad, igual a la que había visto cuando Yin y yo escapamos de Lhasa. Los dakini.

El jeep estaba al ralentí, así que lo único que tuve que hacer fue poner la primera y girar lentamente el volante a la derecha para encaminar el vehículo por el pasaje. Contuve la respiración mientras pasaba junto a la casa, cruzaba por encima de la hierba y giraba a la izquierda por la calle contigua. Al cabo de kilómetro y medio giré de nuevo a la izquierda, en dirección norte, por la calle lateral que llevaba fuera de la ciudad y que había tomado antes. Diez minutos después estaba otra vez oculto tras las rocas, pensando qué podía hacer. Hacia el oeste, sobre la carretera, volví a oír el graznido de una corneja. Decidí al instante seguir por aquella dirección, que hacía rato podía haber tomado.

La carretera ascendía por una elevación bastante pronunciada hasta llegar a una meseta donde se convertía en una larga recta que discurría por una planicie pedregosa. Conduje durante varias horas, hasta que la luz de la tarde comenzó a extinguirse. No se veían coches ni personas por ninguna parte, y muy pocas casas. Al cabo de otra media hora había oscurecido por completo. Pensaba en buscar un lugar donde detenerme a pasar la noche cuando vi un estrecho camino de grava que partía del lado derecho de la carretera. Aminoré la marcha y observé con mayor detenimiento. Había algo en el suelo, junto al camino. Parecía una prenda de ropa.

Detuve el jeep y encendí una linterna, con la que enfoqué a través de la ventanilla. Era un abrigo. Mi abrigo. El que había dejado en el restaurante antes de la llegada de los chinos.

Sonreí y apagué la linterna. Debía de ser Yin quien lo había dejado allí. Me bajé del jeep, lo recogí y me adentré por el camino con las luces del coche apagadas.

Tras recorrer casi un kilómetro en suave cuesta llegué a una pequeña granja. Conduje con precaución. Desde detrás de una valla me contemplaban algunas cabras. Advertí la presencia de un hombre sentado en una silla bajo el soportal de la casa. Detuve el jeep y se levantó. Reconocí su silueta. Era Yin.

Me apeé del vehículo y corrí hacia él. Me recibió sonriente, con un abrazo algo tenso.

—Me alegro de verle —dijo—. ¿Me cree ahora?, le dije que alguien le ayuda.

—Casi me detienen —repuse—. ¿Cómo consiguió salir de allí?

Su rostro recobró una expresión nerviosa.

—Las mujeres del restaurante son muy astutas. Vieron a los agentes chinos y me escondieron en el horno. No se les ocurrió mirar ahí.

—¿Qué les sucederá a esas mujeres? —pregunté.

Me miró a los ojos pero permaneció en silencio unos segundos.

—No lo sé —contestó—. Hay mucha gente que está pagando un alto precio por ayudarnos.

Apartó la vista y señaló el jeep.

—Ayúdeme a buscar un poco de comida y prepararemos algo para cenar.

Mientras Yin encendía el fuego, me explicó que cuando se fueron los policías, él volvió a casa de sus amigos, quienes le propusieron que viniera a esta vieja casa mientras ellos le buscaban otro vehículo.

—Sabía que el miedo le vencería y que trataría de regresar a Lhasa —añadió Yin—. Pero también sabía que si decidía proseguir el viaje, al final intentaría continuar rumbo noroeste. Ésta es la única carretera, así que dejé el abrigo junto al cruce con la esperanza de que fuera usted quien lo viera y no los soldados.

—Todo un riesgo —dije.

Asintió con la cabeza mientras ponía las verduras en una pesada olla con agua que colgó de un gancho de metal sobre el fuego para que hirviera. Las llamas que emanaban del excremento de yak ardiendo lamían el fondo de la olla.

Al ver a Yin de nuevo me pareció que desaparecía gran parte de mi miedo, y mientras nos sentábamos junto al fuego en unas sillas viejas y polvorientas dije:

—Tengo que reconocer que intenté escapar. Pensé que era la única posibilidad de sobrevivir.

Le conté todo lo que me había pasado. Mejor dicho, todo salvo la experiencia del camino iluminado junto a la casa. Cuando llegué al momento en que estaba entre las rocas y apareció la furgoneta, se incorporó en su asiento.

—¿Está seguro de que era la misma furgoneta que vimos en el control de carretera? —preguntó con escepticismo.

—Sí, eran ellos —repliqué.

Pareció exasperarse por completo.

—¿Se encontró con las personas a las que habíamos visto antes y no habló con ellas? —Su rostro acusó su malestar—. ¿No se acuerda de lo que le conté sobre mi sueño, sobre que encontrábamos a alguien que nos ayudaba a encontrar la vía de acceso?

—No quise arriesgarme a que pudieran delatarme a la policía —protesté.

—¿Cómo dice? —Se quedó mirándome y luego se inclinó sosteniéndose la cara entre las manos.

—Estaba aterrorizado —continué—. No podía creer que yo estuviera viviendo aquella situación. Sólo pensaba en salir de ella. Quería sobrevivir.

—Escúcheme con atención —dijo Yin—. Las oportunidades que tiene de poder salir del Tíbet en avión son, por ahora, muy escasas. Su única opción de sobrevivir es seguir adelante, y para ello deberá usar la sincronicidad.

Desvié la mirada. Sabía que probablemente tenía razón.

—Cuénteme lo que sucedió cuando esa furgoneta se acercó hasta usted —dijo Yin—. Todos los detalles. Dígame todo lo que pensó.

Le expliqué que la furgoneta se detuvo y que entonces me dominó el pánico de inmediato. Le describí los movimientos de la mujer, que parecía que quería bajarse, pero que cambió de idea y se marcharon.

Movió la cabeza negativamente.

—Lo que hizo usted fue cortar la sincronicidad por mal uso de su campo de plegaria. Dispuso su campo a través de esperanzas negativas y ello detuvo todo el proceso.

Aparté la mirada.

—Piense en lo que estaba sucediendo —continuó Yin— cuando oyó que la furgoneta se acercaba. Usted tenía dos opciones: podía pensar en ese acontecimiento bien como una amenaza o bien como una ayuda potencial. Ciertamente tenía que considerar las dos. Pero el hecho de reconocer la furgoneta debió ser significativo para usted. Que fuera la misma que habíamos visto antes en el puesto de control quería decir algo, y más teniendo en cuenta que esas personas habían creado el elemento de distracción que nos había permitido irnos sin ser vistos. Desde este punto de vista, ya le habían ayudado, y era posible que estuvieran allí para ayudarle de nuevo.

Asentí con la cabeza. Yin tenía razón.

Él apartó la mirada, sumido en sus propios pensamientos. Luego continuó:

—Perdió por completo su energía y sus esperanzas positivas. ¿Recuerda lo que le dije en el restaurante? Disponer un campo adecuado para la sincronicidad es una manera de situarse en un estado mental particular. Es fácil pensar en la sincronicidad de una forma meramente intelectual, pero a menos que alcance un estado mental que permita la ayuda de su campo de plegaria, lo único que conseguirá es percibir las coincidencias cuando éstas ya han pasado. En algunas situaciones eso ya es suficiente para seguir adelante por un tiempo, pero al final acabará por perder la orientación. La única manera de establecer un flujo constante de sincronicidad es permanecer en un estado en que su campo de plegaria fluya por delante de usted: es lo que llamamos permanecer en consciente estado de alerta.

—Sigo sin ver claro cómo acceder a ese estado mental.

—Hay que recordar constantemente que es preciso asumir una actitud de alerta en todo momento. Hay que visualizar que la energía propia sale al exterior y nos aporta exactamente las intuiciones adecuadas, los acontecimientos que precisamos. Tenemos que esperar que ocurran en todo momento. Para disponer nuestros campos de manera que nos aporten sincronicidad debemos estar siempre alerta, esperando siempre el próximo encuentro.

»Cuanto más permanezca en este estado mental, más aumentará la sincronicidad. Y al final, si mantiene su nivel de energía elevado, esta actitud de alerta consciente se habrá convertido en su postura prevaleciente ante la vida. Las leyendas dicen que las extensiones de la plegaria acabarán siendo nuestra segunda naturaleza. Las aplicaremos por la mañana al levantarnos con la misma rutina con la que ahora nos vestimos. Ése es el objetivo que debe alcanzar, un estado mental en que mantenga esta esperanza de forma constante.

Hizo una pausa y me miró durante unos segundos.

—Cuando oyó el vehículo que se aproximaba hacia usted, se dejó vencer por el miedo al instante. Por lo que me dice, sus ocupantes debían de intuir que tenían que detenerse junto a las rocas, aunque seguramente no sabían por qué. Pero al pensar usted que debían de ser malas personas, su campo negativo les afectó a ellos, penetró en sus respectivos campos y probablemente les hizo sentir que algo andaba mal, que estaban haciendo algo perjudicial, por lo que decidieron irse.

Lo que me decía era sencillamente fantástico, pero a mí me sonaba como una gran verdad.

—Explíqueme más acerca del modo en que los campos afectan a las personas —dije.

Yin movió la cabeza de un lado a otro.

—Se está adelantando a sus propios pasos. El efecto que los campos ejercen sobre los demás constituye la Tercera Extensión. Por el momento ponga todo su empeño en disponer un campo adecuado para la sincronicidad, y en no dejarse llevar por pensamientos nacidos del miedo. Tiene usted tendencia a esperar lo peor. Acuérdese de cuando íbamos a ver al lama Rigden y le dejé solo. Vio un grupo de refugiados que podían haberle llevado directamente al monasterio del lama sólo con que usted les hubiera dicho algo. Pero en lugar de eso, imaginó que le delatarían y perdió así la sincronicidad. Esas presunciones negativas actúan en usted como una auténtica pauta de pensamiento.

Le miraba sin decir nada, mientras me invandía el cansancio. Él sonrió y no volvió a mencionar ninguno de mis errores. El resto de la velada la pasamos hablando de forma intrascendente sobre el Tíbet. Luego salimos a contemplar las estrellas. El cielo estaba limpio y la temperatura era fría. Sobre nosotros se desplegaban las estrellas más brillantes que jamás había visto y así se lo comenté a Yin.

—Claro que se ven grandes —dijo él—. Está usted en el techo del mundo.

A la mañana siguiente me desperté tarde y practiqué con Yin una serie de movimientos de tai chi. Esperamos a sus amigos, pero no aparecieron. Tendríamos que arriesgarnos a viajar con un solo vehículo, así que cargamos el jeep y partimos justo a mediodía.

—Debe de haber pasado algo —dijo Yin volviéndose hacia mí. Trataba de aparentar serenidad, pero hubiera asegurado que estaba preocupado.

Circulábamos de nuevo por la carretera principal, a través de una espesa neblina de tonalidad terrosa que cubría la mayor parte del paisaje y nos tapaba la visión de las montañas.

—En estas circunstancias a los chinos no les será fácil vernos —observó Yin.

—Tanto mejor —dije yo.

Me preguntaba cómo se habrían enterado los chinos de que estábamos en el restaurante de Zhongba, así que le pedí su opinión a Yin.

—Estoy seguro de que fue por culpa mía —dijo—. Ya le hablé de la rabia y el miedo que les tengo. Estoy seguro de que mi campo de plegaria me aportó lo que yo estaba pidiendo.

Le miré atentamente. Aquello era demasiado.

—¿Está diciéndome que debido a su miedo, su energía salió de su interior y de alguna forma atrajo a los chinos hasta nosotros?

—No, no es sólo el miedo. Todos sufrimos temores de una manera más o menos general. No es eso lo que quería decir. Me refiero a que yo dejé que se formaran en mi mente visiones nacidas del miedo sobre cosas que podían suceder, cosas que podían hacer los chinos. Llevo tanto tiempo viéndoles actuar en el Tíbet, que conozco bien sus métodos. Sé muy bien cómo oprimen a los individuos por medio de la intimidación. Me imaginé cómo venían por nosotros, visualicé la situación y no hice nada por neutralizar esa imagen.

»Debí corregirme a mí mismo y visualizar que ellos dejaban de mostrar por nosotros una hostilidad tan antagónica. Y luego tenía que haber mantenido esa esperanza. Mi miedo, en sí mismo, no fue lo que les atrajo. De forma inconsciente sostuve una imagen concreta: la expectativa específica de que vendrían a por nosotros. Ése fue el problema. Si uno mantiene una imagen negativa demasiado tiempo, puede acabar haciéndose realidad.

Yo seguía perplejo ante esa idea. ¿Podía ser cierto? Hacía tiempo que observaba que algunas personas, temerosas de que les sucediera determinada cosa (que les entrara un ladrón en casa, por ejemplo, o que padecieran cierta enfermedad, o que perdieran a un ser querido), muchas veces sufrían en sus vidas esa experiencia tan temida. ¿Era ése el efecto que Yin trataba de describir?

Recordé entonces la amenazante imagen que me había asaltado en Zhongba, cuando Yin se había marchado para ir en busca de alguien que quisiera acompañarnos. Me había imaginado solo en el jeep, perdido por las carreteras, tal como al final había pasado. Sentí un escalofrío por todo el cuerpo. Había cometido el mismo error que Yin.

—¿Está diciendo que todas las cosas negativas que nos ocurren son resultado de nuestros propios pensamientos? —pregunté.

Frunció el entrecejo.

—Desde luego que no. Muchas cosas suceden en el curso natural de nuestra vida junto con otros seres humanos. Sus esperanzas y acciones también desempeñan su papel. Pero queramos creerlo o no, es una realidad que tenemos cierta influencia creativa. Debemos despertar y comprender que, en términos de energía de plegaria, una esperanza es una esperanza, tanto si está basada en el miedo como en la fe. En mi caso, no me vigilaba a mí mismo con la suficiente atención. Ya le dije que mi aversión a los chinos era un verdadero problema para mí.

Se volvió y nos miramos a los ojos.

—Así que recuerde lo que le dije —añadió—. En estos niveles superiores de energía, el efecto de nuestro campo de plegaria es muy rápido. En el mundo corriente de ahí fuera, los individuos siempre tienen una mezcla de imágenes de temor y de éxito, de modo que tienden a contrarrestar unas con otras y el efecto permanece así en un nivel bajo. Pero en los niveles en que nos movemos, podemos hacer que los efectos se produzcan con gran rapidez, aun cuando una imagen de temor pueda al final anular la fuerza de nuestro campo.

»La clave está en asegurarse de que su mente se centra en la vertiente positiva de su vida, y no en esperanzas nacidas del temor. Por eso es tan importante la Segunda Extensión. Si nos cercioramos de que nos mantenemos en un consciente estado de alerta a la espera de la siguiente sincronicidad, nuestras mentes permanecen en la banda positiva, fuera del alcance de la acción del miedo y la duda. ¿Comprende lo que quiero decir?

Asentí con la cabeza, pero guardé silencio.

Yin se concentró de nuevo en la carretera.

—Y es ahora cuando debemos hacer uso de este poder. Permanezca todo lo alerta que pueda. En medio de esta niebla sería muy fácil que pasáramos por alto la furgoneta, y no queremos que eso suceda. ¿Está seguro de que tomaron esta dirección?

—Sí —contesté.

—Pues entonces si pararon en algún sitio a pasar la noche como nosotros, no pueden estar mucho más lejos.

Seguimos conduciendo todo el resto de la mañana, siempre en dirección noroeste. Por mucho que lo intentaba, era incapaz de permanecer en el consciente estado de alerta del que hablaba Yin. Algo fallaba. Yin advirtió mi contrariedad y dijo:

—¿Está seguro de estar esperando el proceso sincronístico completo?

—Sssí... —repuse—. Supongo.

Frunció ligeramente el entrecejo.

Sabía qué trataba de sugerir. Tanto en Perú como más tarde en los montes Apalaches con ocasión de la búsqueda de la Décima Revelación, viví la experiencia de un proceso orientado a la sincronicidad. Todos nosotros, en cualquier momento determinado de nuestras vidas, tenemos un objetivo vital prioritario que nos urge, algo cuya resolución andamos buscando, siempre de acuerdo con la situación particular de nuestra vida en aquel momento. En nuestro caso, el objetivo prioritario era cómo encontrar la furgoneta holandesa, luego a Wil y finalmente la vía de acceso.

En términos ideales, una vez hemos reconocido el objetivo central de nuestra vida, contaremos con un pensamiento directriz o una intuición que nos guiará. Nos formaremos entonces una imagen mental que debe sugerirnos un lugar adonde ir, una acción que emprender, unas palabras que decir a un extraño. Siempre en términos ideales, si seguimos esa intuición comenzarán a producirse coincidencias que nos proporcionarán información relativa a nuestro objetivo. Esa sincronicidad nos lleva adelante a modo de guía por nuestro camino vital... y nos conduce a su vez a un nuevo objetivo.

—¿Qué dicen las leyendas al respecto? —pregunté.

—Dicen —repuso Yin— que los seres humanos aprenderán finalmente que su poder de plegaria puede influir en gran medida en el discurrir de sus vidas. Si utilizamos la fuerza de nuestras esperanzas, podemos conseguir que el proceso de sincronicidad intervenga con mayor frecuencia y en un sentido progresivo. Pero debemos permanecer alerta a todo el proceso en su conjunto.

comenzando por la siguiente intuición. ¿Está usted esperando de una forma consciente alguna intuición?

—Aún no he tenido ninguna —dije.

—Pero ¿la está esperando? —insistió él.

—No lo sé. La verdad es que no pensaba en las intuiciones.

—Debe recordar que ello forma parte de la prescripción de disponer su campo de plegaria con vistas a la sincronicidad. Debe permanecer alerta y esperar la progresión de todo el proceso en su globalidad: el objetivo prioritario, el surgimiento de una intuición y su seguimiento, la búsqueda de coincidencias. Tenga siempre presente que debe esperarlo todo en conjunto, que tiene que permanecer alerta a la totalidad íntegra, y que si así lo hace, su energía saldrá al exterior y contribuirá a aportarle la corriente de acontecimientos.

Me dirigió una mirada destinada a fortalecer mi ánimo.

Inspiré varias veces y noté que mi energía comenzaba a aumentar. El humor de Yin era contagioso. Mi estado de alerta se agudizó.

Le sonreí yo también. Por vez primera sentí admiración por Yin y su forma de ser. A veces se mostraba tan temeroso como yo, y con frecuencia su forma de hablar era demasiado brusca, pero había puesto en aquel viaje todo su corazón, y quería llevarlo a buen término por encima de todo. Mientras reflexionaba sobre ello, me vi sumido en una ensoñación en la que aparecíamos Yin y yo caminando por la noche a través de una serie de dunas arenosas junto a un río. A lo lejos divisábamos el resplandor de un fuego de campamento al que queríamos llegar. Yin abría la marcha y yo le seguía.

Me volví hacia él y vi que me miraba con intensidad.

Comprendí lo que acababa de suceder.

—Creo que he intuido algo —dije—. Se me ha presentado una imagen en la que aparecíamos nosotros dos caminando hacia un fuego de campamento. ¿Cree que puede significar algo?

—Sólo usted puede saberlo —replicó.

—Pero yo no lo sé. ¿Cómo podría saberlo?

—Si esa imagen fuese una intuición directriz, podría tener algo que ver con nuestra búsqueda de la furgoneta. ¿Quién estaba en el fuego de campamento? ¿Cuál era su sentimiento dominante?

—No sé quién estaba allí. Pero queríamos llegar a la fogata de manera perentoria. ¿Hay por aquí alguna zona de terreno arenoso?

Yin se salió de la carretera y detuvo el jeep. La bruma comenzaba a levantarse.

—Nos quedan aún más de ciento cincuenta kilómetros de territorio arenoso y pedregoso —dijo Yin.

Me encogí de hombros.

—¿Y ríos? ¿Hay alguno por aquí cerca?

Los ojos de Yin se iluminaron.

—Sí. Justo después de la próxima ciudad, Paryang. Está a poco menos de doscientos cincuenta kilómetros siguiendo la carretera.

Hizo una breve pausa y sonrió abiertamente.

—Debemos permanecer muy alerta —dijo—. Es la única guía que tenemos.

Tras un viaje sin contratiempos, llegamos a Paryang al anochecer. Atravesamos la ciudad y continuamos poco más de veinte kilómetros, hasta un punto en que Yin giró a la derecha por un camino de tierra. Era casi de noche, pero aún nos dio tiempo a ver el río a menos de un kilómetro frente a nosotros.

—Un poco más adelante hay un puesto de control —dijo Yin—. Tendremos que rodearlo.

A medida que nos acercábamos al río, la carretera, llena de baches, se estrechaba.

—¿Qué es eso? —preguntó Yin deteniendo el jeep y dando marcha atrás.

En un claro rocoso a nuestra derecha, apenas visible, había un vehículo. Bajé el cristal de mi ventanilla para poder ver mejor.

—No es ninguna furgoneta —constató Yin—. Es un Land Cruiser azul.

Me esforcé por distinguirlo.

—Un momento —exclamé—. Es el vehículo que vi en el control de carreteras cuando nos separamos.

Yin apagó las luces del coche y la oscuridad pareció engullirnos.

—Sigamos un poco más adelante —dijo, conduciendo el jeep a través de los pronunciados baches unos cuantos metros.

—¡Mire! —dije señalando a nuestra izquierda. Allí estaba la furgoneta, estacionada entre las rocas. No se veía a nadie.

Estaba a punto de bajarme cuando Yin arrancó bruscamente y continuó unos metros más hacia el este, antes de aparcar el jeep en un lugar donde no pudiera ser visto.

—Es mejor que nadie vea nuestro vehículo —comentó mientras bajábamos y cerraba las portezuelas con llave.

Regresamos a donde estaba la furgoneta y echamos un vistazo a los alrededores.

—Hay huellas de pisadas en esta dirección —dijo Yin señalando hacia el sur—. Vamos.

Caminé tras él mientras nos abríamos paso a través de las grandes piedras y la tierra arenosa. La luna en cuarto creciente iluminaba nuestro camino. Al cabo de unos diez minutos se volvió hacia mí y olisqueó el aire. Yo también lo olí: el humo de una fogata.

Caminamos otros cincuenta metros en la oscuridad hasta que vimos un fuego de campamento, junto al cual se arrebujaban un hombre y una mujer. Era la pareja holandesa que había visto en la furgoneta. El río estaba justo detrás de ellos.

—¿Qué hacemos? —susurré.

—Tendremos que advertirles de nuestra presencia —dijo Yin—. Mejor que lo haga usted, así no se asustarán tanto.

—No sabemos quiénes son —me resistí.

—Vamos, hágales saber que estamos aquí.

Los miré con mayor detenimiento. Vestían sendos monos y recias camisetas de algodón. Parecían meros turistas que habían venido al Tíbet a hacer senderismo.

—Hola —dije en voz alta—. Encantados de verles.

Yin me miró de reojo.

Las dos personas junto al fuego se sobresaltaron y me miraron fijamente mientras yo emergía de la oscuridad. Con una abierta sonrisa añadí:

—Necesitamos su ayuda.

Yin vino detrás de mí y, con una ligera inclinación, dijo:

—Sentimos molestarles, pero estamos buscando a un amigo, Wilson James. Pensamos que ustedes podrían ayudarnos.

Ambos estaban paralizados, sin poder dar crédito a que hubiéramos irrumpido en su lugar de acampada de aquella manera. Pero poco a poco la mujer pareció darse cuenta de que no pretendíamos causarles ningún daño y nos invitó a sentarnos junto al fuego.

—No conocemos a Wilson James —dijo—. Pero el

hombre con el que debemos reunirnos aquí esta noche sí le conoce. Le he oído mencionar ese nombre.

Su compañero asintió con la cabeza. Parecía muy nervioso.

—Espero que Jacob sea capaz de encontrarnos. Hace horas que debía haber llegado.

Iba a decirle que habíamos visto el Land Cruiser aparcado no lejos de allí, cuando la expresión del hombre se transformó. Parecía petrificado. Sus ojos no se apartaban de algo que había visto a mis espaldas. Me volví sobresaltado. A pocos metros de donde nos encontrábamos la zona bullía de vehículos recién llegados, faros de coche y decenas de voces hablando en chino, que venían hacia nosotros.

El hombre se puso de pie y apagó la fogata. Cogió algunas cosas esparcidas por el suelo y salió corriendo con la mujer.

—Vamos —dijo Yin tratando de alcanzarles. En cuestión de minutos habían desaparecido en la oscuridad. Finalmente Yin se rindió. Las luces que nos perseguían se acercaban cada vez más y nos escondimos junto al río.

—Creo que podría rodearles hasta llegar al jeep —dijo Yin—. Eso si tenemos suerte y no lo han encontrado. Usted vaya hacia el norte, río arriba. Trate de distanciarles durante kilómetro y medio. Entonces encontrará otra carretera que baja hasta la orilla del río. Espere allí a que yo le recoja.

—¿Por qué no puedo ir yo con usted? —pregunté.

—Porque es demasiado peligroso. Es más fácil que pase inadvertido un hombre.

Acepté a regañadientes y empecé a caminar por entre las piedras y los montículos de grava a la luz de la luna, procurando no utilizar la linterna salvo cuando era imprescindible. El plan de Yin era una locura, pero parecía nuestra única oportunidad. Me preguntaba qué más podrían habernos dicho la pareja holandesa, o incluso el hombre al que esperaban, de haber podido seguir hablando con ellos. Al cabo de unos diez minutos me paré a descansar. Tenía frío y estaba agotado.

Unos metros por delante de mí oí un rumor. Escuché con atención. Sí, no había duda, era ruido de pasos entre las piedras. Deben de ser los holandeses, pensé. Caminé lentamente unos metros hasta casi llegar a la altura del ruido. Apenas a cinco metros pude ver la silueta de una persona sola, un hombre. Sabía que tenía que decirle algo si no quería arriesgarme a perderle.

—¿Es usted holandés? —balbuceé, pensando que podía ser el hombre al que esperaba la pareja.

Se quedó inmóvil sin decir nada. Repetí la pregunta. Era un poco tonta, pero pensé que a lo mejor me serviría para obtener una respuesta, fuera la que fuese.

—¿Quién es usted? —dijo la voz.

—Soy norteamericano —dije—. Acabo de ver a sus amigos.

Se volvió y me miró, mientras yo trataba de llegar a él por entre las rocas. Era un hombre joven, de unos veinticinco años tal vez, y parecía aterrorizado.

—¿Dónde ha visto a mis amigos? —preguntó con voz temblorosa.

Mientras le distinguía entre las sombras, pude percibir lo asustado que estaba. Una oleada de miedo me recorrió a mí también todo el cuerpo y me esforcé por mantener alta mi energía.

—Un poco más abajo, siguiendo el río —contesté—. Nos dijeron que estaban esperándole.

—¿Y los chinos? ¿Estaban allí? —preguntó.

—Sí, pero creo que sus amigos pudieron escapar.

Pareció asustarse más aún.

—Ellos dijeron —me apresuré a añadir— que usted conocía a un hombre al que estoy buscando. Se llama Wilson James.

Él estaba retrocediendo.

—Tengo que salir de aquí —dijo, volviéndose con intención de marcharse.

—Yo le he visto antes —dije—. Le detuvieron a usted en un control de carreteras en Zhongba.

—Sí —reconoció—. ¿Estaba usted allí?

—Yo estaba detrás de usted, confundido entre el tráfico. Le interrogó un oficial chino.

—Es verdad —repuso, mirando con nerviosismo en todas direcciones.

—¿Qué sabe de Wil? —pregunté, esforzándome por conservar la calma—. Wilson James. ¿Le conoce? ¿Le dijo algo acerca de una vía de acceso?

El joven no respondió. Le brillaban los ojos de miedo. Se volvió y salió corriendo río arriba por entre las rocas. Le perseguí unos metros, pero pronto desapareció en la oscuridad. Por fin me detuve y miré hacia la zona en que estaban aparcados la furgoneta y el jeep. Aún se veían luces y se oían voces apagadas.

Me volví y seguí caminando hacia el norte, convencido de que había dejado escapar mi oportunidad. No había obtenido ninguna información de aquel joven. Traté de liberarme de la sensación de fracaso. En aquellos momentos era más importante encontrar a Yin y tratar de huir yo también. Finalmente encontré la vieja carretera y al cabo de unos minutos oí el amortiguado sonido de un jeep.

5

CONTAGIO DE CONCIENCIA

Me acomodé lo mejor que pude en el incómodo vehículo. Estaba completamente extenuado. Me preguntaba de dónde sacaba Yin las fuerzas para seguir conduciendo. Pensé que habíamos tenido mucha suerte. Tal como había supuesto Yin, los militares chinos habían procedido a la inspección del terreno de una forma negligente y desorganizada. Habían apostado un solo soldado para vigilar la furgoneta de la pareja holandesa, mientras el resto de hombres había continuado la búsqueda en la otra dirección y pasado por alto el jeep. Yin había procurado ponerlo en marcha sin hacer mucho ruido y, después de rodearles sin que le detectaran, me había recogido en el lugar señalado junto al río.

Yin conducía todavía con las luces apagadas y escrutaba atentamente la carretera oscura a través del parabrisas.

Al cabo de unos minutos se volvió hacia mí.

—¿Así que el joven holandés con el que se encontró no le contó nada?

—No —dije—. Estaba demasiado asustado. Apenas empezamos a hablar salió corriendo.

Yin movió la cabeza en señal de negación.

—Es culpa mía. Si le hubiera hablado ya de la siguiente extensión de la plegaria, la Tercera, habría sabido obtener la información de una forma más efectiva.

Le interrogué acerca del significado de aquella nueva extensión, pero él rechazó mis preguntas con un gesto.

—Recapitulemos primero —comenzó—. Ha experimentado ya la Primera Extensión: conectar con la energía y dejar que fluya a través de usted, al tiempo que visualiza cómo se forma un campo de energía que irradia hacia el exterior dondequiera que usted va. La Segunda Extensión, como he venido explicándole, consiste en disponer su campo de energía de forma que abrace toda su corriente vital. Y esto lo consigue permaneciendo en todo momento alerta y expectante.

»La Tercera Extensión supone disponer su campo de plegaria de modo que salga al exterior e incremente los niveles de energía y vibración de los demás. Cuando su campo de plegaria alcanza a otras personas de acuerdo con estas premisas, dichas personas sienten una oleada de energía espiritual, de claridad e intuición, así que serán más susceptibles de poder transmitirle la información adecuada.

Una vez más comprendí adónde quería ir a parar. En Perú, con Wil y Sánchez como mentores, había aprendido cómo enviar energía a otras personas. Ahora, Yin parecía explicarme cómo hacerlo de forma más efectiva.

—Sé lo que quiere decir —manifesté—. Me enseñaron que existe una expresión del yo superior que puede descubrirse en el rostro de todas las personas. Si nos concentramos en esa expresión nuestra energía ayuda a elevar a esa persona a la conciencia del yo superior.

—Es cierto —repuso Yin—, pero ese mismo efecto puede aumentarse si uno sabe cómo extender el campo de plegaria de la forma descrita por las leyendas. Debemos esperar que nuestro campo de plegaria salga de nuestro interior y vaya por delante de nosotros, y que aumente a distancia la vibración de las demás personas, aun antes de que nosotros mismos estemos lo bastante cerca como para poder ver sus rostros.

Le miré inquisitivamente.

—Considérelo de esta forma: si usted está ejercitando de verdad la Primera Extensión, la energía discurre en su interior y le permite ver el mundo tal como es en realidad: lleno de color, vibrante, hermoso, como si fuera un bosque mágico o un desierto colorista. Ahora, para poner en práctica la Tercera Extensión, debe visualizar de una manera consciente que su energía inunda el campo de cuantos están a su alrededor y eleva sus vibraciones de forma que ellos empiezan también a ver el mundo como es en realidad. Una vez ha sucedido esto, ellos también están preparados para sentir la sincronicidad. Después de disponer así nuestros campos es más fácil observar la expresión del yo superior en el rostro de los demás.

Hizo una pausa y se volvió hacia mí como si acabara de ocurrírsele alguna otra cosa.

—Recuerde también —prosiguió— que para ayudar a elevarse a alguien deberá superar algunas dificultades. Todo rostro humano responde a una estructura de rasgos, como una... bueno... como una mancha de tinta, en la que uno puede ver muchas cosas según cómo la mire. Uno podría ver la ira de un padre que le maltrató, o la reserva de una madre negligente, o el rostro de alguien que le amenazó en alguna ocasión. Eso sería una proyección de su propio pasado, una percepción creada por una situación traumática que ha modelado la forma en que usted espera que actúen los demás. Cuando uno ve a alguien que le recuerda, aunque sea ligeramente, a otra persona que se portó mal con él, tiene tendencia a esperar que esa persona tenga la misma forma de ser.

»Es muy importante entender el alcance de este problema; debe tenerse en cuenta e intentar evitarlo. Todos debemos superar las expectativas que podrían dictarnos nuestras experiencias del pasado. ¿Comprende?

Asentí con la cabeza, ansioso por que siguiera adelante.

—Piense ahora otra vez en lo que le sucedió en el hotel de Katmandú. Examinémoslo con más detenimiento. ¿No dijo que el hombre del periódico cambió el humor de todo el mundo en cuanto apareció y se sentó?

Asentí una vez más, mientras recordaba la escena. Así había sido, en efecto. Fue como si aquel hombre hubiera transmitido a toda la sala un estado de ánimo diferente, antes incluso de que dijera una palabra.

—Eso ocurrió porque su energía estaba dispuesta de antemano para penetrar en el campo de energía de los demás e infundirles un estímulo positivo. Recuerde exactamente qué sensaciones le produjo.

Me volví hacia otro lado unos segundos, tratando de recrear lo que había sucedido. Por fin dije:

—Fue como si todos los presentes pasaran de un estado de irritación y descontento a un estado mental más abierto y dialogante. Es difícil de explicar.

—Su energía les abrió a la posibilidad de explorar algo nuevo —abundó Yin—, algo por completo diferente al estado en que se encontraban, anclados en el temor o la desesperación, o cualquiera que fuera el sentimiento dominante entre ustedes.

Yin hizo una breve pausa y me miró con intensidad.

—Naturalmente —prosiguió—, podía haber sucedido todo lo contrario. Si la energía de aquel hombre no hubiera sido lo bastante fuerte en el momento de entrar en el recinto, podría haberse visto invadido por el bajo estado energético de todos los demás y haber sido arrastrado a su nivel. Eso es lo que le sucedió a usted cuando se encontró con el joven holandés. Él estaba aterrorizado y su miedo le afectó también a usted. Su estado anímico le venció.

»Verá, la cuestión es que los campos de energía de todos nosotros se entremezclan unos con otros y prevalece el más fuerte. Tal es la dinámica inconsciente que caracteriza el mundo humano. El estado de nuestra energía, nuestras esperanzas dominantes, sean las que sean, salen de nosotros e influyen en el humor y la actitud de todas las demás personas. El nivel de conciencia entre seres humanos y todas las esperanzas que lleva aparejadas son contagiosos.

»Este hecho explica los grandes misterios del comportamiento de masas: por qué personas decentes, influidas por unos pocos individuos dominados por el miedo o la rabia, son capaces de dejarse arrastrar a linchamientos, tumultos o cualquier otra clase de hecho despreciable. Y explica también el gran poder de la hipnosis, o por qué el cine y la televisión ejercen tanta influencia en los caracteres débiles. El campo de plegaria de todas y cada una de las personas de la Tierra se entremezcla con el de todas las demás. Así se crean las normas, se promueven las afiliaciones a los distintos grupos de pensamiento, se generan las estructuras mentales propias de cada nación y los odios entre etnias de que somos testigos hoy día.

Yin sonrió.

—La cultura es contagiosa. No tiene más que viajar a un país extranjero para comprobar cómo las personas no sólo piensan de modo diferente, sino que sienten de manera distinta.

»Debemos comprender esta realidad y hacer uso consciente de la Tercera Extensión. Cuando nos encontramos en una interrelación con otras personas y descubrimos que estamos dejándonos ganar por su estado anímico, tenemos que retroceder y llenarnos de nuevo de energía, para elevar conscientemente nuestro estado anímico. Si hubiera sabido hacer esto cuando se encontró con el joven holandés, podría haber averiguado algo acerca de Wil.

Estaba anonadado. Yin parecía poseer un dominio completo de esta información.

—Yin —dije—. Es usted un sabio.

Su sonrisa se desvaneció.

—Hay una apreciable diferencia entre la teoría y la práctica —replicó.

Debí quedarme dormido durante horas, pues cuando desperté había salido el sol y el jeep estaba aparcado en una planicie que dominaba la carretera. Me estiré y me dejé caer de nuevo en el asiento. Contemplé durante unos minutos la carretera de grava a nuestros pies, al otro lado de una serie de montículos rocosos. Salvo por una persona que tiraba de un caballo con una pequeña carreta, la carretera estaba desierta. El cielo estaba claro y de algún lugar situado a nuestras espaldas me llegaba el canto de un pájaro. Inspiré hondo. Parte de las tensiones del día anterior habían desaparecido.

Yin se incorporó poco a poco y se sentó sonriéndome. Bajó del jeep y se estiró. A continuación fue a la parte trasera del vehículo a buscar un fogón y puso a calentar un cazo con agua para cocer harina de avena y hacer un poco de té. Fui con él y traté una vez más de seguirle en una difícil tabla de ejercicios de tai chi.

Al oír el sonido de un vehículo que se aproximaba por la carretera, nos ocultamos tras una roca y vimos cómo pasaba a toda velocidad el Land Cruiser azul, que reconocimos los dos al instante.

—Es el joven holandés —dijo Yin corriendo hacia el jeep.

Cogí el fogón, lo dejé precipitadamente en la parte trasera y me subí al vehículo cuando Yin maniobraba.

—A la velocidad a la que va tendremos mucha suerte si conseguimos darle alcance —comentó Yin mientras iniciábamos la persecución.

Coronamos una pequeña colina y descendimos hasta un estrecho valle; por fin avistamos el vehículo carretera abajo, a varios cientos de metros por delante de nosotros.

—Tenemos que hacer que nuestro campo de plegaria llegue hasta él —dijo Yin.

Inhalé profundamente mientras visualizaba cómo mi energía se desplazaba por la carretera, alcanzaba el Land Cruiser y llegaba hasta el joven. Le imaginé aminorando la marcha y deteniendo el automóvil.

Mientras enviaba la imagen, el vehículo cobró velocidad y se alejó de nosotros. Me sentí confundido.

—¿Qué está haciendo? —profirió Yin volviéndose hacia mí.

—Estoy utilizando mi campo para hacer que se detenga.

—No use su energía de esa forma —dijo Yin enseguida—. Está provocando el efecto contrario.

Le miré sin comprender.

—¿Cuál es su reacción —preguntó Yin— cuando alguien trata de manipularle para que haga algo?

—Oponer resistencia —dije.

—Exacto —repuso Yin—. El holandés es capaz de sentir, a un nivel inconsciente, que usted está tratando de imponerle su voluntad. Se siente manipulado. Eso le inspira más temor y redunda en su determinación de huir.

»Lo único que podemos hacer es visualizar que nuestra energía llega hasta él e incrementa su nivel de vibración general. Eso le permitirá superar el miedo y entrar en contacto con las intuiciones de su yo superior. Esperemos que entonces sienta menos temor de nosotros y esté dispuesto a aceptar el diálogo. Eso es todo lo que podemos hacer con nuestra energía de plegaria. Hacer otra cosa sería presumir que nosotros sabemos cuál es el mejor curso que debe seguir su vida, y eso sólo lo sabe él. Siempre cabe la posibilidad de que, una vez le hayamos enviado la suficiente energía, su intuición superior le indique que debe librarse de nosotros y salir del país. Debemos permanecer abiertos a esa posibilidad. Lo único que podemos hacer es ayudarle a tomar la decisión desde el nivel de energía más elevado posible.

Al salir de una curva el Land Cruiser azul había desaparecido de nuestra vista. Yin redujo la velocidad. A la derecha apareció una carretera más pequeña, cuyo perfil parecía destacarse sobre el resto del paisaje.

—¡Por ahí! —señalé.

Un centenar de metros más adelante, al pie de una pequeña colina, nos encontramos con un curso de agua, ancho pero de escasa profundidad, en medio del cual estaba el vehículo del holandés. El motor rugía a plena potencia y las ruedas giraban y escupían lodo en todas direcciones, pero el coche no se movía ni un centímetro. Se había quedado atascado.

El joven nos vio llegar y abrió la portezuela, dispuesto a salir corriendo. Pero al reconocerme, apagó el motor y se bajó del vehículo. El agua le llegaba por las rodillas.

Mientras deteníamos el jeep junto a la orilla, Yin me miró con atención. Con su expresión me recordaba que usara mi energía. Asentí con la cabeza.

—Podemos ayudarle —le dije al joven.

Él nos miró con recelo durante unos segundos, pero

cuando vio que Yin y yo nos acercábamos y empujábamos el coche mientras él le daba al contacto, pareció tranquilizarse. Las ruedas del vehículo giraron en el fango llenándome de barro las perneras de los pantalones, pero enseguida el coche dio una pequeña sacudida y salió del hoyo en que se había atorado. El joven cruzó al otro lado del río y le seguimos en el jeep. Se quedó un momento mirándonos, como sopesando la posibilidad de seguir su camino, pero al final se bajó y se acercó a nosotros. Nos presentamos y él nos dijo que se llamaba Jacob.

Mientras hablábamos, me dediqué a observar la expresión más sabia que pude encontrar en su rostro.

Jacob movía la cabeza de un lado a otro. Seguía atemorizado y nos hizo un montón de preguntas acerca de quiénes éramos y qué había pasado con sus amigos.

—No sé por qué vine al Tíbet —dijo por fin—. Siempre había pensado que era una aventura demasiado peligrosa. Pero mis amigos querían que les acompañara. Aún no logro saber por qué acepté. Dios mío, había soldados chinos por todas partes. ¿Cómo supieron que íbamos a encontrarnos allí?

—¿Le preguntó el camino a alguien a quien no conociera? —preguntó Yin.

Nos miró con atención.

—Sí. ¿Creen que se lo dijo a los soldados?

Yin asintió con la cabeza, lo que pareció asustar aún más a Jacob. Miraba a nuestro alrededor con nerviosismo.

—Jacob —intervine—, tengo que saber una cosa. ¿Ha visto a Wilson James?

Jacob parecía incapaz de centrarse.

—¿Cómo sabemos que los chinos no están a punto de cogernos?

Traté de que me mirara, cosa que al final conseguí.

—Es muy importante, Jacob. ¿Recuerda si ha visto a una persona llamada Wilson James? Tiene rasgos peruanos, pero habla con acento norteamericano.

Jacob parecía incapaz de salir de su confusión.

—¿Por qué es tan importante? Tenemos que encontrar la forma de salir de aquí.

Escuchamos mientras Jacob proponía acampar en algún lugar oculto hasta que los chinos abandonaran la zona, o mejor aún, emprender la huida inmediata a través del Himalaya hasta llegar a la India.

Yo seguía visualizando cómo mi energía llegaba hasta él y concentrándome en su rostro en busca de una expresión de sosiego y sabiduría en sus rasgos, sobre todo en sus ojos. Por fin pareció dispuesto a prestarme atención.

—¿Por qué quiere encontrar a ese hombre? —preguntó.

—Creemos que necesita nuestra ayuda. Es la persona que me pidió que viniera al Tíbet.

Me miró unos instantes, al parecer intentando concentrarse.

—Sí —dijo por fin—. Vi a su amigo en el vestíbulo de un hotel en Lhasa. Estábamos sentados enfrente uno de otro y empezamos a hablar acerca de la ocupación china. Es un tema que me tenía indignado desde hacía tiempo, supongo que vine aquí porque quería hacer algo, lo que fuera. Wil me dijo que durante aquel mismo día me había encontrado en tres lugares diferentes del hotel, y que eso quería decir algo. Yo no entendí a qué se refería.

—¿Le habló de cierto lugar llamado Shambhala? —pregunté.

Pareció mostrar interés.

—No exactamente. Mencionó algo de pasada, sí, dijo algo así como que el Tíbet no sería libre mientras la gente no comprendiera lo que era Shambhala.

—¿Le habló de cierta vía de acceso?

—Creo que no. No recuerdo con exactitud la conversación. En realidad fue muy breve.

—¿No le dijo nada más? —preguntó Yin—. ¿No mencionó dónde pensaba dirigirse?

Jacob apartó la mirada pensativo y dijo:

—Me parece recordar que mencionó un sitio llamado... Dormar. Y algo relativo a las ruinas de un viejo monasterio que había en ese lugar.

Me volví hacia Yin.

—Lo conozco —dijo—. Está en el extremo noroeste, a cuatro o cinco días de viaje. Un camino difícil... y frío.

La idea de viajar a un lugar tan lejano y perdido en la agreste inmensidad del Tíbet me produjo un bajón de energía.

—¿Quiere venir con nosotros? —le preguntó Yin a Jacob.

—Oh, no —replicó éste—. Tengo que salir de aquí.

—¿Está seguro? —insistió Yin—. Los chinos, en estos momentos, parecen dispuestos a no escatimar recursos.

—No puedo —dijo Jacob mirando hacia otro lado—. Ahora soy el único que puede tratar de comunicarse con mi gobierno y buscar a mis amigos, si es que puedo encontrar algún medio para ayudarles.

Yin garabateó algo en un pedazo de papel y se lo entregó a Jacob.

—Busque un teléfono y llame a este número —le dijo—. Deles mi nombre y facilíteles un número al que puedan llamarle. Una vez hayan verificado que pueden fiarse de usted, le llamarán y le dirán qué debe hacer.

—Yin le indicó a Jacob el mejor camino para volver a Saga y le acompañamos al Land Cruiser.

Una vez al volante, nos dijo:

—Buena suerte... Espero que encuentren a su amigo.

Asentí con la cabeza.

—Puede que sea ésta la razón por la que vine al Tíbet, ¿no? Para ayudarles a ustedes.

Se volvió y arrancó el vehículo, nos miró una última vez y partió. Yin y yo nos apresuramos a subir al jeep. Mientras volvíamos a la carretera principal, advertí una sonrisa en su rostro.

—¿Cree haber comprendido ya la Tercera Extensión? —preguntó—. Piense detalladamente en lo sucedido.

Me quedé mirándole unos segundos, reflexionando sobre la pregunta. Me parecía que la clave de esta extensión era la idea de que nuestros campos pueden estimular a los demás, que pueden elevar a las personas a una conciencia superior desde la cual les es posible conectar con sus propias intuiciones directrices. Lo que esta idea tenía para mí de novedoso, y ampliaba cuanto había escuchado en Perú, era la noción de que nuestro campo de plegaria fluye por delante de nosotros, y que podemos disponerlo de forma que eleve a cuantos nos rodean, aunque no estemos hablando personalmente con ellos o ni siquiera viendo sus rostros. Y ello a través de la visualización de que tal cosa está sucediendo... siempre y cuando la esperemos.

Por supuesto, es preciso abandonar toda actitud controladora con respecto a la energía, de lo contrario redunda en el efecto opuesto, como yo mismo había comprobado al pretender que Jacob detuviera su vehículo. Le comuniqué a Yin mis pensamientos.

—Ha llegado a la comprensión del aspecto contagioso de la mente humana —explicó Yin—. En cierto modo, todos compartimos nuestras mentes. Bien es verdad que disponemos de un control sobre nosotros mismos y que podemos retraernos, cortar con el exterior, pensar con independencia. Pero como le dije antes, la cosmovisión humana que prevalece es siempre un campo gigantesco de creencias y esperanzas. La clave del progreso humano radica en que haya un número suficiente de personas que puedan irradiar una esperanza superior de amor en el seno de este campo humano. Este esfuerzo nos permite edificar un nivel superior de energía, e inspirar a todos los demás hacia nuestro potencial mayor.

Yin pareció relajarse un momento y me sonrió.

—La cultura de Shambhala —concluyó— está edificada en torno a la disposición de tal campo.

No pude evitar sonreír yo también. Aquel viaje estaba empezando a revestirse de significado en un sentido que aún no podía conceptualizar.

Los dos días siguientes transcurrieron sin contratiempos ni señales de los militares chinos. Siguiendo siempre la carretera del sur hacia el noroeste, atravesamos otro río cerca del elevado puerto de montaña de Mayum La. El escenario era espectacular, con cimas heladas a ambos lados de la carretera. Pasamos la primera noche en Hor Qu, en un disimulado albergue de carretera que Yin conocía por referencias, y a la mañana siguiente partimos hacia el lago Manasarovar.

Ya en las proximidades del lago, Yin dijo:

—Aquí tendremos que andar otra vez con mucho cuidado. Tanto el lago como, más adelante, el monte Kailas, son destinaciones preferentes para muchas personas de toda la región: India, Nepal, China, el mismo Tíbet. Es un lugar sagrado. Estará lleno de peregrinos y también de controles chinos.

Unos kilómetros más adelante Yin se adentró en un viejo camino de tierra con el fin de rodear uno de los controles policiales. El lago apareció ante nuestros ojos y miré a Yin, quien sonrió. La visión era de una belleza increíble: una enorme perla color turquesa encastada en medio de una zona rocosa de tonalidad aceitunada, con el marco de las montañas cubiertas de nieve al fondo. Una de aquellas montañas, según me señaló Yin, era el monte Kailas.

A medida que pasábamos junto al lago, pudimos ver numerosos peregrinos agrupados en torno a una sucesión de postes unidos por sartas de banderolas.

—¿Qué es eso? —pregunté.

—Banderas de oración —contestó Yin—. Es una tradición tibetana secular que consiste en colgar banderolas con nuestras plegarias. Al ondear al viento las banderas de oración envían a Dios las plegarias inscritas en ellas. También se ofrecen como regalo a otras personas.

—¿Qué tipo de plegarias contienen?

—Son plegarias en favor de que el amor reine en toda la humanidad.

Guardé silencio.

—Qué ironía, ¿verdad? —continuó Yin—. La cultura del Tíbet está consagrada por completo a la vida espiritual. Somos la comunidad humana más religiosa del mundo. Y desde hace decenios sufrimos el acoso del gobierno más ateo de la Tierra, el gobierno chino. Son dos visiones completamente diferentes y una de ellas será la que prevalezca.

Sin intercambiar más palabras cruzamos otra pequeña población y nos dirigimos a Darchen, la ciudad más próxima al monte Kailas, donde Yin llevó el jeep a un taller que conocía para que revisaran el vehículo. Acampamos cerca de la montaña en compañía de algunos peregrinos locales para no levantar sospechas. No podía apartar los ojos de las cumbres heladas.

—Desde aquí, el Kailas parece una pirámide —dije.
Yin asintió con la cabeza.

—¿No le dice eso nada? Tiene poder.

Cuando el sol comenzó a ponerse en el horizonte, fuimos testigos de un espectáculo impresionante. Por la parte occidental, la magnífica puesta de sol llenó el cielo de capas superpuestas de nubes, mientras la luz solar todavía se reflejaba en la vertiente del monte Kailas, cuyas nieves se tornasolaban en un deslumbrante espectáculo de amarillos y naranjas.

—A lo largo de toda la historia —dijo Yin—, hubo importantes emperadores que recorrieron miles de kilómetros a lomos de caballo o transportados por portadores para presenciar estas vistas del Tíbet. Era creencia común que la primera luz de la mañana y la última del atardecer tenían grandes poderes rejuvenecedores y videnciales.

Asentí con la cabeza mientras él hablaba, incapaz de apartar la mirada de la majestuosa luminosidad que me envolvía. Realmente me sentía rejuvenecido, y sobre todo experimentaba un gran sosiego. Ante nosotros, en dirección al monte Kailas, las llanuras de los valles y la parte inferior de las colinas estaban bañadas por efectos alternos de sombras y por reflejos de una luz ocre que infundían un irreal contraste con la luz del sol de los riscos más elevados, que parecían iluminados desde dentro. La visión era en cierto modo surrealista, y por primera vez comprendí por qué los tibetanos eran tan espirituales. La luz de aquellas tierras era capaz por sí misma de trasladar de forma inexorable a una conciencia más plena.

A la mañana siguiente, temprano, nos pusimos en marcha de nuevo. Al cabo de cinco horas llegamos a las afueras de Ali. El cielo estaba encapotado y la temperatura descendía con rapidez. Yin dio varios rodeos por calles casi intransitables para evitar el centro de la ciudad.

—Ésta es una ciudad prácticamente tomada por los chinos —dijo Yin—, está llena de bares y tugurios de *striptease* para los soldados. La intención es cruzarla sin que nadie repare en nosotros.

Cuando cogimos otra carretera, estábamos ya al norte de la ciudad. En determinado momento distinguí un edificio de oficinas de construcción reciente ante el que había aparcados varios camiones de aspecto más nuevo que los que había visto hasta entonces. No se veía movimiento a su alrededor.

Yin reparó también en el edificio y se salió al instante de la carretera principal. Detuvo el jeep en un viejo camino.

—Esas instalaciones chinas son nuevas —dijo—. No las conocía. Esperemos que no nos vean mientras pasamos por delante.

En aquel momento se levantó viento y empezó a nevar copiosamente, lo que contribuyó a encubrir nuestra identidad. Mientras pasábamos ante las instalaciones las escruté con atención. La mayoría de las ventanas del edificio tenían las cortinas echadas.

—¿Qué era ese edificio? —pregunté.

—Una estación de prospección de petróleo, supongo. Pero quién sabe.

—¿Qué vamos a hacer con este tiempo?

—Parece que se avecina una tormenta. Mejor para nosotros.

—Usted cree que pueden venir a buscarnos hasta aquí, ¿verdad? —pregunté.

Me miró con una profunda tristeza, que se convirtió en abierta rabia.

—En esta ciudad mataron a mi padre —dijo.

—Es terrible que tenga que pasar por todo esto.

—Esto mismo les ha sucedido a miles de tibetanos —añadió mirando al frente sin parpadear.

Podía sentir su odio.

Sacudió la cabeza a derecha e izquierda.

—Es importante no pensar en ello. Tenemos que desechar ese tipo de imágenes. Sobre todo usted. Como ya le dije, es posible que yo no sepa controlar mi ira. Pero usted debe intentar hacerlo mejor, por si tiene que seguir adelante solo.

—¿Qué?

—Escúcheme con atención —dijo—. Es preciso que comprenda hasta dónde ha llegado y en qué punto se encuentra. Ha aprendido las tres primeras extensiones. Ha sido capaz ya de elevar con criterio su energía y de crear un campo fuerte. Pero, igual que me pasa a mí, sigue incurriendo en estados de temor e ira. Hay un par de cosas que debe saber para afianzar su flujo de energía.

—¿Afianzar, en qué sentido? —pregunté.

—Debe estabilizar mejor su corriente de energía, con el fin de que fluya de usted hacia el mundo exterior siempre con fuerza, independientemente de la situación en que se encuentre. Cuando lo consiga, las tres primeras extensiones pasarán a formar parte de su estructura mental y de su modo de vida.

—¿Es eso la Cuarta Extensión? —pregunté.

—Es sólo el preámbulo. Lo que voy a decirle es la última información que poseemos acerca de las extensiones. El resto de la Cuarta Extensión sólo lo conocen los moradores de Shambhala.

»En un plano ideal, el funcionamiento de las extensiones sería el siguiente: su energía de plegaria emana de su conexión interior con lo divino y fluye al exterior, precediéndole; es portadora de la sincronicidad esperada y eleva a todo aquel al que alcanza hasta su yo superior. De esta forma se adquiere la conciencia completa de nuestra misión individual en este planeta.

»Por desgracia siempre nos topamos con obstáculos en el camino, con desafíos que nos sumen en un estado de miedo, el cual a su vez crea en nosotros la duda y colapsa nuestros campos. Y lo que es peor, el miedo puede generar en nosotros imágenes negativas, malas esperanzas, que pueden contribuir a aportar a nuestras vidas aquello que tememos. Lo que debe aprender ahora es a afianzar su energía superior para poder permanecer con mayor frecuencia en la corriente positiva.

»El problema del miedo —continuó Yin— es que puede presentarse de forma muy sutil y penetrar subrepticiamente en nosotros con gran rapidez. Verá, una imagen de temor tiene que ver siempre con algún resultado no deseado. Podemos tener miedo al fracaso, a que nuestra familia se vea en dificultades económicas o a perder la libertad, a un ser querido, o la propia vida. Y ese miedo muchas veces se convierte en rabia, que enviamos contra aquel o aquellos que nos inspiran la amenaza.

»Sea miedo o rabia lo que sintamos, debemos darnos cuenta de que tales emociones proceden de una única fuente: de aquellos aspectos de nuestras vidas a los que nos sentimos apegados.

»Las leyendas dicen que, puesto que el miedo y la ira nacen de la preocupación de perder algo, la manera de evitar esas emociones es desapegarse de todo posible desenlace.

Nos habíamos alejado ya un buen trecho de la ciudad en dirección norte y la nieve caía de forma aún más copiosa. Yin se esforzaba por no perder de vista la carretera y mientras hablaba apenas me dirigía breves miradas.

—Tomemos nuestro caso, por ejemplo —dijo—. Estamos buscando a Wil y el acceso de entrada a Shambhala. Las leyendas dirían que, al mismo tiempo que disponemos nuestros campos para esperar justo aquellas intuiciones y acontecimientos que puedan guiarnos, deberíamos desprendernos totalmente del deseo de que se produzca ningún resultado concreto. Ahí es donde quería llegar cuando le previne acerca de no apegarse demasiado al deseo de que Jacob detuviera o no su vehículo. La importancia del desapego es el gran mensaje de Buda, y el regalo que todas las religiones orientales han legado a la humanidad.

Aquel concepto me resultaba familiar, pero no acababa de apreciar su supuesto valor.

—Yin —protesté—, ¿cómo es posible el desapego total? Es tan difícil como querer encerrarse en una torre de marfil. Prestarle nuestra ayuda a Wil puede ser cuestión de vida o muerte. ¿Cómo podríamos no preocuparnos entonces?

Yin llevó el jeep fuera de la carretera y lo detuvo. La visibilidad era casi nula.

—No he dicho que no haya que preocuparse —continuó—. He dicho que no hay que apegarse a ningún resultado concreto. A menudo, lo que obtenemos en la vida es diferente de lo que habíamos deseado. Permanecer desapegado es darse cuenta de que siempre hay un propósito superior oculto detrás de todo acontecimiento, de todo desenlace. Siempre es posible encontrar una compensación, un pensamiento positivo que nos permita seguir adelante.

Asentí con la cabeza. Era una idea que conocía desde mi viaje a Perú.

—Entiendo lo que quiere decir, pero ¿no tiene también sus límites un punto de vista como éste? ¿Y si estamos a punto de morir asesinados, o de ser torturados?

En situaciones así es difícil desapegarse o saber encontrar una compensación.

—Pero ¿y si ser torturado no es más que el resultado de no haber sabido desapegarse lo suficiente cuando tuvieron lugar los acontecimientos que provocaron una situación tan crítica? Nuestras leyendas dicen que cuando hemos aprendido la vía del desapego, podemos mantener nuestra energía a un nivel lo bastante elevado como para evitar todas esas situaciones tan extremas y negativas. Cuando somos capaces de ser fuertes, de esperar siempre lo positivo, sea el resultado previsto o no, empiezan a aparecer los milagros.

Aquello no podía creerlo.

—¿Me está diciendo que todas las desgracias nos suceden porque en algún momento perdimos alguna oportunidad sincronística para evitarlas?

Me miró con una sonrisa.

—Sí, eso es exactamente lo que le estoy diciendo.

—Pero, eso es terrible. Eso sería como decirle a alguien que sufre una enfermedad terminal, que tiene la culpa de estar enfermo porque perdió la oportunidad de curarse.

—No, no se trata de tener la culpa. Todos hacemos las cosas lo mejor que podemos. Pero cuanto le he dicho es una verdad que debemos aceptar para alcanzar los niveles de energía de plegaria más altos. Debemos mantener nuestros campos todo lo fuertes que podamos, y para lograrlo debemos creer con fe poderosa que estaremos a salvo de tales problemas.

»Siempre habrá algo que se nos pase a veces por alto —continuó—. El conocimiento humano es incompleto, y es posible que muramos o seamos torturados debido a una falta de información. Pero la verdad es que si tuviéramos todo el conocimiento que los seres humanos al final acabarán teniendo, siempre contaríamos con una ayuda que nos guiaría para salir de una situación peligrosa. Alcanzamos nuestro poder superior cuando asumimos que ya lo tenemos. Ésa es la forma de permanecer desapegados y flexibles y de edificar un campo poderoso de esperanzas.

Todo empezaba a cobrar sentido. Lo que estaba diciéndome Yin es que tenemos que confiar en que el proceso sincronístico siempre nos salvará de sufrir daños, que siempre sabremos por anticipado qué paso dar, pues tal capacidad es nuestro destino. Si creemos esto, tarde o temprano se convertirá en una realidad para la totalidad de los seres humanos.

—Todos los grandes místicos —prosiguió Yin— destacan la importancia de obrar a partir de una fe absoluta. El apóstol Juan de la Biblia occidental ejemplifica como nadie adónde puede llegar este tipo de fe. Tras ser introducido en una tinaja de aceite hirviendo, salió indemne de la misma. A otros los echaron a los leones hambrientos y salieron también sanos y salvos. ¿Se trata acaso de simples mitos?

—Pero ¿hasta dónde debe llegar nuestra fe para lograr tal nivel de invulnerabilidad? —pregunté.

—Tenemos que alcanzar un nivel próximo al de quienes habitan Shambhala —repuso Yin—. ¿No ve cómo encaja todo? Si las esperanzas de nuestra plegaria, según oramos, son lo suficientemente fuertes, además de esperar la sincronicidad, estamos enviando energía a los otros de modo que éstos puedan esperar a su vez la sincronicidad. El nivel de energía se mantiene así en aumento. Y también están los dakini...

Giró el rostro de inmediato, horrorizado al parecer por haber vuelto a mencionar a aquellos seres.

—¿Qué ocurre con los dakini? —pregunté.

Él guardaba silencio.

—Yin —insistí—, tiene que decirme qué piensa. ¿Cómo encajan los dakini en todo esto?

Finalmente, inhaló profundamente y dijo:

—Le estoy explicando hasta donde yo mismo comprendo. Las leyendas dicen que sólo conocen la naturaleza de los dakini aquellos que habitan Shambhala, y que debemos tener mucho cuidado. No puedo contarle más.

Le miré enojado.

—Qué importa, ya lo averiguaremos cuando lleguemos a Shambhala, ¿no es así?

Me miró con una gran tristeza.

—Ya le dije que he tenido demasiadas experiencias con los militares chinos. El odio y la rabia erosionan mi energía. Si en algún momento veo que no le dejo avanzar, tendré que abandonarle, y usted deberá seguir solo.

Me quedé mirándole fijamente, reacio a considerar aquella posibilidad.

—Pero recuerde —continuó Yin— lo que le he dicho acerca del desapego y confíe en que siempre recibirá una orientación en forma de guía que le ayudará a salvar cualquier peligro.

Hizo una pausa momentánea, mientras ponía el jeep en marcha y arrancaba en medio de la ventisca de nieve.

—Puede estar seguro —concluyó— de que su fe será puesta a prueba.

6

PASO ENTRE MONTAÑAS

Al cabo de unos cuarenta minutos conduciendo rumbo norte, giramos por una carretera de tierra trillada en dirección hacia una alta cadena de montañas situada a unos cuarenta o cincuenta kilómetros. La tormenta de nieve seguía arreciando, pero superponiéndose al ruido de la ventisca y al de nuestro propio motor oímos un zumbido en el cielo cada vez más perceptible.

Yin y yo intercambiamos una mirada de extrañeza, hasta que identificamos aquel sonido.

—Helicópteros —gritó Yin, al tiempo que se salía de la carretera y buscaba una abertura entre las rocas. El jeep dio una violenta sacudida—. Lo sabía. Han encontrado la forma de volar a pesar del tiempo.

—¿Qué sabía?

Mientras el ruido se hacía cada vez más audible, me pareció distinguir dos aparatos. Uno de ellos se cernía justo encima de nosotros.

—Ha sido por mi culpa —exclamó Yin por encima de aquel estrépito—. ¡Tiene que bajar del jeep! ¡Vamos!

—¿Qué dice? —grité—. ¿Está loco? ¿Dónde voy a ir? Él me gritó al oído:

—No olvide estar alerta. ¿Me oye? ¡Siga siempre hacia el noroeste, hacia Dormar! ¡Tiene que llegar a la cordillera de Kuenlún!

Con un diestro movimiento, abrió la portezuela de mi lado y me empujó fuera del jeep.

Tuve suerte de caer de pie, pero al intentar caminar me tambaleé varias veces en un banco de nieve. Me incorporé e intenté divisar el jeep, pero se alejaba ya por la carretera y la nieve que caía me impedía ver. Me sentí invadido por el pánico.

En aquel preciso instante, un súbito movimiento a mi derecha atrajo mi atención. A través de la cortina de nieve pude distinguir una enorme figura humana de unos tres metros de altura, vestida con unos pantalones de piel negra de yak y chaqueta y gorro de piel de oveja. Permanecía en silencio, mirándome con intensidad, con el rostro tapado por una bufanda de lana. Reconocí aquellos ojos que me observaban. Pero ¿de qué los conocía? Transcurridos unos segundos, levantó la vista hacia el helicóptero, que realizaba otra pasada, y desapareció.

Sin previo aviso, se oyeron tres o cuatro tremendas explosiones procedentes de la dirección en que había partido el jeep. Una lluvia de piedras y nieve cayó a mi alrededor y el aire se llenó de inmediato de un humo asfixiante. Me incorporé de nuevo y salí dando tumbos, mientras pequeñas explosiones retumbaban por doquier. El aire se había llenado por completo de alguna clase de gas tóxico. Sentí que me daba vueltas la cabeza.

Oí la música antes de recobrar del todo el sentido. Era de un compositor clásico chino que ya había escuchado antes. Me desperté sobresaltado en una primorosa habitación con diseños al estilo chino. Me incorporé en el ornamentado lecho y retiré las sábanas de seda. Llevaba puesto un simple camisón de hospital y vi que me habían bañado. La habitación tenía por lo menos seis metros de ancho por otros tantos de largo, y los paneles que hacían de paredes estaban adornados con murales diferentes. Una mujer china me observaba a través de la rendija de la puerta.

Se abrió la puerta y entró en la habitación un oficial del ejército chino totalmente uniformado y con aire muy rígido. Un escalofrío me recorrió el cuerpo. Era el mismo oficial al que había visto ya varias veces. Sentí que el corazón me latía con fuerza. Traté de extender mi energía, pero la visión del militar me lo impidió.

—Buenos días —saludó—. ¿Cómo se encuentra?

—Bastante bien, para haberme gaseado —repliqué.

Sonrió.

—No tiene efectos residuales, se lo garantizo.

—¿Dónde estoy?

—Está usted en Ali. Los médicos le han examinado y está usted bien. Pero tengo que hacerle algunas preguntas. ¿Por qué viajaba con Yin Doloe y adónde se dirigían?

—Queríamos visitar algunos monasterios antiguos.

—¿Por qué?

Decidí no contarle más.

—Porque he venido a hacer turismo. Tengo visado. ¿Por qué me han atacado? ¿Sabe la embajada norteamericana que estoy retenido?

Sonrió de nuevo y me miró con unos ojos muy poco amistosos.

—Soy el coronel Chang. Nadie sabe que está usted aquí, y si ha infringido nuestras leyes, su embajada no podrá ayudarle. El señor Doloe es un criminal, miembro de una organización religiosa ilegal responsable de fraude.

Parecía que estuvieran cumpliéndose mis peores miedos.

—Yo no sabía nada de eso —dije—. Quisiera hacer una llamada.

—¿Por qué Yin Doloe y los demás miembros de la organización buscan ese sitio al que llaman Shambhala?

—No sé de qué me habla.

Dio un paso hacia mí.

—¿Quién es Wilson James?

—Un amigo mío —respondí.

—¿Está en el Tíbet?

—Creo que sí, pero no le he visto.

Chang me miró con expresión de enojo y, sin decir nada más, se volvió y salió de la habitación.

Esto no me gusta nada, pensé. Me disponía a levantarme de la cama, cuando regresó la enfermera con un grupo de soldados, uno de los cuales empujaba un enorme aparato sostenido por unas patas anchas y largas, como para ser colocado sobre una persona yacente en cama.

Antes de que pudiera decir nada, los soldados me sujetaron y me pasaron la máquina sobre el cuerpo. El aparato produjo un suave zumbido y despidió una luz brillante orientada hacia mi rostro. Aun con los ojos cerrados noté que la luz se movía de derecha a izquierda como el escáner de una fotocopiadora.

En cuanto se paró la máquina, los soldados la retiraron y salieron de la habitación. La enfermera se quedó un momento mirándome.

—¿Qué era eso? —balbuceé.

—Un encefalógrafo, nada más —dijo en correcto inglés mientras abría un armario y extraía mis ropas. Las habían lavado y doblado pulcramente.

—¿Para qué sirve? —insistí.

—Para hacer un chequeo completo y asegurarnos de que está usted bien.

En aquel momento se abrió la puerta de nuevo y volvió a entrar el coronel Chang. Cogió una silla y la colocó al lado de mi cama.

—Tal vez debería hablarle un poco acerca de la situación en la región —dijo mientras se sentaba. Parecía cansado—. En el Tíbet hay muchas sectas religiosas, y muchos de sus adeptos intentan transmitir al mundo la impresión de que ellos son un pueblo religioso que sufre la opresión de los chinos. Admito que nuestra política inicial durante los años cincuenta, y luego con motivo de la Revolución Cultural, fue dura. Pero esta política ha cambiado en los últimos años. Tratamos de ser tolerantes, teniendo en cuenta que la postura política oficial del gobierno chino es el ateísmo.

»Esas sectas deberían recordar que el Tíbet también ha cambiado. Ahora aquí viven muchos chinos, algunos incluso han nacido en esta región, y la mayoría no son budistas. Es preciso que convivamos todos juntos. El Tíbet ya no puede volver a ser gobernado por los lamas.

»¿Comprende lo que estoy explicando? El mundo ha cambiado. Aun en el caso de que quisiéramos otorgarle al Tíbet la plena libertad, eso no sería justo para los chinos.

Guardó silencio esperando a que yo dijera algo. Pensé en reprocharle la política gubernamental de importar ciudadanos chinos al Tíbet con el fin de diluir la cultura tibetana. Pero en lugar de ello, dije:

—Yo pienso que quieren ser libres para poder practicar su religión sin que nadie les interfiera.

—Eso ya lo permitimos, en parte, pero es que ellos cambian continuamente de proceder. En cuanto nos parece saber quién está al mando, la situación cambia de nuevo. Estamos consiguiendo tener una buena relación con algunos estamentos de la jerarquía oficial budista, pero no podemos decir lo mismo de los tibetanos expatriados en la India, o de ese otro grupo al que pertenece el señor Doloe, que sigue no sé qué críptica sabiduría oral y fomenta todas esas habladurías en torno a Sham-bhala. Eso distrae a la gente del importantísimo trabajo que aún queda por hacer en el Tíbet. La gente de aquí es muy pobre. Es necesario elevar la calidad de vida.

Me miró con una sonrisa forzada.

—¿Por qué la gente se toma tan en serio esa leyenda de Shambhala? Parecen ideas propias de la juventud, casi infantiles.

—Los tibetanos creen que, más allá de los mundos físicos que podemos ver, existe otra realidad espiritual y que Shambhala, aunque ubicada en esta Tierra, pertenece a ese reino espiritual.

Ni yo mismo podía creer que estuviera atreviéndome a mantener un debate con el coronel chino.

—Pero ¿cómo es posible que crean que ese lugar existe? —continuó—. Hemos supervisado el Tíbet centímetro a centímetro, desde el aire y los satélites, y no hemos encontrado nada.

Guardé silencio.

—¿Conoce usted el supuesto emplazamiento de ese lugar? —insistió—. ¿Es ésa la razón por la que ha venido aquí?

—Me encantaría saber dónde está —dije—, o incluso qué es, pero me temo que no sé ni una cosa ni otra. Ni tampoco quiero buscarme problemas con las autoridades chinas.

Me escuchaba con atención, así que continué.

—En realidad todo este asunto me da miedo, y lo que de verdad me gustaría es poder marcharme.

—Oh, no, lo que de verdad nos gustaría a nosotros es que compartiera todo lo que sabe —dijo él—. Si existe ese lugar, si se trata de una cultura oculta, queremos disponer de toda la información al respecto. Comparta sus conocimientos con nosotros y permita a cambio que le ayudemos. Tal vez podríamos llegar a un acuerdo.

Le miré durante unos instantes y dije:

—Quisiera comunicarme con la embajada norteamericana, si no tienen inconveniente.

Trataba de disimular su impaciencia, pero yo podía verla en sus ojos. Me observó durante unos segundos, luego se dirigió hacia la puerta y se volvió.

—No será necesario —dijo—. Puede marcharse.

Minutos más tarde caminaba por las calles de Ali, arrebujado en mi chaqueta. Había dejado de nevar, pero hacía mucho frío. Antes de salir me habían obligado a que me vistiera en presencia de la enfermera y luego me habían escoltado hasta el exterior del edificio. Mientras caminaba comprobé el contenido de mis bolsillos. Sorprendentemente todo estaba en su sitio: una navaja, mi cartera, una bolsa de almendras.

Me sentía cansado y algo mareado. Me pregunté si sería producto de los nervios o efecto de los gases. Traté de sobreponerme.

Ali era una ciudad moderna. Había coches por todas partes, y gran número de chinos y tibetanos por las calles. Resultaba un poco desconcertante ver todos aquellos edificios y tiendas tan bien conservados en contraste con el penoso estado de las carreteras por las que habíamos viajado para llegar hasta allí. A mi alrededor no parecía que nadie supiera hablar inglés, y tras recorrer varias manzanas empecé a sentirme más mareado. Tuve que sentarme junto a la calzada. El miedo incipiente que me invadía pronto se convirtió en una sensación de pánico. ¿Qué podía hacer? ¿Qué habría sido de Yin? ¿Por qué aquel coronel chino había dejado que me fuera? Todo aquello carecía de sentido.

En medio de tales pensamientos, se formó en mi mente una imagen completa de Yin, que percibí como un recordatorio. Estaba dejando que mi energía cayera. Me había dejado vencer por el miedo sin hacer nada por evitarlo. Realicé una respiración profunda e intenté elevar mi energía.

Al cabo de unos minutos comencé a sentirme mejor y mis ojos se fijaron en un gran edificio situado a varias manzanas de distancia. No pude leer el emblema chino que estaba en uno de sus laterales, pero cuando me concentré en la silueta del edificio tuve la clara impresión de que era una casa de huéspedes o un pequeño hotel. Me sentí animado. Tal vez pudiera encontrar allí un teléfono, o incluso turistas con los que poder entablar conversación.

Me levanté y caminé en aquella dirección, sin dejar de vigilar las calles por las que cruzaba. Al cabo de unos minutos me separaban apenas unas puertas del albergue Shing Shui, pero me sentía dubitativo y miré a mi alrededor con atención. No parecía que nadie me siguiera. Cuando casi había llegado a la puerta, oí un ruido. Algo había caído en la nieve. Miré a ambos lados. Me había parado en medio de la calle, justo enfrente de la entrada de un estrecho callejón. Unos ancianos venían caminando por la otra acera a unos seis o siete metros de mí. Volví a oír el mismo ruido. Había sonado muy cerca. Al mirar al suelo junto a mis pies, vi que caía en la nieve una pequeña piedra que sin duda alguien había lanzado desde el callejón.

Traté de ver algo a través de la oscura bocacalle. Di algunos pasos más entre las sombras, para que mis ojos se acostumbraran a la oscuridad.

—Soy yo —dijo una voz.

Supe al instante que era Yin. Me metí en el callejón y le encontré apoyado contra una pared de ladrillo.

—¿Cómo ha sabido dónde encontrarme? —pregunté.

—No lo sabía —respondió enseguida—. Sólo lo supuse. —Se dejó resbalar por la pared y se sentó. Advertí entonces que llevaba la parte trasera de la chaqueta chamuscada. Hizo un movimiento con el brazo y vi que tenía una mancha de sangre en el hombro.

—¡Está herido! —dije—. ¿Qué ha pasado?

—No es nada grave. Tiraron una granada explosiva y me golpeé contra una roca al salir disparado del jeep. Conseguí arrastrarme por la nieve y escapar antes de que aterrizaran. Vi cómo le cargaban a usted en un camión, que partió en dirección hacia aquí. Imaginé que si le liberaban acabaría encontrando el hostal principal de la ciudad. ¿Le han hecho algo?

Le conté a Yin mi despertar en la casa de estilo chino, el interrogatorio del coronel Chang y mi liberación.

—¿Por qué me tiró del jeep? —le pregunté.

—Ya se lo he dicho otras veces —repuso Yin—. No puedo controlar mis esperanzas de temor. Mi aversión hacia los chinos es demasiado grande. Eso les permite seguirme. —Hizo una pausa—. ¿Por qué le han liberado?

—No lo sé —repuse.

Yin trató de moverse e hizo una mueca de dolor.

—Seguramente porque Chang ha percibido que también puede seguirle a usted.

Negué con la cabeza. ¿Era posible que fuera realidad?

—Él no sabe cuál es la dinámica, por supuesto —continuó Yin—, pero cuando usted espera que aparezcan los soldados, esas expectativas infunden de forma real en el coronel el pensamiento de ir a donde está usted. Es probable que crea que es él quien tiene alguna clase de poder.

Me miró fijamente.

—Debe aprender de mi problema. Tiene que dominar sus pensamientos.

Yin sostuvo mi mirada unos segundos y luego, aguantándose el brazo, me condujo por el callejón hasta un pequeño paso entre dos edificios, por el que nos introdujimos y llegamos a lo que parecía un edificio abandonado.

—Tiene que verle un médico —dije.

—¡No! —replicó Yin con energía—. Escúcheme. Enseguida estaré bien. Conozco personas aquí que pueden ayudarme. Pero no puedo ir con usted a las ruinas del antiguo monasterio. Tendrá que arreglárselas usted solo.

Sentí que el miedo crecía en mi interior y me volví hacia otro lado.

—No me veo capaz.

Yin pareció alarmarse.

—Debe controlar su miedo, recuerde la vía del desapego. Usted es necesario para ayudar a encontrar Shambhala. Tiene que seguir adelante.

Hacía esfuerzos por permanecer erguido. Se acercó a mí con una mueca en los labios.

—¿No comprende lo mucho que ha sufrido el pueblo tibetano? Y a pesar de todo ha sabido esperar hasta el día en que Shambhala debe darse a conocer al mundo entero. —Entornó los ojos al encontrarse nuestras miradas—. Piense en la cantidad de personas que nos han ayudado a llegar hasta aquí. Muchos de ellos lo han arriesgado todo. Puede que algunos estén ahora en prisión, muertos incluso.

Levanté la mano y le enseñé cómo temblaba.

—Míreme. Apenas soy capaz de dar un paso.

Los ojos de Yin me penetraron.

—¿Cree que su padre y sus compañeros no estaban aterrorizados cuando saltaron de la barcaza de desembarco y corrieron por aquella playa de Francia durante la Segunda Guerra Mundial? ¡Pero lo hicieron! ¿Qué habría pasado si se hubieran acobardado? Podría haberse perdido la guerra. Y con ella, la libertad de todos.

»Los tibetanos hemos perdido la libertad, pero no está en juego sólo el Tíbet. No se trata de usted o de mí. Se trata de lo que debe suceder para que tengan valor los sacrificios de tantas generaciones. Alcanzar la comprensión de Shambhala, aprender a utilizar los campos de plegaria en este momento de la historia, es el siguiente paso en la evolución de la humanidad. Es la gran tarea de nuestra generación. Si fallamos, habremos desperdiciado el esfuerzo de cuantos nos precedieron.

Yin volvió a hacer una mueca de dolor y apartó la mirada. Las lágrimas asomaban a sus ojos.

—Yo iría si pudiera —añadió—. Pero ahora creo que es usted nuestra única opción.

Oímos ruido de camiones y vimos pasar dos grandes remolques con tropas.

—No sé dónde ir —dije.

—El antiguo monasterio no está tan lejos —repuso Yin—. Se puede llegar en un día entero de viaje. Encontraré a alguien que le lleve.

—¿Y qué tengo que hacer cuando llegue? Dijo que me pondrían a prueba. ¿A qué se refería?

—Para poder pasar por la vía de acceso, tendrá que dejar que la energía divina fluya por completo a través de usted y disponer su campo de la manera que le han enseñado. Debe recordar que ese campo sale de usted y ejerce un efecto sobre lo que sucede. Y lo más importante, controle sus imágenes de temor y permanezca desapegado. Sigue teniendo miedo a determinados resultados. No está dispuesto a perder la vida.

—Pues claro que no estoy dispuesto a perder la vida

—dije elevando el tono de voz—. Tengo muchos motivos para seguir viviendo.

—Sí, lo sé —repuso con amabilidad—. Pero esos pensamientos son muy peligrosos. Tiene que renunciar a todo pensamiento derrotista. Yo no soy capaz de hacerlo, pero creo que usted sí. Tiene que estar seguro, con toda su fe, de que se salvará, de que tendrá éxito.

Hizo una pausa para ver si había comprendido.

—¿Algo más? —pregunté.

—Sí —dijo él—. Aunque todo lo demás se viniera abajo, siga afirmando que Shambhala le ayuda. Busque la...

Calló de pronto, pero yo sabía lo que quería decir.

A la mañana siguiente me encontraba sentado en la cabina de un viejo camión apretujado entre el ganadero que lo conducía y su hijo de cuatro años. Yin había actuado con perfecto conocimiento de lo que hacía. Sin reparar en su dolor en el hombro, nos habíamos escabullido por entre una serie de bloques de viviendas hasta llegar a una vieja casa de ladrillos de adobe, donde nos proporcionaron comida caliente y lugar donde pasar la noche. Él se quedó hablando hasta tarde con varios hombres. Supuse que eran miembros del grupo secreto de Yin, pero no hice preguntas. Nos levantamos temprano y al cabo de unos minutos llegó el camión del granjero, al que subí yo solo.

Recorríamos ahora una sucia carretera cubierta de nieve que ascendía en círculos hacia las montañas. Al salir de una curva nos encontramos en una atalaya desde la cual se veía el lugar en que Yin y yo nos habíamos despedido. Le pedí al conductor que redujera la velocidad para poder mirar.

Horrorizado, vi que toda aquella zona se había llenado de soldados y vehículos militares.

—Espere un segundo —le dije al conductor—. Puede que Yin se encuentre en apuros. Tenemos que parar.

El hombre negó con la cabeza.

—¡Seguir! ¡Seguir!

Él y su hijo se enzarzaron en una agitada discusión en tibetano y me miraban de vez en cuando, como si supieran algo que yo ignoraba. Aceleró la marcha de nuevo hasta llegar a lo alto de un puerto y comenzamos el descenso entre las montañas.

Sentí una punzada de miedo en el estómago. Me torturaba la duda sobre lo que debía hacer. ¿Y si Yin había escapado de los soldados y necesitaba mi ayuda? Pero por otra parte me parecía saber cuál habría sido el deseo de Yin. Él habría insistido en que continuara el viaje. Intenté mantener alta mi energía, pero una parte de mí se preguntaba si todas aquellas historias sobre las vías de acceso y Shambhala no serían más que un simple mito. Y aun en el caso de ser ciertas, ¿por qué habría de permitírseme a mí la entrada, en lugar de a otra persona, como Jampa o el lama Rigden? Todo aquello no tenía sentido.

Aparté aquellos pensamientos de mi mente y traté de centrarme en mantener alta mi energía contemplando los picos cubiertos de nieve. Observé con atención mientras cruzábamos una serie de pequeñas poblaciones, entre ellas Dormar. Por fin, tras una comida a base de sopa fría y tomates deshidratados, me dormí durante un buen rato. Al despertar, bien entrada la tarde, caían de nuevo gruesos copos de nieve, que pronto recubrieron la carretera de un inmaculado manto blanco. A medida que proseguíamos nuestro viaje, el terreno se hacía cada vez más montañoso y el aire se enrarecía. En la distancia veía aproximarse una nueva cadena de altas montañas.

Ésa debe de ser la cadena del Kuenlún, pensé, la que mencionó Yin. Una parte de mí seguía resistiéndose a creer que aquello estuviera sucediendo de verdad. Pero otra parte sabía que era realidad, y que estaba solo, enfrentado a la presencia china, con todos sus soldados y su ateo escepticismo.

A nuestras espaldas oí el sordo zumbido de un helicóptero. El corazón comenzó a latirme con fuerza, pero me esforcé por mantenerme alerta.

El granjero, que parecía no darse cuenta del peligro, continuó conduciendo durante media hora más. Entonces sonrió y señaló hacia arriba. Por entre la nieve que caía pude ver el oscuro perfil de una gran estructura de piedra semiderruida, asentada en lo alto de una de las primeras estribaciones. Tras el monasterio se elevaban enormes agujas rocosas cubiertas de nieve. La edificación conservaba parte de su estructura, pero el tejado tenía aspecto de sufrir una prolongada descomposición. Observé unos segundos con atención en busca de alguna señal de gente o de movimiento. No vi nada. Daba muestras de llevar largo tiempo abandonado.

El hombre detuvo el camión al pie de la montaña, a unos ciento cincuenta metros del monasterio, y señaló hacia la ruinosa estructura. Yo me quedé vacilante, mirando en medio de la nieve que me azotaba el rostro. Él insistió con gestos, apurándome con su expresión crispada.

Cogí de la parte trasera del camión la mochila que Yin había preparado y comencé a ascender por la ladera. La temperatura empezaba a bajar ligeramente, pero el frío no era mi principal preocupación. Vi cómo el camión se perdía de vista y escuché con atención, pero sólo se oía el soplido del viento.

Miré a mi alrededor y descubrí unos viejos escalones

de piedra que remontaban la ladera. Subí por ellos y al cabo de poco más de cincuenta metros me detuve a mirar el paisaje. Tan sólo se veían montañas blancas en kilómetros de distancia.

Al acercarme al monasterio vi que no se asentaba sobre lo alto de una loma propiamente dicha, sino que estaba en el borde de un precipicio. El camino conducía directamente hasta una abertura, que debía haber sido una gran puerta, por la que entré con cuidado. En el polvoriento suelo había numerosas piedras terrosas de gran tamaño, diseminadas a lo largo de un pasillo que recorría toda la longitud de la estructura.

Pasé por delante de varias habitaciones que se abrían a ambos lados del vestíbulo, hasta que por fin llegué a una estancia más grande con una puerta que daba a la parte trasera del monasterio. La mitad de la pared del fondo estaba desmoronada y varias piedras, algunas de ellas del tamaño de una mesa, yacían sobre el suelo del exterior.

Por el rabillo del ojo vi que algo se movía junto a la pared derruida. Me quedé petrificado. ¿Qué había sido? Me acerqué con cautela a la abertura del fondo y miré afuera en todas direcciones. De la puerta a la roca desnuda de la montaña de enfrente había unos treinta metros. No se veía a nadie.

Mientras seguía mirando, volví a ver por el rabillo del ojo un nuevo movimiento casi imperceptible. Pero esta vez había sido más lejos, cerca de la base de la montaña de enfrente. Un escalofrío me recorrió todo el cuerpo. ¿Qué estaba pasando? ¿Qué captaba mi vista? Pensé en coger la mochila que llevaba y salir corriendo ladera abajo, pero decidí esperar. Estaba realmente asustado, pero mantenía un nivel alto de energía.

Inspeccioné el lugar lo mejor que pude a través de la

cortina de nieve y me encaminé en dirección a las rocas en las que me pareció haber captado el leve movimiento. Cuando llegué no descubrí nada extraño. Las paredes de roca estaban surcadas por grietas verticales, una de las cuales parecía a primera vista una estrecha gruta. Pero al examinarla de cerca vi que tenía apenas unos palmos de profundidad, insuficientes para servir de escondrijo a nadie, además de que estaba llena de nieve. Busqué huellas de pisadas en la espesa nieve, pero sólo encontré las mías.

La nieve caía ahora de forma mucho más copiosa, así que regresé al monasterio y busqué un rincón en la sala más espaciosa que aún conservaba la techumbre para poder protegerme de la nieve y el viento. Sentí una punzada de hambre y comí algunas zanahorias mientras encendía el pequeño fogón de gas y calentaba una sopa de verdura congelada y deshidratada que Yin había puesto entre las provisiones.

Mientras hervía a fuego lento, reflexioné sobre la situación. Sólo faltaba una hora para que oscureciera y no tenía la menor idea de por qué estaba allí. Rebusqué en la mochila, pero no encontré ninguna linterna. ¿Por qué no había puesto Yin alguna? En el fogón no había suficiente gas para toda la noche, así que tendría que buscar algo de madera o estiércol de yak para encender un fuego.

La mente estaba empezando a jugarme malas pasadas, pensé. ¿Qué ocurriría si tenía que pasar la noche entera en total oscuridad? ¿Y si el viento derribaba aquellas viejas paredes?

Nada más asaltarme aquel pensamiento, oí un ruido procedente del otro extremo del monasterio como si algo se desmoronara. Salí al vestíbulo y vi una enorme piedra aplastada contra el suelo.

—Santo cielo —exclamé en voz alta—. Tengo que irme de aquí.

Apagué el fogón, recogí todas las cosas que había sacado de la mochila y salí corriendo en medio de la nieve por la parte trasera del monasterio. Enseguida me di cuenta de que tendría que encontrar un lugar donde cobijarme, así que volví a la pared de piedra, pensando que tal vez hubiera una grieta lo bastante grande o un saliente en la roca lo bastante pronunciado para acampar al abrigo de la nieve.

Al llegar a la zona busqué en vano una abertura en la roca. Ninguna de las grietas tenía suficiente profundidad. Aullaba el viento. Un gran montón de nieve cayó de una roca y se estrelló a mis pies. Levanté la vista y observé las toneladas de nieve que se acumulaban en la empinada vertiente de la montaña. ¿Y si se producía una avalancha? Imaginé lo que pasaría si la nieve comenzaba a rodar montaña abajo.

Una vez más, en cuanto me asaltó aquel pensamiento oí un fragor desde lo alto, a mi derecha. Cogí la mochila y salí corriendo hacia el monasterio justo en el momento en que un rumor atronador llenaba el aire y la nieve caía rodando por la montaña a poco más de cien metros de donde yo estaba. Corrí todo lo que pude, hasta que a medio camino del monasterio me caí en la nieve, aterrado. ¿Qué estaba pasando?

En ese momento acudió a mi mente la imagen de Yin, que me decía: «A estos niveles de energía, el efecto de sus esperanzas es inmediato. Será puesto a prueba.»

Me quedé sentado. ¡Claro! Aquélla era la prueba. No estaba controlando mis imágenes de temor. Volví corriendo al antiguo monasterio y me metí en él. La temperatura descendía con rapidez, así que no tenía más alternativa que quedarme allí dentro. Dejé las cosas en el suelo y me puse a imaginar durante varios minutos que las piedras aguantaban donde estaban.

Una sensación de frío intenso me recorrió el cuerpo. Tengo que hacer algo con este frío, pensé. Me imaginé a mí mismo sentado junto a un cálido fuego. Combustible. Necesitaba encontrar algo para encender fuego.

Me dispuse a registrar todo el monasterio. Apenas había llegado al corredor principal cuando me quedé paralizado. Olía a humo de madera ardiendo. Pero ¿cómo era posible?

Recorrí poco a poco el pasillo mirando en cada una de las habitaciones, sin encontrar nada. Al llegar a la última estancia asomé la cabeza por la puerta y vi en un rincón una fogata ardiendo y una pila de leña.

Entré y miré por todas partes. No había nadie. La habitación tenía una segunda puerta que daba al exterior y en su mayor parte conservaba la techumbre. Allí se estaba mucho más caliente. Pero ¿quién había encendido aquel fuego? Salí por la puerta que daba afuera y miré en la nieve. Ni la menor señal. Al darme la vuelta para regresar a la habitación, vi en la penumbra una figura de elevada estatura plantada en el umbral. Traté de mirarle, pero sólo distinguí una silueta borrosa. Me di cuenta de que se trataba de la misma figura humana masculina que había visto en la nieve cuando Yin me había empujado fuera del jeep. Cuando intenté de nuevo centrar la mirada en él, desapareció. Sentí un escalofrío en todo el cuerpo. No podía dar crédito a lo que sucedía.

Volví a entrar con cautela en la habitación y me asomé por la puerta que daba al pasillo, mirando en ambas direcciones. No vi nada. Me pasó otra vez por la cabeza la idea de salir de aquel monasterio y correr montaña abajo, pero sabía que la temperatura seguía descendiendo con rapidez y que si lo hacía, era probable que muriera por congelación. La única opción que tenía era ir por mis cosas y quedarme en aquella habitación junto al fuego.

Así que fui a buscar la mochila y volví, mirando con nerviosismo a la vuelta de cada recodo.

Mientras me sentaba, una ráfaga de viento barrió el fuego y sopló cenizas por todas partes. Me quedé mirando cómo las llamas recuperaban su silueta vertical. Yo había imaginado un fuego y éste se había manifestado. Pero no podía creer que mi campo fuera tan fuerte. Sólo había una explicación. Alguien me estaba ayudando. La figura que había visto era un dakini.

Por fantástico que eso fuera, aquel pensamiento apaciguó mi mente. Eché más leña al fuego, me acabé la sopa y desplegué el saco de dormir. Al cabo de unos minutos me estiré y me sumí en un profundo sueño.

Cuando desperté miré a mi alrededor con gran inquietud. El fuego se había extinguido y la primera luz del amanecer inundaba las montañas. La nieve caía con la misma intensidad que la noche anterior. ¿Qué era lo que me había despertado?

Distinguí el cansino zumbido de los helicópteros que se hacía cada vez más audible y venía hacia mí. Me puse de pie de un salto y recogí mis cosas. En cuestión de segundos tenía sobre mi cabeza los helicópteros, cuyo torbellino se sumaba al de la ventisca.

Los interiores del monasterio comenzaron de pronto a desprenderse y a desmoronarse, formando una cegadora nube de polvo. Fui casi a tientas hasta la entrada trasera y salí corriendo, dejando la mochila tras de mí. El viento racheado seguía lanzando la nieve en sentido horizontal, por lo que la vista apenas me alcanzaba unos pocos metros, pero sabía que si seguía en la misma dirección no tardaría en encontrarme con la pared de la montaña.

Continué con denodados esfuerzos hasta que pude distinguir la vertiente rocosa. La tenía a unos escasos cinco metros delante de mí, pero a esa distancia, con la luz del alba y la nieve que caía, apenas era visible. La montaña parecía bañada por una suave luminosidad de una tonalidad ligeramente ambarina, que se hacía especialmente intensa junto a una de las grietas que había visto el día anterior.

Me quedé mirando unos instantes, pues ya sabía lo que aquello significaba, y corrí hacia la luz mientras a mi espalda el monasterio seguía disgregándose. Al alcanzar la pared rocosa, sentí los helicópteros justo encima. Los restos del antiguo monasterio se vinieron abajo con un enorme estruendo, que hizo retumbar el suelo y desprenderse la nieve que recubría la grieta que se abría próxima a mí. La caída de la nieve reveló una estrecha abertura.

Me precipité a trompicones por aquel paso entre las rocas y, en medio de una total oscuridad, avancé a tientas. Al llegar al fondo rocoso descubrí la existencia de una nueva abertura, de menos de metro y medio de alto. Al penetrar reptando por ella me di cuenta de que se escoraba a la derecha y de que al fondo, muy lejos, se vislumbraba un mínimo resquicio de luz. Seguí avanzando con todo mi esfuerzo.

Al cabo de unos metros tropecé con una prominente roca y caí de cabeza en el suelo. Noté que me había rasguñado el codo y el brazo, pero el apagado sonido de los helicópteros me hizo seguir adelante. Traté de ignorar el dolor y continué en dirección a la luz. Después de recorrer más de un centenar de metros, seguía viendo el minúsculo resquicio, pero no parecía estar más cerca. Continué arrastrándome a tientas durante más de una hora, con la diminuta luz del fondo por toda referencia.

Por fin, me pareció que la luz estaba más cerca, y cuando me encontraba ya a unos tres metros de ella, sentí de pronto una ráfaga de aire más cálido, portador de la misma fragancia que había olido en el primer monasterio. A lo lejos oí también una distinta y melodiosa voz humana cuyo prolongado sonido reverberó en todo mi cuerpo y me llenó de una calidez interior y de un sentimiento de euforia. ¿Sería la llamada de la que había hablado el lama Rigden? La llamada de Shambhala.

Me encaramé a la última roca y asomé la cabeza por la abertura. Ante mí aparecía una visión increíble. Me encontraba frente a un gran y bucólico valle coronado por un cielo limpio y azul. Más allá del valle se elevaban las cimas nevadas de unas enormes montañas. Bajo la brillante luz del sol todo era de una gran belleza. La temperatura era fría pero atemperada y verdes plantas crecían por doquier. A mis pies, la ladera de la colina descendía en suave pendiente hasta el valle.

Mientras iniciaba el descenso, me sentí sobresaturado por la energía del lugar y empecé a sufrir problemas de concentración. Veía luces y colores girando a mi alrededor, hasta que perdí la fuerza en las piernas y caí de rodillas. Fuera de control, empecé a caer rodando por la pendiente. Seguí rodando y rodando colina abajo, casi como en un sueño, y perdí toda noción del tiempo.

7

ENTRADA EN SHAMBHALA

Noté que alguien me tocaba. Unas manos humanas me izaron y transportaron a algún lugar. Empecé a sentirme seguro, eufórico. Pasado un rato volví a oler la dulce fragancia, sólo que ahora era desbordante y llenaba mi conciencia.

—Intente abrir los ojos —dijo una voz femenina.

Mientras trataba de enfocar mi mirada borrosa, pude distinguir la figura de una mujer muy alta, de casi dos metros de estatura. Me acercaba un vaso al rostro.

—Mire aquí —dijo—. Beba.

Abrí la boca y sorbí algo que resultó ser una sabrosa sopa caliente hecha a base de tomate, cebolla y una especie de brécol dulce. Mientras bebía comprobé que se me había realzado el sentido del gusto. Podía distinguir con toda precisión cada uno de los sabores. Al cabo de un momento se me despejó la cabeza y pude ver de nuevo con claridad cuanto me rodeaba.

Me encontraba en una casa, o en un espacio similar. La temperatura era cálida y estaba reclinado en una tumbona hecha de una tela verdeazulada. El suelo era de baldosas de piedra lisas de una tonalidad ocre y cerca había numerosas macetas de cerámica con plantas. Sin embargo, podía ver el cielo azul y las ramas de unos grandes árboles. El lugar parecía no tener tejado ni paredes exteriores.

—Ya debería sentirse mejor. Pero ahora convendría que hiciera varias respiraciones. —La mujer me hablaba en un inglés fluido.

La miré, como encantado. Tenía apariencia asiática e iba ataviada con un vistoso vestido tibetano de ceremonias y con unas sencillas babuchas. A juzgar por la profundidad de su mirada y la sabiduría de su voz, tendría unos cuarenta años de edad, pero su cuerpo y sus movimientos le conferían un aspecto mucho más joven. Y a pesar de que todos sus miembros eran excepcionalmente grandes, su cuerpo tenía unas proporciones perfectas y su figura era muy hermosa.

—Debe respirar —insistió—. Sabe cómo hacerlo, pues de lo contrario no estaría aquí.

Comprendí por fin lo que quería decirme y empecé a inspirar de la belleza de cuanto me rodeaba y a visualizar cómo la energía aumentaba en mi interior.

—¿Dónde estoy? —pregunté—. ¿Es esto Shambhala?

Esbozó una sonrisa de aquiescencia y su bello rostro se iluminó ligeramente.

—Una parte —corroboró—. Éstos son los anillos de Shambhala. Más al norte están los templos sagrados.

Tras decirme que se llamaba Ani, se interesó por mi historia.

—Cuénteme cómo ha llegado hasta aquí —dijo.

De forma un tanto apresurada, le expliqué todo, desde mi conversación con Natalie y con Wil, pasando por las Revelaciones, hasta el viaje al Tíbet y el encuentro con Yin y con el lama Rigden, quienes me hablaron de las leyendas, y por fin el hallazgo de la vía de acceso. Le mencioné incluso lo de los súbitos aumentos de luz, que suponía obra de los dakini.

—¿Sabe por qué está aquí? —preguntó.

La miré durante unos segundos.

—Todo lo que sé es que Wil me pidió que viniera porque mi presencia en el Tíbet era importante para encontrar Shambhala. Me han dicho que este lugar encierra cierto conocimiento necesario.

Asintió con la cabeza y apartó la mirada, pensativa.

—¿Dónde aprendió a hablar tan bien inglés? —pregunté, mientras sentía que mis fuerzas se debilitaban de nuevo.

Ella sonrió.

—Aquí hablamos muchas lenguas.

—¿Ha visto a un hombre llamado Wilson James?

—No —dijo—. Pero la vía de acceso va a dar a diferentes lugares de los anillos. Tal vez esté aquí, pero en otro lugar. —Se había dirigido a una de las plantas y acercaba el tiesto hacia mí—. Creo que debería descansar un rato. Trate de absorber energía de las plantas. Disponga en su campo la intención de que la energía de las plantas le llena y luego duerma.

Cerré los ojos y seguí sus instrucciones. A los pocos minutos me quedé dormido.

Al cabo de un rato me despertó un ruido sibilante. La mujer estaba de nuevo de pie frente a mí. Se sentó en el borde de la tumbona.

—¿Qué era ese ruido? —pregunté.

—Procedía del exterior.

—¿Penetraba el cristal?

—En realidad no es cristal. Es un campo de energía que parece cristal, pero no puede romperse. Las culturas exteriores aún no lo han inventado.

—¿Cómo se genera? ¿Por medios electrónicos?

—En parte sí, pero para activarlo precisa de nuestra participación mental.

Contemplé el paisaje que se extendía fuera de la casa. Había otras moradas similares diseminadas por las suaves laderas de las colinas y praderas que se extendían hasta la llanura del valle. Algunas habían eliminado las paredes exteriores, al igual que la casa de Ani. Otras parecían hechas de madera, con un estilo exclusivo tibetano. Todas estaban dispuestas en consonancia con el paisaje.

—¿Por qué todas esas casas están construidas con una arquitectura diferente? —pregunté.

—Todas han sido creadas por un campo de fuerza —dijo ella—. Aquí ya no usamos madera ni metales. Gracias a los campos creamos lo que queremos.

Estaba fascinado.

—¿Y los suministros internos, el agua, la electricidad?

—Tenemos agua, pero ésta se manifiesta a partir del vapor de agua del aire, y los campos suministran la energía que necesitamos.

Volví a mirar al exterior, sin poder dar crédito.

—Cuénteme cosas de este lugar. ¿Cuánta gente vive aquí?

—Miles de personas. Shambhala es un lugar muy grande.

Me sentía sumamente interesado. Pasé las piernas por encima del borde de la tumbona y puse los pies en el suelo, pero sufrí un fuerte mareo. La visión se me hizo borrosa.

Ella se puso de pie al instante y me sostuvo. Me ofreció más sopa.

—Beba y vuelva a inspirar de las plantas —dijo.

Así lo hice, hasta que recuperé la energía. Mientras inspiraba más aire, todo se hacía aún más brillante y hermoso que antes, incluida Ani. Su rostro se había iluminado, como si irradiara desde dentro, exactamente como le había sucedido algunas veces a Wil en el pasado.

—Dios mío —dije mirando a mi alrededor.

—Es mucho más fácil elevar la energía aquí que en las

culturas exteriores —comentó—. Ello se debe a que aquí todos intercambian energía y además disponen de un campo común que tiende a un nivel cultural superior. —Pronunció las palabras «nivel cultural superior» con marcado énfasis, como si tuvieran una gran significación.

No podía apartar los ojos de cuanto me rodeaba. Todas y cada una de las formas que veía, las plantas en las macetas que tenía cerca, los colores de las baldosas del suelo o los verdes y exuberantes árboles del exterior, parecían irradiar desde dentro de ellas mismas.

—Todo esto me parece increíble —balbuceé—. Me siento como si estuviera viendo una película de ciencia ficción.

Ella me miró con seriedad.

—Hay mucha ciencia ficción que ha resultado profética. Lo que está usted viendo no es nada más que progreso. Nosotros somos seres humanos exactamente iguales que usted, y estamos evolucionando en el mismo sentido en que acabarán haciéndolo los que viven en las culturas exteriores, si es que no se sabotean a ustedes mismos.

En aquel momento entró corriendo en la habitación un chico de unos catorce años, quien, tras dirigirme una cortés inclinación de cabeza, dijo:

—Pema ha vuelto a llamar.

Ella se volvió hacia el chico.

—Sí, ya lo he oído. ¿Querrás ir a buscar nuestras chaquetas y traer otra para nuestro invitado?

No podía apartar los ojos del chico. Sus maneras correspondían a una persona mucho mayor de la edad que aparentaba, y su aspecto me resultaba familiar. Me recordaba a alguien, pero no sabía a quién.

—¿Quiere venir con nosotros? —me dijo Ani, rompiendo mi encantamiento—. Puede ser importante para usted.

—¿Dónde vamos? —pregunté.

—A casa de una vecina. Es sólo para hacer una comprobación. Ella cree que ha concebido a un niño hace algunos días y quiere que yo la examine.

—¿Es usted médico?

—No tenemos propiamente médicos, ya que hemos dejado de padecer las enfermedades convencionales. Hemos aprendido la forma de mantener nuestra energía por encima de ese nivel. Yo ayudo a las personas a que se supervisen a sí mismas y a que extiendan su energía y la mantengan de la forma que le he indicado.

—¿Por qué dice que es importante para mí?

—Porque en este momento está usted aquí. —Me observaba como quien mira a alguien a quien le cuesta comprender—. Sin duda habrá usted entendido ya el proceso de la sincronicidad.

El chico volvió y ella nos presentó. Se llamaba Tashi. Me dio una chaqueta de color azul brillante. Tenía todo el aspecto de una prenda corriente, salvo por las costuras. De hecho, no las tenía. Era como si los pedazos de tela estuvieran encajados a presión. Igual de sorprendente era que no pesaba casi nada.

—¿Cómo están fabricadas? —pregunté.

—Hay campos de fuerza —dijo Ani mientras ella y Tashi atravesaban la pared con un ruido de vaporizador a presión.

Al intentar seguirlos, salí rebotado como si hubiera topado con una pared de plexiglás. El chico rió desde el exterior.

Con un ruido similar a cuando salió, Ani volvió a cruzar la pared invisible, sonriéndome.

—Debí decirle qué hay que hacer para salir —dijo—.

Lo siento. Debe visualizar que el campo de fuerza se abre para usted. Inténtelo.

Le miré con escepticismo.

—Sólo tiene que formarse en la mente la visión de que se abre y pasar a través del campo.

Hice lo que me decía y caminé hacia adelante. Pude ver cómo el campo se abría realmente. Era algo similar a una distorsión en el espacio, algo así como las ondas de calor que se aprecian en una carretera abrasada por el sol. Con el consabido sonido de vapor presurizado, pasé a través del campo de fuerza y salí al paseo exterior. Ani salió tras de mí.

Moví la cabeza a uno y otro lado. ¿Dónde estaba?

Con Tashi abriendo la marcha, recorrimos un sinuoso camino que descendía suavemente la ladera de la colina. Miré atrás y vi que la casa de Ani quedaba casi en su totalidad oculta tras los árboles, pero algo llamó mi atención. Junto a la casa había un objeto cuadrangular, negro y de aspecto metálico, del tamaño de una maleta grande.

—¿Qué es aquello? —le pregunté a Ani.

—Es nuestra unidad energética —replicó ella—. Nos ayuda a calentar y refrigerar la casa y establece los campos de fuerza.

Me sentí totalmente confundido.

—¿Qué quiere decir con que les ayuda?

Caminaba por delante de mí, ladera abajo. Aminoró el paso para que yo pudiera caminar a su lado.

—La unidad energética adosada a la casa no es capaz de crear nada por ella misma. Lo único que hace es amplificar a un nivel superior el campo de plegaria que usted ya conoce, de forma que podamos manifestar aquello que necesitamos de una manera directa.

Me quedé mirándola con incredulidad.

—¿Por qué le parece una cosa tan fantástica? —preguntó Ani con una sonrisa—. Ya se lo dije: sólo forma parte del progreso.

—No lo sé —dije—. Supongo que, durante todo el tiempo que he pasado tratando de encontrar Shambhala, no me detuve a pensar en cómo debían ser las cosas aquí. Tenía la idea de que este lugar no estaría habitado más que por un grupo de lamas contemplativos consagrados a sus meditaciones. Pero resulta que se trata de una cultura dotada de alta tecnología. Es fantástico...

—La tecnología no importa. Lo importante es el uso que hemos hecho de esa tecnología para ayudar a erigir nuestros poderes mentales.

—¿Qué quiere decir?

—Todo esto no es tan extraordinario como piensa. Hemos descubierto simplemente las lecciones de la historia. Si estudia con atención la evolución humana, verá que la tecnología siempre ha sido un precedente de aquello que al final ha acabado por hacerse con la mente humana.

»Piénselo. A lo largo de la historia, los seres humanos han creado la tecnología para incrementar su capacidad de actuación y su bienestar en el mundo. Todo comenzó con la fabricación de recipientes para almacenar comida y de utensilios para cavar la tierra, luego se construyeron casas y edificaciones cada vez más sofisticadas. Para crear tales bienes, excavamos metales y minerales, a los que dimos forma hasta convertirlos en aquello que imaginábamos en nuestras mentes. Quisimos viajar de una forma más efectiva, así que inventamos la rueda y a partir de ella todo tipo de vehículos. Quisimos volar, e hicimos aviones que nos ayudaron a conseguirlo.

»Quisimos comunicarnos de una forma más rápida, salvando grandes distancias y en el momento en que quisiésemos, así que inventamos la comunicación por cable y el telégrafo, el teléfono, la radio inalámbrica, la televisión, que nos permitió ver lo que sucedía en otros lugares.

Me dirigió una mirada inquisitiva.

—¿Ve cuál es el esquema general? Los seres humanos inventamos la tecnología porque queríamos llegar a lugares lejanos y comunicarnos con un mayor número de personas, y en nuestros corazones sabíamos que ello estaba a nuestro alcance. La tecnología siempre ha sido un punto de apoyo para lograr aquello que podemos hacer por nosotros mismos, aquello que sabíamos que era derecho nuestro por nacimiento. El verdadero papel de la tecnología ha sido el de ayudarnos a afianzar la fe de que podíamos hacer todas estas cosas nosotros mismos, con nuestro poder interior.

»Así que, en los primeros tiempos de la historia de Shambhala, empezamos a hacer avanzar la tecnología para que sirviera de un modo consciente al desarrollo de la mente humana. Nos dimos cuenta de cuál era el verdadero potencial de nuestros campos de plegaria y nos pusimos a desarrollar de nuevo nuestra tecnología para que sirviera de mero amplificador de nuestros campos. Aquí, en los anillos, seguimos utilizando los aparatos de amplificación, pero estamos a punto de conseguir ser capaces de desconectarlos y usar sólo nuestros campos de plegaria para manifestar todo aquello que necesitamos o queremos hacer. Quienes viven en los templos son capaces de hacerlo ya.

Quería hacerle más preguntas, pero al doblar un recodo vi a nuestra derecha un ancho riachuelo que bajaba procedente de la colina. El ruido del agua de la corriente resonaba con mayor estruendo unos metros por delante de nosotros.

—¿Qué es ese ruido? —pregunté.

—Hay un salto de agua un poco más adelante —dijo Ani—. ¿Siente necesidad de verlo?

No entendí a qué se refería.

—¿Quiere decir intuitivamente? —pregunté.

—Por supuesto que quiero decir intuitivamente —repuso ella con una sonrisa—. Vivimos gracias a la intuición.

Tashi había hecho un alto y se había vuelto hacia nosotros.

Ani se volvió hacia él.

—¿Por qué no vas a decirle a Pema que ya hemos llegado?

El muchacho sonrió y salió corriendo.

Ascendimos por la vertiente rocosa a nuestra derecha, en paralelo al arroyo, y pasamos por entre unos enormes árboles, hasta llegar a la misma orilla. El riachuelo tendría unos siete u ocho metros de ancho y la corriente bajaba con rapidez. A través de las ramas que se extendían a nuestra izquierda, vi que el agua llegaba hasta una cornisa. Ani me hizo señas para que la siguiera. Caminamos junto a la orilla y bajamos varios niveles de roca, hasta que nos encontramos justo por debajo de la cascada. Desde allí veíamos el salto de quince metros, que iba a parar a una laguna situada más abajo.

Me pareció ver algo que se movía y me asomé al borde de la roca para mirar abajo. Ante mi sorpresa, a través de la neblina y las salpicaduras del agua, distinguí al final de la laguna dos personas que caminaban la una hacia la otra. A ambas las rodeaba una aureola de suave luz blanca con un matiz rosado. Aunque no muy brillante, la luz era apreciablemente densa, sobre todo alrededor de sus hombros y caderas. Me esforcé por ver con claridad la figura completa de ambas y me di cuenta de que estaban desnudas.

—¿Así que me ha traído aquí a ver esto? —preguntó Ani, divertida.

No podía apartar los ojos de lo que estaba sucediendo. Sabía que estaba viendo los campos de energía de un hombre y una mujer. Cuando se acercaron, sus campos se entremezclaron hasta que ambos estuvieron abrazados. Con igual lentitud, vi cómo se formaba una tercera luz en la mujer. Al cabo de pocos minutos se separaron y la mujer se palpó el vientre. La diminuta luz se hizo más brillante y ambos se abrazaron de nuevo y parecía que hablaban, aunque yo no podía oír nada salvo el ruido de la cascada. De repente, ambas personas desaparecieron.

Comprendí que habían hecho el amor y me sentí azorado.

—¿Quiénes eran esas personas? —pregunté.

—No las he reconocido —repuso Ani—. Pero son de algún lugar de la región.

—Me ha parecido que concebían un niño —dije—. ¿Cree que ésa era su intención?

Soltó una risa.

—Aquí no es como en las culturas exteriores. Por supuesto que su intención era la de concebir. A estos niveles de energía e intuición, el traer un alma a la Tierra es un proceso verdaderamente deliberado.

—¿Cómo es posible que hayan desaparecido así?

—Llegaron hasta aquí proyectándose ellos mismos mentalmente a través de un campo de viaje. El aparato de amplificación nos permite hacerlo. Descubrimos que el mismo campo electromagnético que envía las imágenes de televisión puede utilizarse para unir en la realidad el espacio entre una ubicación remota y este lugar en que nos encontramos. Cuando realizamos esta operación, no tenemos más que mirar el escenario donde queremos ir, o caminar a través del otro lugar utilizando nuestro campo de plegaria amplificado. Algunos teorizadores de las culturas exteriores están trabajando ya sobre estas hipótesis, sólo que no son totalmente conscientes de adónde van a llevarles.

Me quedé mirándola, tratando de asimilar la nueva información.

—Parece sobresaturado —dijo.

Intenté esbozar una sonrisa.

—Vamos, le llevaré a casa de Pema.

Cuando llegamos, descubrí que la casa era como la de Ani, salvo que ésta estaba edificada en la misma vertiente de una colina y poseía un mobiliario diferente. Advertí fuera la presencia de una caja negra idéntica y entramos a través del campo de fuerza, igual que habíamos hecho antes. Nos recibió Tashi, que estaba en compañía de la mujer llamada Pema.

Pema era más alta y esbelta que Ani. Tenía el cabello largo y de color negro azabache. Sólo llevaba puesto un largo vestido blanco y sonreía, pero me di cuenta de que había algo que la inquietaba. Nos pidió que la dejáramos hablar con Ani a solas, así que se fueron a otra habitación y Tashi y yo quedamos en una especie de sala de estar.

Iba a preguntarle a Tashi qué era lo que preocupaba a Pema cuando noté una sensación eléctrica detrás de mí. Vi una distorsión ondulante igual a la que había visto en el campo de fuerza que rodeaba la casa de Ani, sólo que esta vez había aparecido en medio de la habitación. Entorné los ojos, tratando de descubrir qué estaba sucediendo. Al enfocar mi visión, vi a través de la distorsión un campo con pequeñas plantas, como si se tratara de una ventana. Ante mi sorpresa, un hombre penetró en la habitación a través de la abertura.

Tashi se puso de pie y nos presentó. El hombre se llamaba Dorjee. Me saludó con cortesía con una inclinación de la cabeza y preguntó dónde estaba Pema. Tashi señaló el dormitorio.

—¿Qué ha pasado? —pregunté a Tashi.

Me miró con una sonrisa.

—Es el marido de Pema que ha vuelto de su granja. ¿No hay personas en las culturas exteriores que puedan hacer esto mismo que ha visto?

Le resumí brevemente los rumores y mitos que se cuentan acerca de que hay yoguis capaces de proyectarse a lugares distantes.

—Pero yo personalmente nunca había visto nada semejante —añadí, tratando de sobreponerme—. ¿Cómo lo hacéis exactamente?

—Visualizamos el lugar al que deseamos ir y el amplificador nos ayuda a crear una ventana, justo delante de nosotros, que da al lugar visualizado. También crea una abertura de regreso en la dirección opuesta. Así es como hemos podido ver el lugar del que venía.

—¿Y el amplificador es la caja negra que hay fuera?

—Exacto.

—¿Y todos podéis hacerlo?

—Sí, y está en nuestro destino hacerlo sin el amplificador.

Hizo una pausa y se quedó mirándome. Luego me preguntó:

—¿Por qué no me cuenta cosas de la cultura del mundo exterior de la que viene usted?

Antes de que pudiera responder, una voz procedente del dormitorio dijo:

—Ha vuelto a pasar.

Tashi y yo nos miramos.

Al cabo de unos minutos, Ani condujo a Pema y a su

marido fuera del dormitorio y los tres se sentaron con nosotros en la sala de estar.

—Estaba tan segura de estar embarazada —dijo Pema—. Pude ver la energía y sentirla de forma momentánea, y al cabo de unos minutos desapareció. Debe de ser la transición.

Tashi la observaba fascinado.

—¿Qué ha pasado exactamente? —pregunté.

—Hemos intuido —dijo Ani— que se ha producido algún tipo de embarazo paralelo y que el niño ha ido a otro lugar.

Dorjee y Pema se miraron.

—Volveremos a intentarlo —dijo Dorjee—. Casi nunca pasa dos veces en una misma familia.

—Debemos irnos —observó Ani, que se levantó y besó a la pareja. Tashi y yo la seguimos a través del campo de fuerza.

Yo seguía algo abrumado. En algunos aspectos, la cultura de aquel lugar parecía corriente, pero en otros, totalmente fabulosa. Intentaba asimilarlo todo mientras Ani nos conducía hasta una bella cornisa rocosa situada a diez o doce metros, que dominaba el verde e imponente valle que se extendía a nuestros pies.

—¿Cómo puede existir un entorno tan cálido y espacioso en el Tíbet? —dije.

Ani sonrió.

—Nuestros campos controlan la temperatura. Y para quienes tienen un nivel de energía inferior al suyo, somos invisibles. Aunque las leyendas dicen que todo esto empezará a cambiar cuando se acerque la transición.

Me quedé perplejo.

—¿Conoce las leyendas? —pregunté.

Ani asintió con la cabeza.

—Desde luego. Shambhala es el depositario original

de las leyendas, así como de muchas profecías que han venido produciéndose a lo largo de la historia. Contribuimos a aportar información espiritual a las culturas exteriores. También sabíamos que era sólo cuestión de tiempo que ustedes comenzaran a encontrarnos.

—¿Yo, personalmente? —pregunté.

—No. Sólo sabíamos que sería alguien procedente de las culturas exteriores. Sabíamos que a medida que ustedes elevaran de forma generalizada su nivel de energía y de conciencia, empezarían a tomarse Shambhala en serio y que algunos de ustedes serían capaces de llegar hasta aquí. Eso dicen las leyendas. Con el advenimiento de la época de la transformación de Shambhala, o transición, llegará gente proveniente de las culturas exteriores. Y no sólo los adeptos ocasionales de Oriente, quienes desde siempre han ido encontrándonos de manera periódica, sino también gente venida de Occidente, quienes recibirán ayuda para llegar hasta aquí.

—Dice que las leyendas predicen una transición. ¿A qué se refiere?

—Las leyendas afirman que a medida que las culturas exteriores comiencen a comprender todos los pasos necesarios para la extensión del campo de plegaria humano (cómo conectar con la energía divina y dejarla fluir a través de uno mismo con amor, cómo disponer su campo para generar el proceso sincronístico e instruir a los demás y cómo afianzar la fuerza de este campo a través del desapego) entonces se dará a conocer lo que hacemos aquí en Shambhala.

—¿Me está hablando de la última parte de la Cuarta Extensión?

Me miró con perspicacia.

—Sí. Eso es, al fin y al cabo, lo que usted ha venido buscando aquí.

—¿Puede decirme de qué se trata exactamente?

Negó con la cabeza.

—Debe ir paso a paso. Primero debe comprender hacia dónde se encamina la humanidad. No de una forma intelectual, sino con sus sentimientos. Shambhala es el modelo de ese futuro.

Asentí sin dejar de mirarla.

—Ha llegado el momento de que el mundo sepa de qué son capaces los seres humanos, de hacia dónde nos lleva la evolución. Una vez lo haya captado por completo, será capaz de extender aún más su campo, y de hacerlo aún más fuerte.

Movió la cabeza a un lado y a otro y añadió:

—Pero comprenda que yo no tengo toda la información acerca de la Cuarta Extensión. Yo puedo guiarle a través de algunos de los pasos siguientes, pero hay más cosas que sólo saben aquellos que viven en los templos.

—¿Qué son los templos? —pregunté.

—Son el corazón de Shambhala. El lugar místico que usted imaginó. En ellos se realiza el verdadero trabajo de Shambhala.

—¿Dónde están?

Señaló hacia el norte del valle, a un extraño grupo circular de montañas en el horizonte.

—Hacia allí, más allá de aquellas cumbres —dijo.

Mientras hablábamos, Tashi permanecía en silencio, escuchando palabra por palabra. Ani le miró y le alborotó el pelo con la mano.

—Mi intención era que a estas alturas Tashi hubiera sido ya llamado a los templos... Pero parece más interesado en la vida del mundo exterior.

Me desperté sobresaltado y sudoroso. Había soñado que caminaba por entre los templos junto a Tashi y alguien más, y que estaba a punto de comprender la Cuarta Extensión. Estábamos en un dédalo de estructuras de piedra, la mayoría de ellas de un tono cobrizo terroso, si bien había un templo a lo lejos que parecía refulgir de colorido. Fuera del mismo se encontraba una persona ataviada con relumbrantes vestimentas tibetanas. Durante el sueño me escapaba corriendo del oficial chino al que había visto en varias ocasiones. Me perseguía por entre los templos, mientras éstos eran destruidos. Yo sentía odio hacia él por lo que estaba haciendo.

Me incorporé en el lecho y traté de centrarme. Apenas podía recordar el camino de regreso a casa de Ani. Me encontraba en uno de sus dormitorios y era por la mañana. Tashi estaba sentado en una gran silla delante de la cama y me observaba con atención.

Hice una respiración profunda y traté de calmarme.

—¿Qué le sucede? —me preguntó.

—He tenido un mal sueño —le dije.

—¿Querrá contarme cosas de las culturas exteriores?

—¿Vosotros podéis llegar hasta ellas a través de alguna ventana o comoquiera que lo llaméis?

—No, eso no es posible, ni siquiera desde los templos. Mi abuela intuyó que podía hacerse, pero nadie lo ha logrado, debido a las diferencias en los niveles de energía entre los dos lugares. Los que viven en los templos pueden ver lo que sucede en las culturas exteriores, pero nada más.

—Tu madre parece saber muchas cosas acerca del mundo exterior.

—La información nos la transmiten los que residen en los templos. Suelen volver por aquí a menudo, sobre todo cuando perciben que hay alguien que está preparado para unirse a ellos.

—¿Unirse a ellos?

—Casi todos los que están aquí aspiran a ocupar un lugar en los templos. Es el honor más alto. Y además representa una oportunidad para influir en las culturas exteriores.

Mientras le escuchaba, su voz y su nivel de madurez me hacían creer que estaba hablando con una persona de treinta años. Era alto de estatura, pero aun así resultaba desconcertante mirar su rostro de muchacho de catorce años.

—¿Y tú? —le pregunté—. ¿También quieres ir a los templos?

Me sonrió y miró hacia la otra habitación como si no quisiera que le oyera su madre.

—No, yo no hago más que pensar en alguna forma de ir a las culturas exteriores. ¿Querrá hablarme de ellas?

Durante media hora estuve explicándole lo mejor que pude cómo era la situación en la actualidad en el mundo: la manera de vivir de la mayoría de la gente, las cosas que se comen, la lucha por instaurar la democracia en todo el planeta, la influencia corruptora que el dinero ejerce sobre el gobierno, los problemas medioambientales. Lejos de alarmarse o desilusionarse, lo asimilaba todo con entusiasmo.

Al rato entró Ani en la habitación, advirtió que la conversación que manteníamos era seria y se quedó callada. Ninguno de los tres decíamos nada y me dejé caer de espaldas sobre el almohadón.

Ani me miró.

—Tenemos que transmitirle más energía —observó—. Venga conmigo.

Me vestí y me reuní con ella en la sala de estar. Luego

la seguí afuera, hasta la parte trasera de la casa. Los árboles que allí había eran muy grandes y estaban separados unos nueve o diez metros entre sí. A su alrededor crecía una hierba bastante basta, como la salvia, y muchas otras plantas que tenían aspecto de enormes esparragueras. Me instó a que activara el cuerpo e intenté realizar los ejercicios que me había enseñado Yin.

—Ahora siéntese aquí —me dijo cuando acabé—. Y vuelva a elevar su energía.

Mientras ella se sentaba a mi lado, yo empecé a hacer inspiraciones y a concentrarme en la belleza de cuanto me rodeaba, visualizando cómo la energía me llenaba desde el interior. Como en anteriores ocasiones, los colores y formas empezaron a destacarse con gran facilidad.

Miré a Ani y vi una expresión de profunda sabiduría en su rostro.

—Eso está mejor —dijo—. Ayer, cuando visitamos a Pema, usted todavía estaba un poco aturdido. ¿Recuerda lo que sucedió?

—Sí, claro —repuse—. Creo que casi todo.

—¿Recuerda su convicción de que había concebido?

—Sí.

—Primero parecía que el nuevo ser estaba allí, y al cabo de un momento se había ido.

—¿Qué cree que sucedió? —pregunté.

—Nadie lo sabe a ciencia cierta. Este tipo de desapariciones ocurren desde hace tiempo. De hecho, empezaron conmigo, hace catorce años. Yo estaba segura de que estaba embarazada de gemelos, un niño y una niña. Pero entonces, en cuestión de un instante, la niña se había ido. Di a luz a Tashi, pero siempre he pensado que su hermana está viva en algún lugar.

»Desde entonces, algunas parejas que viven aquí han pasado por la misma experiencia. Están seguros de que han concebido y luego de repente se dan cuenta de que la matriz de la mujer está vacía. Todas las parejas consiguen tener más hijos, pero nunca logran olvidar lo sucedido. Este fenómeno viene sucediendo con regularidad en todo Shambhala desde hace catorce años.

Hizo una breve pausa y añadió:

—Tiene algo que ver con la transición, tal vez con el hecho incluso de que usted esté aquí.

Aparté la mirada.

—No lo sé.

—¿Ha tenido últimamente intuiciones?

Me quedé unos segundos pensativo y entonces me acordé del sueño. Estuve a punto de contárselo, pero no acababa de comprender su significado, así que no lo hice.

—No exactamente intuiciones —dije—. Pero se me ocurren un montón de preguntas.

Ella asintió con la cabeza, dispuesta a escucharlas.

—¿Cuál es su sistema económico? ¿En qué emplea la gente su tiempo?

—Hemos evolucionado hacia un estado en el que ya no utilizamos el dinero —explicó Ani—. Ni tampoco fabricamos o confeccionamos artículos de consumo como en las culturas exteriores. Hace decenas de miles de años llegamos aquí procedentes de culturas que se fabricaban los objetos que necesitaban, como ustedes. Pero como le dije ayer, hemos llegado paulatinamente a la comprensión de que el verdadero destino de la tecnología es que sirva para el desarrollo de nuestras capacidades mentales y espirituales.

Palpé la suave manga de mi chaqueta.

—¿Quiere decir que todo lo que ustedes tienen es un campo de energía creado?

—Eso es.

—¿Qué es lo que lo mantiene cohesionado?

—Una vez creados, los campos se mantienen mientras la energía no sufra una ruptura por acción de algún género de negatividad.

—¿Y los alimentos?

—Los alimentos se pueden crear de la misma manera, pero descubrimos que son mejores si los individuos los producen por un proceso natural. Las plantas alimenticias responden a nuestra energía y nos la devuelven con reciprocidad. Por supuesto, hemos alcanzado un estado en el que ya no tenemos que comer mucho para mantener nuestra vibración. La mayoría de los habitantes de los templos no comen nada en absoluto.

—¿Y el poder energético? ¿Cuál es la fuente de energía de los amplificadores?

—La energía aquí no tiene coste. Hace mucho tiempo inventamos un ingenio que utilizaba procesos similares a los que ustedes llaman fusión fría. Creaba energía virtualmente gratis, lo que liberó a nuestra cultura de explotar el medio ambiente y nos permitió automatizar la producción masiva de bienes. Poco a poco fuimos consagrando el tiempo a nuestras respectivas sendas espirituales, a la percepción sincronística, al descubrimiento de nuevas verdades sobre la existencia y a transmitir esta información a los demás.

Mientras hablaba, me di cuenta de que estaba describiendo un futuro humano del que había oído hablar por primera vez a propósito de la Novena y Décima Revelaciones.

—Mientras continuábamos nuestro desarrollo espiritual en Shambhala —prosiguió—, empezamos a comprender que el objetivo del ser humano en este planeta era desarrollar una cultura que habría de ser espiritual en todos sus aspectos. Y entonces nos dimos cuenta de que poseíamos en nuestro interior un poder superior para crear todo aquello que necesitamos. Aprendimos cuáles eran las extensiones de la plegaria y el modo de utilizarlas para desarrollar aún más nuestra tecnología, como ya le he explicado, para contribuir a facilitar este poder creativo. En este momento simplemente vivimos en la naturaleza y la única tecnología que subsiste son esas unidades que nos ayudan a crear mentalmente todas nuestras necesidades suplementarias.

—¿Toda esta evolución ha tenido lugar en este mismo sitio? —pregunté.

—No, no —dijo ella—. Shambhala ha cambiado de ubicación muchas veces.

Aquella afirmación me sorprendió y le pedí que me lo explicara.

—Oh, sí —aclaró—. Nuestras leyendas son muy antiguas y proceden de muchas fuentes diferentes. Todos los mitos de la Atlántida y las leyendas hindúes sobre Meru provienen de civilizaciones antiguas que existieron realmente en el pasado, en un tiempo en que tenía lugar la primera evolución de Shambhala. Desarrollar nuestra tecnología fue el paso más difícil, porque para poner la tecnología completamente al servicio de nuestro desarrollo espiritual individual, cada persona debía alcanzar un punto en que la intelección espiritual fuera más importante que el dinero y la posesión del control sobre los demás.

»Eso lleva su tiempo, ya que quienes están anclados en el miedo, y piensan que ellos personalmente necesitan manejar el curso de la evolución humana con sus egos, tienden a desear utilizar los progresos tecnológicos de una forma negativa, para controlar a los demás. En muchas civilizaciones primitivas, hubo unos pocos controladores que intentaron subvertir el uso de los aparatos amplificadores tratando de utilizarlos para dirigir y controlar los pensamientos de otras personas. En muchas ocasiones, tales intentos dieron lugar a guerras y destrucciones en masa, y la humanidad tuvo que comenzar de nuevo desde cero.

»Las culturas exteriores se enfrentan ahora a estos mismos problemas. Hay personas que quieren controlar a todas las demás por medio de la vigilancia, la infiltración de chips y el empleo de escáneres de ondas cerebrales.

—¿Qué pasó con las máquinas de esas culturas antiguas de que habla? ¿Por qué nunca se han encontrado?

—El desplazamiento de los continentes y de los glaciares las han enterrado en gran parte. Pero, además, una vez que una cultura progresa hasta un punto en que los bienes materiales son creados por el poder de la mente, si una onda de negatividad causa un desplome de energía, entonces todo desaparece, simplemente.

Inspiré hondo y me encogí de hombros. Todo cuanto decía tenía sentido, pero a la vez era de lo más desconcertante. Una cosa era plantear la hipótesis de que la civilización humana evoluciona hacia un futuro espiritual. Pero otra cosa muy diferente era encontrarse inmerso uno mismo en una cultura que ya lo hubiera alcanzado.

Ani se acercó a mí.

—Recuerde únicamente que lo que hemos hecho nosotros es el curso natural de la evolución humana. Vamos por delante de ustedes, pero precisamente por eso, quienes viven en las culturas exteriores lo tendrán más fácil.

Hizo una pausa y yo sonreí.

—Parece haber recuperado su energía —dijo.

—No creo haber sentido nunca un estado de alerta tan agudizado.

Ella asintió con la cabeza.

—Como ya le he dicho, ése es el nivel de energía que sostienen los individuos que viven en Shambhala. Es contagioso. Hay aquí tantas personas que saben cómo aportarse energía a sí mismos y proyectarla a los demás que se genera un efecto múltiple por el cual todos asimilan la energía de plegaria de los demás y la reenviamos de nuevo a los otros. ¿Ve cuál es la dinámica de este multiincremento? Todos los presupuestos y esperanzas de cada uno de los integrantes de una cultura fluyen juntos y conforman un gran campo de energía cultural.

»El nivel general alcanzado por una cultura está determinado casi exclusivamente por el grado de conciencia de sus miembros: acerca de la existencia de sus campos de plegaria en general y cómo extenderlos conscientemente. Cuando por fin se practican las extensiones, el nivel de energía se eleva vertiginosamente. Si todos los integrantes de las culturas exteriores supieran cómo asimilar energía y reenviarla, haciendo de las extensiones de plegaria una prioridad, ¡podrían alcanzar el nivel que tenemos en Shambhala! —Hizo chasquear los dedos para enfatizar su afirmación y añadió—: En los templos trabajamos en eso. Utilizamos nuestras extensiones de plegaria para contribuir a elevar la conciencia en las culturas externas. Llevamos haciéndolo miles de años.

Reflexioné sobre sus palabras y pregunté:

—Dígame todo lo que sepa acerca de la Cuarta Extensión.

Guardó silencio unos segundos más, mientras me miraba con gran seriedad.

—Ya sabe que debe ir paso a paso —adujo—. Para llegar hasta aquí ha recibido ayuda, pero también tenía que conocer las tres primeras extensiones y parte de la cuarta. Ahora debe pararse a comprender con exactitud cómo operan realmente las extensiones.

»Cuando se completa una extensión, la energía de la persona se expande y fortalece. Ello es así porque cuando uno envía su energía al exterior para atraer experiencias sincronísticas y elevar a otros, y afianza esa energía a través del desapego y la fe, está favoreciendo la realización del plan divino, y cuanto más actúa y piensa uno en armonía con lo divino, más se fortalece su poder. ¿Comprende? Tenemos un sistema de seguridad incorporado, como sin duda habrá comprobado. Dios no va a aumentar su poder a menos que usted forme parte de la intención universal.

Me tocó en el hombro.

—Lo que tiene que hacer ahora es dilucidar con mayor claridad hacia dónde se espera que vaya la humanidad, de qué modo general debe evolucionar la cultura humana. Ya ha llegado el momento de que esto suceda. Ésta es la razón por la que usted y otros como usted estén por fin viendo y comprendiendo Shambhala. El siguiente paso de la Cuarta Extensión es captar de verdad el futuro de la humanidad.

»Usted ha captado ya cómo hemos dominado la tecnología y la hemos puesto al servicio de nuestra evolución espiritual interior. Experimentarlo supone extender su energía, ya que ahora le es posible incluir esta expectativa en su campo de plegaria.

»Es importante entender cuál es la dinámica. Ya sabe cómo enviar un campo por delante de usted cuando está moviéndose por el mundo, y sabe también cómo disponerlo para incrementar la energía y el flujo sincronístico en usted mismo y en los demás. Usted amplía su campo cuando eleva a las personas que están a su alrededor hasta sus intuiciones superiores: con la certeza de que les conducen hacia una cultura espiritual ideal como la que ve aquí en Shambhala. Cuando usted hace esto, les ayuda a descubrir cuál es su papel en esta evolución.

Yo asentía, anhelante de más información.

—No se precipite —me previno—. Aún no lo ha visto todo acerca de nuestro modo de vida. No sólo hemos dominado la tecnología, también hemos reestructurado nuestro mundo para centrarnos enteramente en la evolución espiritual... en los misterios de la existencia... en el propio proceso de la vida.

8

EL PROCESO DE LA VIDA

Me dirigí a la parte posterior de la casa de Ani y Tashi, por donde pasaba un camino, y cogí una bifurcación a la izquierda, por la que caminé entre rocas casi dos kilómetros. Ani había dado por finalizada la conversación de manera bastante brusca, alegando que debía hacer algunos preparativos que más tarde me contaría, así que decidí dar un paseo solo.

Mientras contemplaba el verde paisaje, las preguntas se acumulaban en mi mente. Ani había dicho que yo necesitaba ver la forma en que Shambhala había conformado una cultura basada en el proceso de la vida. ¿Qué significaba eso?

Mientras reflexionaba acerca de esta cuestión, advertí la presencia de un hombre que venía por el camino. Era mayor que yo, aparentaba unos cincuenta años, y caminaba con paso enérgico. Al acercarse a mí, sus ojos se detuvieron unos segundos en los míos y continuó. Por el rabillo del ojo le vi volverse una vez para mirarme.

Apreté un poco el paso, enojado conmigo mismo por no haberme detenido y entablado conversación. Di media vuelta y seguí por la misma dirección que él con la intención de darle alcance. Le vi doblar un recodo y desaparecer. Me sentí contrariado, pero volví a casa de Ani sin pensar más en ello.

Ani me recibió en la puerta, con unos tejanos y una camisa en la mano.

—Necesitará ropa —me dijo.

—Deje que lo adivine —repuse yo—. Estas prendas las ha creado con su campo de energía.

Asintió con la cabeza.

—Está empezando a comprendernos.

Me senté en una silla y la miré. No era ésa precisamente la impresión que yo tenía.

—Ha venido el padre de Tashi —dijo.

—¿Dónde está? —pregunté.

—Dentro, con Tashi. —Hizo un gesto señalando una habitación.

—¿Dónde estaba?

—Ha estado en los templos durante un tiempo.

Sentí una intuición.

—¿Acaba de llegar?

—Sí, apenas unos minutos antes que usted.

—Creo que me he cruzado con él en el camino.

Ani hizo una pausa y añadió:

—Ha venido a prepararnos.

—¿Para qué?

—Para la transición. Él piensa que estamos a las puertas de un nuevo traslado de Shambhala.

Iba a preguntarle algo más cuando vi que apartaba la mirada y se sumía en profundos pensamientos.

—¿Dice que se encontró con el padre de Tashi en el camino? —me preguntó.

Asentí con la cabeza.

—Entonces es posible que el mensaje que trae sea importante también para usted. Debemos ser muy conscientes del proceso que se da en este lugar.

Me miraba expectante.

—Mencionó usted el proceso de la vida —dije—.

¿Puede decirme con exactitud qué entienden por tal cosa quienes viven en Shambhala?

Ella asintió antes de responder.

—Consideremos cómo una sociedad puede evolucionar una vez comienza a elevar su nivel de energía de plegaria. Lo primero que sucede es que la nueva tecnología se hace cada vez más eficiente y automatizada, de forma que son las máquinas robotizadas las que fabrican los bienes materiales dentro de esa sociedad. Esto está ocurriendo ya en todas las industrias de las culturas exteriores, y en sí mismo es un desarrollo positivo, al margen del hecho de que resulte especialmente peligroso, pues cabe la posibilidad de que otorgue mucho poder a unos pocos individuos o grupos si no se descentraliza. También crea pérdidas de trabajo, por lo que muchas personas deben adaptarse a la nueva situación con el fin de facilitarse un medio de vida.

»Sin embargo a medida que se automatiza la producción material la economía general se centra en una economía de la información y los servicios, en la cual lo importante es proporcionar a los demás la información correcta en el momento adecuado. Este tipo de economía requiere que todos sus integrantes se vuelvan más intuitivos y permanezcan más alerta, y que se centren en adoptar una percepción sincronística como medio de vida.

»Cuando el conocimiento espiritual aumenta y las personas toman conciencia del poder creativo que pueden alcanzar con sus campos de plegaria, la tecnología avanza un paso más. Entonces se descubren los amplificadores de ondas de pensamiento, para que los individuos puedan crear mentalmente todo cuanto necesitan.

»Cuando esto sucede, la cultura puede centrarse por completo en asuntos espirituales, o lo que podemos llamar el proceso de la vida como tal. Ése es el punto en que nos encontramos ahora mismo en Shambhala y que el resto de la cultura humana está destinada a seguir. Nuestra sociedad entera está educada para vivir de acuerdo con la más amplia realidad del espíritu. Llegado el momento, toda cultura debe asumir de forma fehaciente que somos seres espirituales y que nuestros cuerpos son sólo átomos que se encuentran en un grado de vibración particular que se puede elevar aumentando nuestro nivel de conexión y nuestro poder de plegaria.

»En Shambhala comprendemos esta realidad, y comprendemos también que si hemos bajado del plano puramente espiritual, es para cumplir un cometido. Nuestra misión es ayudar al mundo a desarrollar una conciencia espiritual, generación tras generación, de la forma más consciente posible. Por eso participamos de forma plena en el proceso de la vida desde el comienzo mismo... de hecho, desde antes del nacimiento.

Me miró para ver si había comprendido, y continuó:

—Hay siempre una relación intuitiva entre la madre, el padre y el niño aún no nacido.

—¿Qué tipo de relación? —pregunté.

Ella sonrió.

—Aquí todos sabemos que las almas establecen contacto con los padres antes de la concepción. Dan a conocer su presencia, en especial a la madre. Ello forma parte del proceso destinado a decidir si los padres futuribles son realmente los adecuados.

Me quedé mirándola con asombro.

—Esto mismo ocurre ya en las culturas exteriores —explicó Ani—. Pregunte a un grupo de madres cualquiera y compruebe lo que dicen.

»El mismo tipo de intuición está presente en el proceso matrimonial, si lo piensa. Cuando los seres humanos buscan compañero, el criterio principal es la pasión, pero no es el único factor. También cuentan las intuiciones que tenemos sobre cómo será nuestra vida con determinada persona. Seamos totalmente conscientes o no, valoramos si el estilo de vida que llevaremos con la persona en cuestión va a suponer un avance con respecto al estilo y las actitudes vitales en el seno de las cuales crecimos.

»¿Ve adónde voy a parar? Elegir el compañero adecuado es importante desde un punto de vista evolutivo. Al mismo tiempo que evolucionamos espiritualmente, los seres humanos estamos destinados a unirnos en pareja de una forma consciente, con el fin de fundar un hogar que represente un modo de vida más auténtico con respecto al de la generación precedente. Sabemos intuitivamente que debemos fraguar una vida que suponga un paso adelante en relación a la sabiduría que hallamos en el mundo cuando nosotros llegamos a él. ¿Ve cuál es el proceso?

»De modo que, cuando tenemos intuiciones que nos dicen que hay un niño que quiere nacer de nosotros, siempre se suscitan diversas preguntas: ¿por qué querrá ese niño nacer en el seno de nuestra familia?, ¿qué querrá ser ese niño o esa niña de mayor?, ¿cómo prolongará y ampliará nuestro conocimiento?

—Un momento —dije—. ¿No es arriesgado pretender saber cómo serán nuestros hijos? ¿Y si nos equivocamos al tratar de encasillarlos? Mi madre tenía pensado que yo fuera un sacerdote rural.

—Sí, por supuesto, únicamente estamos hablando de intuiciones. La realidad sólo se parece por aproximación a aquello que pensamos. Nunca se producirá una identificación exacta. Durante siglos, los padres han acordado matrimonios y han obligado a sus hijos a seguir la profesión que habían elegido ellos. Pero todo ello era por un mal uso de una intuición real. Nosotros podemos aprender de sus errores. Las intuiciones que tenemos no son un conocimiento final acerca de nuestros hijos. Ni tampoco debemos ejercer un control total sobre ellos. Lo que recibimos son meras intuiciones, imágenes generales sobre lo que van a hacer con sus vidas... aunque juraría que su madre no se equivocó tanto con respecto a usted.

Me reí. Tenía razón, desde luego.

—Bueno, ya ve adónde apunta todo esto. Sabemos que, mientras la madre y el padre intuyen cómo usará y ampliará el niño la sabiduría que encontrará en ellos, el alma aún no nacida está haciendo lo mismo, es decir, recibir intuiciones, acerca de lo que quiere cumplir en forma de visión preexistencial. Acto seguido tiene lugar el proceso de la concepción.

Me miró unos segundos.

—¿Recuerda la pareja que vimos junto a la cascada?

—Sí.

—¿Qué piensa acerca de lo que vio?

—Me pareció algo muy premeditado.

—Es verdad, lo era. Una vez que una pareja decide intentar concebir para traer al mundo un alma que han intuido, el acto físico es una especie de intercambio de campos de energía que, en un sentido muy real, abre orgásmicamente una puerta en el cielo y permite la venida del alma.

Reflexioné sobre lo que había visto en la cascada. La energía de la pareja se mezcló y apareció una nueva energía.

—De acuerdo con la noción materialista propia de la ciencia de las culturas exteriores —continuó Ani—, la unión sexual queda reducida a la mera biología, a un acto físico nada más. Pero aquí conocemos la naturaleza de la energía espiritual que realmente entra en juego.

Ambos mezclaron sus campos de energía y el niño fue el producto de esa mezcla.

»También en este caso, la ciencia prefiere pensar en la concepción en términos de combinación aleatoria de genes. Ciertamente eso es lo que parece cuando se estudia de manera superficial en un tubo de ensayo. Pero en realidad, los genes de la madre y del padre se combinan para crear un niño cuyas características guardan sincronía con los mejores destinos posibles de las tres personas que intervienen en el proceso. El niño, o la niña, tiene una intención de destino que manifiesta en una visión preexistencial, y los genes se combinan de una determinada manera para dotar al niño de las tendencias y aptitudes necesarias para realizar esa visión. Los científicos de las culturas exteriores acabarán por encontrar la confirmación a este proceso.

»Por eso es tan peligrosa la recombinación física de genes efectuada por los científicos y los médicos. Una cosa es combatir las enfermedades, pero retocar el material genético para aumentar la inteligencia o el talento o por cuestión de gustos es algo muy egoísta y puede resultar desastroso. Esta práctica por ella sola condujo en tiempos pasados a la destrucción de más de una civilización primitiva.

»Lo que quiero decir —concluyó— es que en Shambhala nos tomamos el proceso de la paternidad muy en serio. En su realización ideal, la intuición de los padres y la del hijo actúan conjuntamente para proporcionarle a éste la mejor preparación posible para poder cumplir su objetivo vital.

Lo que acababa de decir me hizo pensar en las concepciones fallidas que estaban produciéndose en Shambhala.

—¿Qué cree que está pasando con esas concepciones que de pronto desaparecen? —pregunté.

Se encogió de hombros y miró hacia la puerta cerrada de la habitación de Tashi.

—No lo sé, pero quizá el padre de Tashi pueda decírnoslo.

Se me ocurrió entonces otra pregunta:

—¿Por qué unas personas van a los templos y otras se quedan en los anillos?

Se rió.

—Supongo que debe resultar muy confuso. Nuestra cultura se divide en dos grupos: aquellos que enseñan y aquellos que son llamados a los templos. Muchos de los que están en los templos, no obstante, vienen y van cada pocos días para mantener el contacto, sobre todo si tienen hijos. La situación, según las intuiciones que se reciban, puede cambiar en cualquier momento. Quienes trabajan en los templos pueden volver a los anillos para enseñar, y quienes han estado aquí algún tiempo enseñando pueden ir a los templos. Todo ello es muy fluido y sincronístico.

Hizo una breve pausa y la animé a que continuara con un asentimiento.

—El siguiente paso en el proceso de la vida es ayudar a un niño a que despierte. Recuerde que todos nosotros olvidamos en cierto grado por qué vinimos al mundo, qué era lo que queríamos hacer de nuestras vidas, por lo que debemos restituirle al niño las circunstancias históricas que rodearon el acontecimiento de su nacimiento.

»Lo importante es darle al niño un contexto vital para que pueda saber lo que ha ocurrido antes de su llegada y el lugar en que él encaja. Eso incluye la historia personal de su familia hasta varias generaciones atrás. Nosotros lo hacemos, conservamos estas historias en grabaciones similares a las de las cintas de vídeo, sólo que quedan almacenadas electrónicamente.

»Tashi, por ejemplo, ha podido conocer a siete generaciones de antepasados contándole cómo habían sido sus vidas, sus sueños, lo que habían conseguido y lo que no habían logrado y, al final de sus vidas, qué habrían hecho de forma diferente. Para un joven esta información es enormemente importante. Le ayuda a trazar el rumbo de su propia vida al aprender de los errores de quienes le han precedido, y de su sabiduría, para así forjar su camino. Tashi ha aprendido muchas cosas de sus antepasados, aunque su pariente favorita sigue siendo su abuela.

Estaba asombrado.

—Conservar grabaciones de los familiares es una gran idea. Me pregunto por qué no nos tomamos la molestia de hacerlo nosotros.

—No lo hacen porque siguen aplazando indefinidamente el momento de hablar de la muerte y entonces muchas veces es ya demasiado tarde. Además, en las culturas exteriores la realidad todavía está demasiado centrada en lo material y no en el proceso mismo de la vida. A medida que pase el tiempo resultará más fácil y las culturas exteriores empezarán a mantener su nivel de vibración y a aprender las extensiones de la plegaria. Por ahora, ustedes siguen reduciendo la vida a la inmediatez cotidiana, a la mundaneidad, cuando de hecho es un proceso informativo siempre misterioso.

Me miró como si tras su última afirmación hubiera algún significado más profundo.

—Usted mismo debería superar esta tendencia y centrarse en el proceso de cuanto está sucediéndole. Ha llegado a este lugar en un momento en que Shambhala se encamina a una transición. El padre de Tashi ha venido a hablar con su hijo acerca de su futuro y de la situación en los templos. Pero Tashi no se siente intuitivamente guiado a ir a los templos. Por el contrario, está interesado en ir al mundo exterior. Y usted ha aparecido justo en medio de esta situación. Eso quiere decir algo.

Como para subrayar lo que Ani acababa de decir, ambos oímos a lo lejos un apagado rumor, que pronto desapareció.

Ella pareció confusa.

—Jamás había oído ese ruido.

Un escalofrío me recorrió el cuerpo.

—Creo que podría ser un helicóptero —dije.

Se me ocurrió otra vez que podría explicarle el sueño que había tenido, pero antes de poder hacerlo habló de nuevo.

—Tenemos que darnos prisa —dijo—. Tiene usted que saber quiénes somos, tiene que conocer la cultura que hemos creado. Estábamos hablando acerca de la importancia que tiene para la gente joven comprender la secuencia de las generaciones que les han precedido. Todos los individuos que viven en los anillos exteriores toman conciencia de esta historia a una edad muy temprana, y tiene lugar a la vez que despierta su propia espiritualidad y comprenden el sentido de aquello que han venido a hacer.

Levantó el dedo.

—Aquí todos tenemos claro que el mundo humano evoluciona a través de una sucesión de generaciones. Una generación instaura un modelo de vida y se enfrenta a determinados retos, y la generación siguiente prosigue su labor y amplía su visión del mundo. Por desgracia, las culturas exteriores no comparten esta noción de la evolución. En general los padres quieren que sus hijos sean como ellos, que piensen igual que ellos. Este deseo es hasta cierto punto natural, pues todos deseamos que nuestros hijos refrenden las opciones que nosotros hemos tomado.

»Pero muy a menudo el proceso se revela antagónico. Los padres se muestran críticos con los intereses de sus hijos, mientras que éstos critican a su vez los modelos periclitados de los padres. En cierta medida ello también forma parte del proceso, ya que los hijos analizan las vidas que han llevado sus padres y aunque coinciden en muchas cosas, otras las habrían hecho de diferente modo. Los hijos tienen muy claro cuáles son las carencias del estilo de vida de sus padres. Después de todo, ésa es la dinámica: nosotros escogemos a nuestros padres en parte para tomar conciencia de aquello que falta, de aquello que necesita añadirse al entendimiento humano, y a partir de ahí damos comienzo al proceso al sentirnos insatisfechos de ciertas cosas que descubrimos en nuestra vida en común con ellos.

»Pero todo esto no tiene por qué derivar en un antagonismo abierto. Una vez conocemos el proceso de la vida, podemos ser partícipes de una forma consciente. Los padres pueden mostrarse receptivos con las críticas de sus hijos y apoyar sus sueños. Por supuesto ello obliga a los padres a ampliar su forma de pensar y evolucionar en consonancia con el desarrollo de sus hijos, cosa que puede resultar difícil.

Aquello ya lo había oído antes. Ella estaba describiendo el proceso de la evolución con toda claridad. Le hice algunas preguntas más y durante otros diez minutos siguió dándome detalles acerca de la vida en los anillos exteriores de Shambhala. Me explicó que una vez que los niños adquirían una comprensión cabal de la historia y de la familia, el siguiente paso era aprender a extender su campo de plegaria creativo, exactamente como yo había hecho. A partir de ahí trataban de encontrar la forma de hacer avanzar la cultura, ya fuera enseñando en los anillos exteriores o sirviéndose de su campo de plegaria en los templos.

—Éste acabará siendo también el estilo de vida en las culturas exteriores —añadió—. Unas personas se consagrarán a la educación de los niños, mientras otras ingresarán en las numerosas instituciones de la cultura y contribuirán a que la humanidad avance hacia el ideal espiritual.

Iba a preguntarle más cosas sobre lo que hacían en los templos, cuando se abrió de pronto la puerta de la habitación de Tashi. Éste salió seguido de su padre.

—Padre quiere verle —dijo Tashi dirigiéndose hacia mí.

El hombre hizo una ligera inclinación y Tashi nos presentó. Nos sentamos los dos a una mesa. El padre de Tashi llevaba unos pantalones y una chaqueta de lana de oveja tradicionales de los pastores tibetanos, sólo que mostraban una limpieza inmaculada y eran de un color ocre claro. Era de baja estatura y de complexión robusta, y me miraba con ojos afables y expresión de juvenil entusiasmo.

—¿Ya sabe que Shambhala está a punto de entrar en transición? —me preguntó.

Miré a Ani y luego de nuevo a él.

—Sólo sé parte de lo que dicen algunas leyendas.

—Las leyendas dicen —repuso él— que en un momento preciso de la evolución de Shambhala y de las culturas exteriores, tendrá lugar una gran transformación. Ésta se producirá cuando el nivel de conciencia en las culturas exteriores haya alcanzado un determinado punto. Pero cuando esta condición se cumpla, Shambhala se trasladará.

—¿Adónde se trasladará? —le pregunté—. ¿Lo sabe?

Él sonrió.

—Nadie lo sabe con exactitud.

Por algún motivo sus palabras me llenaron de ansiedad y me produjeron un ligero vértigo. Durante unos segundos tuve dificultades para ver con claridad.

—Aún no está lo suficientemente fuerte —dijo Ani.

El padre de Tashi me miró.

—He tenido la intuición de que es importante que Tashi venga con nosotros a los templos durante la transición. Las leyendas dicen que será una época de grandes oportunidades, pero también de extremado peligro. Durante un tiempo, todo aquello que venimos haciendo en los templos se verá interrumpido. No podremos ser de gran ayuda.

Dirigió una mirada a su hijo.

—Ello sucederá justo en un momento en que la situación en las culturas exteriores se vuelva crítica. Durante la historia de la humanidad ya ha ocurrido en muchas ocasiones: los seres humanos han evolucionado espiritualmente hasta este punto y entonces han perdido su rumbo y han vuelto a caer en la ignorancia. Hicieron un mal uso de la tecnología e interrumpieron el curso natural de la evolución.

»En este momento, por ejemplo, en las culturas exteriores hay personas que están interviniendo en el proceso natural del ciclo alimenticio y lo están distorsionando a través de la manipulación genética de las semillas, a las que proveen de características antinaturales. Su objetivo primordial es el de patentar las nuevas simientes para obtener beneficios en el mercado.

»Lo mismo sucede con la industria farmacéutica. Alteran genéticamente una hierba medicinal perfectamente conocida y al alcance de cualquiera, y luego la venden de forma exclusiva. En un sistema energético tan preciso como el del cuerpo humano, tales manipulaciones pueden revestir consecuencias terribles para la salud. Lo mismo ocurre con los alimentos que sufren radiaciones, o con el agua corriente a la que se añade clorina y otros aditivos, por no mencionar ya las llamadas drogas de diseño.

»Al mismo tiempo, la tecnología de los medios de comunicación ha alcanzado tal desarrollo que puede llegar a tener una influencia dramática sobre los individuos. Si sirve exclusivamente a las necesidades de las grandes empresas y los políticos corruptos puede llegar a crear realidades distorsionadas y antinaturales. Cuanto más intervienen las empresas, tratando de acaparar la tecnología y de introducir toda la publicidad posible para generar falsas necesidades en la población, más acuciante se vuelve el problema.

»Y más inquietante es aún la situación por lo que respecta al poder y los mecanismos de control de los gobiernos, incluso en los países democráticos. Con la excusa de la necesidad de luchar contra el tráfico de drogas o el terrorismo, los gobiernos están invadiendo cada vez más la intimidad del hombre corriente. En estos momentos, se han puesto ya límites a las transacciones monetarias e Internet está sometido a un control total. El paso siguiente será forzar la transición a una sociedad sin dinero en metálico, controlada por una autoridad administrativa centralizada.

»Esta carrera hacia la implantación de una autoridad gubernamental centralizada y carente de espiritualidad, en el seno de un mundo virtual altamente tecnificado y divorciado de los procesos naturales, en el que los alimentos, el agua y la vida cotidiana son trivializados y distorsionados, conduce directamente al desastre. Cuando la salud se ve afectada por la degradación de los alimentos, la aparición de enfermedades nuevas y la proliferación de drogas, el resultado no es otro que el Armagedón. Esto mismo sucedió ya varias veces en la prehistoria. Y puede volver a suceder, sólo que esta vez a una escala mucho mayor.

Dirigió una sonrisa a Ani.

—Pero no tiene por qué suceder necesariamente. De hecho, nuestra conciencia está a un pequeño paso de darle la vuelta a la situación. Si somos capaces de abrazar por completo la idea de que somos seres espirituales que viven en un mundo espiritual, entonces los alimentos, la salud, la tecnología, los medios de comunicación y el gobierno, todo ello asumirá el papel que le es propio de cara a la evolución y perfeccionamiento de este mundo. Pero para que esto suceda, las culturas exteriores deben alcanzar una completa comprensión de las extensiones de la plegaria. Deben comprender lo que hacemos en los templos. La transición de Shambhala forma parte de este proceso, pero hay que aprovechar la oportunidad.

Se volvió hacia Tashi con mirada profunda.

—Para que esto suceda, vuestra generación debe mezclarse con las dos últimas generaciones en un campo de plegaria integrado, que incluya la unidad de todas las religiones.

Tashi parecía confuso. Su padre se acercó a él.

—En todo el mundo, la generación nacida durante las primeras décadas del siglo veinte, a la que nuestro amigo occidental llamaría la generación de la Segunda Guerra Mundial, usó el valor y la tecnología para salvar la democracia y la libertad de la amenaza de los dictadores imperialistas. Vencieron utilizando el poder tecnológico, y luego extendieron esa misma tecnología para crear una economía de alcance mundial. A continuación llegó a la Tierra la generación siguiente, aquella que los norteamericanos bautizaron como *baby boom*, cuya intuición les dijo que el punto de vista materialista, centrado en la mera tecnología, no era del todo correcto, que había demasiada contaminación, que las grandes empresas ejercían una influencia demasiado poderosa sobre los gobiernos, que los servicios de inteligencia poseían un excesivo poder de control.

»Esta actitud crítica era la forma normal en que una nueva generación amplía la visión del mundo y hace avanzar a la sociedad de manera intuitiva. Sus integrantes crecieron en el seno del materialismo o del anhelo de los logros materiales. Y entonces reaccionaron, proclamaron la idea de que la vida es algo más, de que había un destino espiritual detrás de la historia humana que podía ser comprendido con mayor exactitud.

»Todo esto sucedió en Occidente durante las décadas de los sesenta y los setenta: el rechazo a un sistema social basado en lo material, la exploración de otras religiones, la popularidad de la filosofía... Todo ello fue el resultado de una serie de revelaciones que apuntaban a que la vida era algo más que nuestra visión material del mundo.

Me miró con un pestañeo significativo, como si lo supiera todo acerca de mis experiencias con las Revelaciones.

—Las intuiciones de la generación del *baby boom* fueron muy importantes —continuó—, pues sirvieron para dotar con una perspectiva inteligente tanto los logros de la tecnología como la abundancia material. Sirvieron además para suscitar la idea de que los avances de la tecnología en el planeta deben dar soporte a una cultura que no se centre únicamente en la supervivencia sino también en el desarrollo espiritual.

Hizo una breve pausa.

—Y ahora ya hay otra nueva generación, la surgida a finales de los años setenta y durante la década de los ochenta, que está llevando la cultura humana aún más lejos. —Miró a Tashi—. Tú y el grupo de los de tu edad sois los últimos miembros de esta generación. ¿Comprendes cuál es vuestra aportación al mundo?

Mientras Tashi reflexionaba, yo me hice también aquella misma pregunta. Los hijos e hijas de los miembros de la generación del *baby boom* se habían caracterizado por la reacción frente al idealismo y la ambigüedad ante la tecnología mostrados por sus padres y habían optado por ser más prácticos. De hecho su pasión por la tecnología era la característica más destacable.

Todos me miraron como si hubieran sido capaces de oír mis pensamientos. Tashi asintió con la cabeza como mostrándome su acuerdo.

—Sentíamos que la tecnología tenía una meta espiritual —dijo.

—¿Veis cómo fluyen juntas las tres generaciones? —prosiguió el padre de Tashi mirándonos a todos—. La generación de la Segunda Guerra Mundial luchó contra la tiranía y demostró que la democracia no sólo podía triunfar en el mundo moderno, sino que podía también extenderse e interconectar las economías particulares de todo el mundo.

»Entonces, en medio de la abundancia, llegó la generación del *baby boom* para decirnos que había toda una serie de problemas directamente vinculados con esta expansión, que estábamos contaminando el medio natural y perdiendo el contacto con la naturaleza y con la realidad espiritual.

»Y ahora, la siguiente generación se ha centrado de nuevo en la economía, remodelando la tecnología de modo que sirva para apoyar conscientemente nuestra capacidad mental y espiritual, siguiendo el modelo de Shambhala, e impidiendo que la tecnología caiga exclusivamente en manos de quienes la utilizarían para restringir la libertad y controlar a los demás.

—Pero esta nueva generación no es totalmente consciente de lo que hace —dije.

—No, no del todo —repuso—. Pero esta revelación y autoconciencia se expanden día a día. Debemos disponer un campo de plegaria grande y fuerte que los instruya en esta dirección. La nueva generación debe ayudarnos a unificar las religiones.

»Esto es muy importante, ya que siempre habrá controladores dispuestos a manipular a esta generación para que creen usos negativos de la tecnología o para sacar provecho de su alienación.

Mientras reflexionábamos, oímos de nuevo un lejano zumbido de helicópteros.

—La transición está dando comienzo —dijo el padre de Tashi mirando a su hijo—. Quedan muchos preparativos por hacer. Sólo quería transmitirte que la generación que tú representas debe ahora ayudarnos a seguir adelante.

»Tú, personalmente, tienes reservado cierto papel en difundir a las culturas exteriores el estilo de vida de Shambhala. Pero sólo tú puedes decidir qué debes hacer.

El muchacho desvió la mirada.

Su padre se levantó y le rodeó los hombros con el brazo durante unos segundos. Luego abrazó a Ani y se marchó.

Tashi le siguió con la mirada mientras salía por la puerta y se volvió solo a su habitación.

Acompañé a Ani fuera de casa, a un jardín con bancos para sentarse. Tenía un montón de preguntas por hacer.

—¿Dónde ha ido el padre de Tashi?

—Está preparándose para la transición —respondió ella mirándome—. Puede que no resulte fácil. Es posible que todos nos sintamos fuera de lugar durante un tiempo. Hay muchos que vuelven de los templos para ayudarnos.

Giré la cabeza a ambos lados.

—¿Qué piensa que sucederá?

—Nadie lo sabe. Las leyendas no son precisas al respecto. Lo único que sabemos es que va a producirse una transición.

La incertidumbre empezó a hacer disminuir de nuevo el nivel de mi energía, así que me senté en uno de los bancos.

Ani me siguió y se sentó a mi lado.

—Usted debe continuar hasta completar la Cuarta Extensión. Todo lo demás ya velará por sí mismo.

Asentí sin mucho convencimiento.

—Concéntrese en lo que ha aprendido aquí. Ha visto cómo debe evolucionar la tecnología, y ha empezado a ver ya el modo en que nuestra cultura se ha centrado en el proceso de la vida, el milagro del nacimiento y la evolución consciente. Ahora ya sabe que éste es el punto de vista que crea la mayor inspiración y la mayor alegría.

»La vida materialista de las culturas exteriores no se puede comparar con la de aquí. Somos seres espirituales y nuestras vidas deben girar en torno a la familia, el talento y la búsqueda de la misión individual. Y también sabe ahora el aspecto que tiene una cultura de tales características y los sentimientos que inspira.

»Las leyendas dicen que el hecho de saber con certeza cómo pueden evolucionar las culturas extiende el campo de plegaria de la persona y le confiere mayor poder. A partir de ahora podrá entrar en conexión con su interior, sentir cómo fluye al exterior su campo, y ver cómo éste actúa para aportar sincronicidad e instruir a los demás con una esperanza mayor, ya que sabe con certeza hacia dónde nos lleva a todos este proceso, siempre que permanezcamos fieles a él y desechemos el miedo y el odio.

Tenía razón. Todas las extensiones encajaban.

—Pero no lo he visto todo —dije.

Me miró a los ojos.

—No, debe continuar hasta comprender el resto de la Cuarta Extensión. Hay más cosas. Su campo de plegaria aún puede ser más poderoso.

En aquel momento volvimos a oír los helicópteros. Su sonido me llenó de ira. Parecían más cercanos. ¿Cómo era posible? ¿Cómo podían saber dónde estaba Shambhala?

—Malditos sean —dije, lo que produjo una expresión de horror en el rostro de Ani.

—Encierra usted mucha ira —dijo.

—Bueno, es difícil no encolerizarse cuando te das cuenta de lo que están haciendo los militares chinos.

—Pero esa ira es en usted un modelo de reacción. Estoy segura de que le habrán advertido sobre los efectos que comporta.

Pensé en todo lo que había tratado de explicarme Yin.

—Sí, me han advertido. Pero sigo tropezando en la misma piedra.

Podría asegurar que estaba realmente preocupada.

—Tiene que dominar ese problema —dijo—. Eso envía fuera de usted una plegaria negativa que le mantiene anclado donde está. Debe ignorar su ira. Tenga el problema en mente, recuerde que existe, sea consciente, pero al mismo tiempo disponga el campo de plegaria de que lo superará y que desechará ese viejo modelo de reacción.

Sabía que la línea por la que debía caminar era muy estrecha y que exigiría un trabajo consciente de mi parte.

—¿Qué debería hacer ahora? —pregunté.

—¿Qué cree usted?

—¿Ir a los templos?

—¿Es ésa su intuición?

Recordé una vez más mi sueño y por fin se lo conté. Abrió los ojos arqueando las cejas.

—¿Soñó que iba a los templos con Tashi? —preguntó.

—Pues... sí —repuse.

—Bien —dijo con seriedad—. ¿No cree que debería decírselo a él?

Me acerqué a la habitación de Tashi y llamé con los nudillos.

—Entre —dijo, y apareció una abertura.

Tashi estaba estirado en la cama. Se incorporó al instante y me señaló una silla invitándome a tomar asiento.

Permaneció un momento en silencio. Tenía un aspecto abrumado, como si cargara con un gran peso a sus espaldas. Por fin dijo:

—Aún no sé qué hacer.

—¿En qué piensas?

—No sé, estoy confundido. Sólo pienso en ir a las culturas exteriores. Mi madre dice que debo encontrar mi propio camino. Me gustaría que mi abuela estuviera aquí.

—¿Dónde está tu abuela?

—En los templos, no sé exactamente dónde.

Nos miramos durante largo rato y al final él añadió:

—Si al menos pudiera comprender el sueño que he tenido.

Me enderecé en la silla.

—¿De qué sueño hablas?

—De uno en el que estoy con un grupo de gente. No puedo ver sus rostros, pero sé que una de esas personas es mi hermana. —Hizo una breve pausa—. También veo un lugar en el que hay agua. No sé cómo, pero he llegado a las culturas exteriores.

—Yo también he tenido un sueño —le dije—. Tú estabas conmigo. Estábamos en uno de los templos... era azul... y allí encontrábamos a alguien.

Un esbozo de sonrisa cruzó por el rostro de Tashi.

—¿Qué pretende decirme? —me preguntó—. ¿Que debo ir a los templos y no a las culturas exteriores?

—No —dije—. No quiero decir eso. Tú me dijiste que aquí todos creen que es imposible llegar a las culturas exteriores a través de los templos. Pero ¿y si no lo fuera?

Se le iluminó el semblante.

—¿Quiere decir que podría ir a los templos y tratar de llegar desde allí a las culturas exteriores?

Me quedé mirándole sin decir nada.

—¿Por qué no? —dijo poniéndose de pie—. Tal vez haya sido llamado, después de todo.

9

LA ENERGÍA DEL MAL

Apenas salimos de la habitación, el sonido de los helicópteros en la lejanía se hizo más audible.

Ani entró en casa y sacó tres grandes mochilas de un arcón, que nos entregó junto con dos chaquetas. Reparé en que su confección parecía convencional, con tela y costuras. Iba a preguntarle la razón, pero nos condujo a toda prisa afuera, hacia el camino que partía a la izquierda de la casa.

Mientras caminábamos, escuché cómo Tashi le decía que había tomado la decisión de ir a los templos. El fragor de los helicópteros se oía cada vez más cerca y el cielo, hasta entonces azul, se había encapotado con una densa capa de nubes.

Le pregunté a Ani adónde nos dirigíamos.

—A las cuevas —contestó—. Necesitará un tiempo de preparación.

Descendimos por un camino pedregoso que discurría junto a una vertiente de pura roca y acababa en una planicie al otro lado de la misma. Cuando llegamos allí, Ani nos hizo señas para que nos protegiéramos en una estrecha torrentera, donde nos paramos a escuchar. Los helicópteros sobrevolaron en pequeños círculos la vertiente rocosa y luego optaron por seguir el mismo camino que habíamos recorrido nosotros, hasta que estuvieron justo por encima de nuestras cabezas.

Ani parecía aterrorizada.

—¿Qué sucede? —grité.

Sin contestar, Ani trepó por la pared de la torrentera y nos señaló con un gesto que la siguiéramos. Corrimos por la planicie más de medio kilómetro hasta alcanzar otra zona de colinas, donde nos detuvimos. Al igual que antes, los helicópteros volaron en círculo y siguieron nuestros pasos hasta colocarse justo encima de nosotros.

Nos sacudió una ráfaga de aire gélido que estuvo a punto de derribarme. Al mismo tiempo, desapareció de pronto toda la ropa que llevábamos puesta, salvo los gruesos anoraks.

—Me imaginé que esto pasaría —dijo Ani, que sacó más prendas de las mochilas. Yo conservaba aún las botas, pero las de Tashi y las de Ani habían desaparecido también. Sacó dos pares de botas de piel y ambos se las pusieron. Cuando estuvimos listos, comenzamos a subir por entre los peñascos de la ladera, hasta llegar a una plataforma. Empezaban a caer gruesos copos de nieve, al tiempo que descendía bruscamente la temperatura. Parecía que, por el momento, los helicópteros habían perdido la pista.

Contemplé el valle, otrora verde. La nieve lo había cubierto casi por entero y las plantas parecían agostarse ya por el frío.

—Es el efecto de la energía de los soldados —dijo Ani—. Está destruyendo nuestro campo medioambiental.

Miré hacia donde provenía el sonido de los helicópteros y sentí una nueva oleada de ira. Efectuaron al instante una maniobra de escoramiento y se dirigieron directamente hacia nosotros.

—Huyamos —gritó Ani.

Me arrimé a la pequeña fogata, aterido por el frío de la mañana. Tras caminar durante una hora más, habíamos pasado la noche en una pequeña cueva. A pesar de las varias capas de ropa interior aislante que llevaba, seguía congelándome. Tashi estaba acurrucado junto a mí y Ani miraba por la abertura de la entrada el gélido paisaje exterior. La nieve había continuado cayendo durante horas.

—Se han ido todos —dijo Ani—. Ahí fuera no hay nada más que hielo.

Me acerqué yo también a la entrada y miré por la abertura. Lo que hasta el día anterior había sido un frondoso valle con centenares de casas se había convertido en un paisaje nevado en el que sólo se distinguía el perfil irregular de las montañas. Los montones de nieve recordaban la existencia de árboles, pero no se apreciaba ningún resquicio de color. Las casas se habían desvanecido sin dejar rastro y el río que atravesaba el centro del valle estaba congelado.

—La temperatura debe de haber descendido sesenta grados —añadió Ani.

—¿Qué ha pasado? —pregunté.

—Los pensamientos de los chinos así como sus esperanzas implícitas de hallarse en un lugar de clima gélido contrarrestaron el campo que nosotros habíamos dispuesto para mantener una temperatura templada. En cualquier otro momento, la fuerza de los campos aportada por los que viven en los templos habría servido para mantener a los chinos alejados, pero ahora saben que ha llegado el momento de la transición.

—¿Cómo? ¿Les han dejado entrar a propósito?

—No había más remedio. Si se les ha permitido la entrada a usted y a las demás personas que nos han encontrado, no había forma de impedírselo a los soldados. Ustedes no son lo suficientemente fuertes como para desechar de sus mentes toda forma de pensamiento negativo. Y los chinos les han seguido hasta aquí.

—¿Quiere decir que ha sido por mi culpa? —dije.

—En realidad, sí. Pero es algo que forma parte de la dispersión.

Eso no me consoló. Volví junto al fuego y Ani me siguió. Tashi había preparado una sopa de verduras deshidratadas.

—Tiene que saber que no va a pasarles nada a los habitantes de Shambhala —dijo Ani—. Todo esto estaba previsto. Todos los que vivían aquí están bien. El número de personas que ha estado bajando de los templos era suficiente para que pudieran llevárselos a través de las ventanas espaciales a un nuevo lugar seguro. Las leyendas nos han preparado bien.

Señaló hacia el valle.

—Debe concentrarse en lo que está haciendo. Usted y Tashi tienen que llegar a los templos sin dejar que los militares les capturen. Deben dar a conocer todo lo que Shambhala ha estado haciendo por la humanidad.

Se detuvo al oír el apagado ruido de un helicóptero en la lejanía. El sonido se fue difuminando hasta desvanecerse por completo.

—Y usted tiene que ser mucho más cuidadoso —dijo Ani—. Yo creía que sabía cómo evitar la formación de imágenes negativas en su mente, sobre todo de pensamientos surgidos del odio o del desprecio.

Tenía razón, pero no conseguía comprender del todo la dinámica precisa.

Me miró con intensidad.

—Tarde o temprano tendrá que enfrentarse a ese modelo de reacción propio de la ira que sigue usted.

Iba a hacerle otra pregunta cuando, a través de la entrada de la cueva, vimos varias decenas de personas que descendían por una ladera helada a nuestra derecha.

Ani se puso de pie y miró a Tashi.

—No tenemos más tiempo —dijo Ani—. Debo irme. Tengo que ayudar a esas personas a encontrar una salida. Tu padre estará esperándome.

—¿No puedes venir con nosotros? —le preguntó Tashi acercándose a ella.

Vi que el muchacho tenía lágrimas en los ojos.

Ani le miró primero a él y luego a las personas que se veían por la abertura en la roca helada.

—No puedo —dijo dándole un abrazo—. Mi lugar está aquí, debo ayudar en la transición. Pero no te preocupes. Te encontraré dondequiera que estés.

Fue hasta la entrada de la cueva y se volvió hacia nosotros.

—Todo irá bien —dijo—. Pero tenga cuidado. No podrá mantener alta su energía si se deja dominar por la ira. No debe tener enemigos.

Hizo una pausa mientras me miraba y entonces dijo algo que había oído ya muchas veces durante aquel viaje.

—Y recuerde —me instruyó, sonriendo—, le están ayudando.

Tashi me sonrió por encima del hombro mientras nos abríamos paso a duras penas por entre la espesa capa de nieve. Hacía cada vez más frío y tenía que esforzarme por mantener la energía. Para llegar a la cadena montañosa que albergaba los templos, teníamos que descender la vertiente en que nos encontrábamos, cruzar el valle helado, ascender casi en línea recta y salvar otra montaña más. Habíamos hecho el camino de descenso sin dificultades durante casi medio kilómetro, pero ahora se abría ante nosotros lo que parecía el borde de un precipicio. Al llegar hasta él vimos que teníamos a nuestros pies un desnivel de casi quince metros.

Tashi se volvió hacia mí.

—Tendremos que bajar deslizándonos. No hay posibilidad de rodearlo.

—Es demasiado peligroso —protesté—. Puede haber rocas en la superficie de la nieve. Si nos tiramos podemos hacernos mucho daño. —Mi energía caía a plomo.

Tashi sonreía con nerviosismo.

—Está bien —dijo—, está bien tener miedo. Pero ahora concéntrese en la visualización de un resultado positivo. El miedo hará que acudan los dakini.

—Espera un momento —dije—. Nadie había mencionado eso antes. ¿Qué quieres decir?

—¿No ha sentido que hasta ahora alguien le ayudaba misteriosamente, de una forma inexplicable?

—Yin me dijo que Shambhala me ayudaba.

—¿Entonces?

—No comprendo dónde está la interrelación, por mucho que he intentado averiguar, que determina que los dakini vengan a ayudarnos.

—Eso sólo lo saben los que viven en los templos. Yo sólo sé que el miedo siempre hace que esos guardianes estén más cerca de nosotros, siempre que podamos mantener algún grado de fe. El odio les hace alejarse.

Tashi tiró de mí y caímos deslizándonos sin control sobre la nieve, escasamente apelmazada. Mi pie chocó contra una piedra y caí rodando. Sabía que si me golpeaba en la cabeza sería el final. Pero, intentando sobreponerme al miedo, conseguí mantener la visión de que acababa la caída sano y salvo.

Con este pensamiento presente, empecé a sentir una sensación de paz y bienestar. El terror remitió. Al cabo de unos instantes llegué al final de la pendiente y dejé de rodar. Tashi chocó contra mi espalda. Me quedé unos segundos tendido con los ojos cerrados. Los abrí despacio, mientras recordaba otras situaciones de peligro por las que había pasado y en las que me había invadido una inexplicable sensación de paz.

Tashi tiraba de mí para sacarme del banco de nieve. Le sonreí.

—¿Qué pasa? —me preguntó.

—Había alguien más aquí.

Tashi se incorporó y se sacudió la nieve de la ropa. Acto seguido empezó a caminar.

—¿Ve lo que pasa cuando es positivo? Por grande que sea la tensión pasajera que nos produce la ira, no puede compararse con este misterio.

Asentí con la cabeza, con la esperanza de no olvidar aquellas palabras.

Caminamos durante dos horas a través del fondo del valle, cruzamos el río y empezamos el ascenso gradual de la ladera que llevaba al pie de las escarpadas montañas. La tormenta de nieve comenzaba a arreciar.

Tashi se detuvo de pronto.

—Ahí delante he visto moverse algo —dijo.

Me esforcé por ver.

—¿Qué era?

—Me ha parecido una persona. Vamos.

Continuamos ascendiendo la ladera de la montaña, cuya cresta estaba a una distancia de poco más de medio kilómetro.

—Tiene que haber un paso por alguna parte —dijo Tashi—. No podemos exponernos a subir hasta lo alto.

Por delante de nosotros oímos ruido de deslizamientos de nieve y rocas. Tashi y yo nos miramos y continuamos avanzando lentamente a través de grandes afloramientos en el terreno. Al acabar de pasar el último vimos a un hombre que se debatía entre la nieve. Parecía exhausto. Llevaba una rodilla vendada con un pedazo de tela ensangrentado. No podía creer lo que veían mis ojos. Era Wil.

—Vamos —le dije a Tashi—. Conozco a ese hombre. —Me encaramé a las rocas y trepé por ellas.

Wil nos oyó y, a pesar de la pierna lastimada, giró precipitadamente dispuesto a salir corriendo por un estrecho paso entre las rocas.

—Soy yo —grité.

Wil se quedó un momento quieto y luego volvió a caer sobre la nieve. Llevaba una gruesa chaqueta de color blanco y unos pantalones termoaislantes.

—El tiempo se echa encima —me dijo sonriente—. Te esperaba antes.

Tashi llegó corriendo y le miró la pierna. Los presenté. Le expliqué a Wil lo más rápido que pude todo lo que me había pasado: el encuentro con Yin, la persecución de los chinos, las extensiones que había aprendido, el paso entre las montañas y la llegada a los anillos de Shambhala.

—No sabía cómo encontrarte —concluí señalando hacia el valle—. Ha quedado todo arruinado. Ha sido por efecto de los chinos.

—Lo sé —dijo Wil—. Yo también me he topado con ellos.

Wil nos contó también sus experiencias. Al igual que en mi caso, él también había extendido su campo de plegaria lo mejor que había podido y le había sido permitida la entrada a Shambhala. Había estado en otra zona de los anillos, donde una familia le había enseñado más cosas acerca de las leyendas.

—Es muy difícil acceder a los templos —dijo Wil—. Sobre todo ahora, con la llegada de los soldados chinos. Debemos asegurarnos de no enviar plegarias negativas.

—No sé si podré reprimirme —repuse.

Me miraba intensamente, con preocupación.

—Pero para eso estuviste con Yin. ¿No te dijo lo que podía suceder?

—Sé cómo desechar las imágenes generales de temor. Pero la rabia que me provocan los soldados chinos me hace incurrir en continuos errores.

Wil pareció alarmarse más aún. Iba a decir algo cuando oímos aproximarse el todavía lejano sonido de los helicópteros. Empezamos a ascender la montaña, rodeando las rocas y los profundos bancos de nieve. Todo parecía muy frágil e inestable. Continuamos el ascenso en silencio durante veinte minutos. El viento arreciaba y la nieve nos azotaba en el rostro.

Wil se detuvo y se dejó caer sobre una rodilla.

—Escuchad —dijo—. ¿Qué es eso?

—Los helicópteros otra vez —dije, luchando contra mi irritación.

Un helicóptero se abrió paso entre las nubes y empezó a descender hacia nosotros.

Cojeando ligeramente, Wil reanudó el ascenso por la helada ladera, pero yo me quedé parado un instante. Me había parecido oír un ruido que se superponía al fragor del helicóptero. Era como si viniera hacia nosotros un tren de mercancías.

—¡Mirad! —gritó Wil unos pasos por delante de mí—. ¡Un alud!

Intenté apartarme, pero era demasiado tarde. La avalancha de nieve me golpeó en el rostro con toda su furia y me tiró de espaldas pendiente abajo. Caí rodando y dando tumbos empujado por la nieve.

Tras unos segundos que me parecieron eternos, me detuve. Estaba aprisionado, con el cuerpo inmovilizado en una posición distorsionada bajo la nieve. Traté de respirar, pero no había aire. Comprendí que iba a morir.

Pero entonces alguien me agarró del brazo derecho, que me había quedado estirado, y noté que me desenterraba. Me di cuenta de que había más personas excavando a mi alrededor, hasta que al final me liberaron la cabeza. Jadeé en busca de aire y me limpié la nieve de los ojos, esperando ver a Wil.

Pero en su lugar me encontré con un grupo de diez o doce soldados chinos, uno de los cuales me agarraba todavía por el brazo. Tras ellos, caminando hacia mí, vi al coronel Chang. Sin hablar, hizo una señal a algunos de los soldados para que me llevaran hasta un helicóptero que se mantenía a pocos metros del suelo. Lanzaron desde el aparato una escalerilla de mano y algunos soldados subieron con presteza a bordo. Luego tiraron unas cuerdas con las que me sujetaron. El coronel dio una orden y me izaron a bordo, mientras él y los demás soldados se encaramaban por la escalerilla. En cuestión de segundos el aparato salió volando.

Me acerqué a mirar por el ojo de buey de la tienda de lona termoaislante en la que me encontraba. Desde mi posición, podía ver que fuera había como mínimo siete grandes tiendas y tres pequeños remolques portátiles que podían aerotransportarse con facilidad. Desde un rincón del recinto me llegaba el rumor sordo de un generador de gasolina, y en una zona delimitada a mi izquierda pude ver varios helicópteros posados en tierra. Había dejado de nevar, pero en el suelo se había acumulado un espesor de más de treinta centímetros de nieve.

Me esforcé por mirar a la derecha. Por la situación de la cadena montañosa que se veía al fondo, deduje que nos encontrábamos en el centro del valle. Soplaba un viento nocturno que azotaba la lona de la tienda por las costuras.

Al llegar me habían dado de comer, me habían permitido ducharme y me habían proporcionado monos y ropa interior termoaislante de fabricación china. Por lo menos no iba a pasar frío.

Me volví a mirar al guardián chino armado de la entrada. Sus ojos habían seguido cada uno de mis movimientos con una mirada fría e insensible que me helaba el alma. Cansado, fui a sentarme en uno de los dos camastros del ejército que había en un rincón. Traté de hacer una valoración de la situación, pero no pude pensar. Me sentía como entumecido, atenazado, me daba cuenta de que el miedo me impedía estar demasiado alerta. No podía entender por qué me sentía tan incapaz de hacer nada. Experimentaba un pánico que jamás había sentido.

Intenté respirar hondo y hacer acopio de energía, pero fue inútil. Las bombillas desnudas que colgaban del techo de la tienda llenaban la estancia de una luz mortecina y vacilante que proyectaba siniestras sombras por todo aquel espacio semivacío. Era incapaz de encontrar ninguna clase de belleza a mi alrededor.

Se abrió la puerta de lona de la tienda y el soldado se puso de pie, en guardia. Entró el coronel Chang, quien se desprendió de su gruesa chaqueta e hizo un gesto de asentimiento al guardián. Dirigió entonces sus ojos hacia mí, y yo desvié la mirada.

—Tenemos que hablar —dijo, arrastrando una silla plegable y sentándose a poco más de un metro de mí—. Quiero que me responda a unas preguntas. Ahora. —Se quedó unos segundos mirándome con frialdad—. ¿Para qué ha venido aquí?

Decidí contestar con toda la sinceridad que pudiera.

—Para estudiar las leyendas tibetanas. Ya se lo dije.

—Ha venido a buscar Shambhala.

Permanecí en silencio.

—¿Es eso? ¿Shambhala está en este valle?

El miedo se materializó en mi estómago. ¿Qué estaría dispuesto a hacerme si me negaba a contestar?

—¿No lo sabe usted? —pregunté.

Esbozó una leve sonrisa.

—Yo diría que usted y todos los demás que siguen esa secta ilegal piensan que esto es Shambhala. —Pareció pensar en otra cosa, como si acabara de recordar algo—. Hemos visto más personas por aquí. Pero han conseguido despistarnos entre la nieve. ¿Dónde están? ¿Dónde han ido?

—No lo sé —dije—. Ni siquiera sé dónde estamos.

Se inclinó hacia mí.

—Hemos encontrado también restos de plantas, restos recientes. ¿Cómo es posible? ¿Cómo han podido crecer aquí?

Me quedé mirándole sin decir nada.

Dibujó una fría sonrisa.

—¿Qué sabe realmente de las leyendas acerca de Shambhala?

—Sé poca cosa —balbuceé.

—Yo sé mucho. ¿Me cree? A estas alturas he tenido acceso ya a todos los escritos antiguos, y tengo que reconocer que son maravillosamente interesantes, como la mitología. Piénselo bien: una comunidad ideal formada por seres humanos instruidos que están mucho más avanzados mentalmente que cualquier otra cultura en este planeta.

»Y también sé todo lo demás, la idea de que esos individuos de Shambhala tienen algún tipo de poder para hacer el bien que contagian al resto de la humanidad, a la que impulsan en esa dirección. Fascinante, ¿no le parece? Creencias populares dignas de respeto... si no fueran tan engañosas y peligrosas para las gentes que viven en el Tíbet.

»¿No cree que si algo semejante fuera verdad ya lo habríamos descubierto? Dios, espíritu... todo eso son sueños infantiles. Considere por ejemplo las narraciones mitológicas tibetanas acerca de los dakini, esos seres angélicos que supuestamente pueden interactuar con nosotros, y hasta ayudarnos.

—¿En qué cree usted? —pregunté, tratando de diluir la cuestión.

Se señaló la cabeza

—Creo en el poder de la mente. Gracias a él usted puede hablar con nosotros, colaborar. Nos interesa en grado sumo la idea del poder psíquico, el rango superior de las ondas cerebrales y sus efectos a distancia sobre la electrónica y las personas. Pero no confunda eso con el espiritualismo. El poder de la mente es un fenómeno natural que puede investigarse y explicarse por medios científicos.

Acentuó sus palabras con un airado gesto de la mano, lo que generó una aguda punzada de pánico en mi estómago. Comprendía que aquel individuo era extremadamente peligroso y que carecía por completo de remordimientos.

Él seguía mirándome, pero algo atrajo mi atención en la zona de la pared de lona de la tienda situada tras él, directamente enfrente de la puerta junto a la que estaba sentado el guardián. La zona pareció de pronto iluminada con mayor intensidad. La bombilla que estaba justo encima vacilaba un poco, así que lo tomé por una sobretensión momentánea del generador.

El coronel se levantó y dio un paso hacia mí, con una expresión aún más furiosa.

—¿Cree usted que a mí me gusta venir a divertirme a este desierto de hielo? No me cabe en la cabeza que nadie pueda sobrevivir en este sitio. Pero no nos iremos. Vamos a seguir agrandando el campamento hasta que dispongamos de tropas suficientes para cubrir la zona entera con fuerzas de a pie. Quienquiera que esté aquí le encontraremos, y le trataremos con todo rigor.

Esbozó una media sonrisa forzada.

—Pero a quien sea amigo nuestro le recompensaremos con un trato equiparable. ¿Comprende?

En aquel momento me invadió una nueva oleada de temor, pero esta vez era diferente. Con el miedo se mezclaba un gran desdén. Empezaba a aborrecer de verdad todo el alcance de la maldad de aquel hombre.

Miré detrás de él la zona que me había parecido más iluminada, pero ahora estaba igual que el resto, llena de sombras. El resplandor había desaparecido y me sentí completamente solo.

—¿Por qué hacen todo esto? —pregunté—. El pueblo del Tíbet tiene derecho a conservar sus propias creencias religiosas. Están destruyendo su cultura. ¿Cómo pueden hacer una cosa así? —Podía sentir cómo la ira me hacía más fuerte.

Mi actitud de enfrentamiento pareció servir sólo para darle más energía.

—Vaya, tiene opiniones propias —sonrió con afectación—. Lástima que sean tan ingenuas. Le parece que lo que hacemos es algo inusual. Pues le diré que su gobierno desarrolla también sus propias formas de control de la población. Como por ejemplo chips que introducen en el cuerpo de los soldados o de posibles alborotadores.

»Y eso no es todo. —Había elevado el tono de voz de tal modo que casi gritaba—. En la actualidad sabemos que cuando una persona piensa, su cerebro irradia un modelo específico de ondas cerebrales. Todos los gobiernos trabajan en el desarrollo de artilugios capaces de identificar esas ondas cerebrales, sobre todo las relacionadas con la ira o con sentimientos antigubernamentales.

Me quedé petrificado. Estaba hablando del mismo uso corrupto de la amplificación de ondas cerebrales sobre el que me había prevenido Ani, aquel que había llevado a la ruina a algunas civilizaciones primitivas.

—¿Y sabe por qué esos que ustedes llaman gobiernos democráticos actúan de esa manera? —continuó—. Porque tienen miedo de la gente, mucho más aún que nosotros. Nuestros ciudadanos saben que la función del gobierno es gobernar. Saben que es necesario limitar ciertas libertades. Pero la gente de sus países creen que es factible elegir por uno mismo las opciones individuales. Pues bien, si esto pudo ser cierto en un pasado, ya no vale en un mundo altamente tecnificado en el que un arma que cabe en una maleta puede destruir una ciudad. Con esa libertad los seres humanos no sobrevivirían. La dirección que ha de tomar la sociedad, los valores, deben ser controlados y dirigidos para favorecer el bienestar colectivo. Por eso es tan peligrosa esa leyenda de Shambhala. Está basada en una autonomía individual absoluta.

Mientras hablaba me pareció que se abría la puerta detrás de mí, pero no me volví. Tenía la atención totalmente puesta en la actitud de aquel hombre. Ante mí veía proclamada a voz en grito lo peor de la tiranía moderna, y cuanto más hablaba él, más crecía mi aversión.

—Lo que usted no ve —dije—, es que los seres humanos pueden encontrar una motivación interna capaz de crear el bien en el mundo.

Soltó una risa cínica.

—¿No me dirá que cree lo que está diciendo? No hay nada en la historia que permita sugerir que la gente sea capaz de otra cosa que del mayor egoísmo y la codicia desmedida.

—Si tuviera usted una espiritualidad en la que creer, sería capaz de ver el bien. —Me daba cuenta de que yo también levantaba la voz, dejándome llevar por la ira.

—No —prorrumpió, casi en un grito—. Ése es el problema, la espiritualidad. Mientras exista la religión, no será posible la unidad entre las personas. ¿No lo comprende? Toda institución religiosa es como un control policial inflexible en el camino del progreso. Y todas están en guerra entre sí. Los cristianos emplean todo su tiempo y dinero en querer convertir a todos los demás a su doctrina de juicios morales. Los judíos prefieren permanecer aislados en su sueño de exclusividad como pueblo elegido. Los musulmanes creen que todo es cuestión de camaradería, poder colectivo y odio sagrado. Y los orientales somos los peores. Despreciamos el mundo real a cambio de una vida interior fantasiosa que nadie es capaz de entender. Con tanto caos y tanta metafísica, no es posible centrarse en el progreso, en aliviar el sufrimiento de los pobres, en conseguir que todos los niños tibetanos reciban educación.

»Pero no se preocupe —continuó—. Ya verá cómo solucionamos el problema. Y gracias a la ayuda que usted nos ha prestado. Desde el mismo momento en que Wilson James le visitó en América, hemos vigilado todos sus movimientos, y también los del grupo de holandeses. Sabía que usted vendría, que se inmiscuiría.

Debí poner cara de sorpresa.

—Oh, sí, lo sabemos todo de usted. Podemos operar en Estados Unidos con mucha mayor libertad de lo que usted cree. El ejército de su país puede controlar Internet. ¿Cree que nosotros no? Ni usted ni esa secta podrán burlarme nunca. ¿Cómo piensa que hemos podido seguirle con este tiempo? Gracias al poder de la mente. De mi mente. Percibí dónde podía estar usted. Incluso cuando nos perdimos en estos parajes salvajes. Sentía su presencia. Al principio podía seguir a su amigo Yin. Pero ahora puedo seguirle a usted.

»Y eso no es todo. Ni siquiera necesito ya utilizar el instinto para localizarle. Tengo un escáner de sus ondas cerebrales. —Señaló hacia la puerta—. En unos minutos, nuestros técnicos tendrán montado el nuevo equipo de control. Eso nos permitirá localizar a cualquier persona a la que hayamos escaneado.

En un primer momento no comprendí a qué se refería, pero entonces recordé la experiencia que había vivido en la casa china de Ali después de que me neutralizaran con gases. Y recordé el artefacto bajo el que me habían colocado los soldados chinos. Sentí que me invadía de nuevo una oleada de temor, que se transformó de inmediato en una rabia aún más profunda.

—¡Está loco! —grité.

—Sí, es verdad... para usted estoy loco. Pero yo soy el futuro. —Se cernía sobre mí con la cara enrojecida, como si fuera a explotar de rabia—. Siempre esa estúpida inocencia. Pero me lo dirá todo. ¿Comprende? ¡Todo!

Sabía que no me habría dado toda aquella información si tuviera pensado liberarme, pero en aquel momento no me importaba. Estaba hablando con un monstruo y sentía que me invadía una rabia insoportable. Estaba a punto de maldecirle una vez más cuando se oyó una voz procedente del otro extremo de la estancia.

—¡No! ¡Eso le debilita!

El coronel se volvió en redondo y fijó la mirada en el lugar desde el que había surgido la voz. Yo también miré hacia la puerta y vi que había aparecido otro guardián, junto al cual, reclinado sobre una pequeña mesa, estaba Yin. El guardián le dio un empujón y lo tiró al suelo.

Me levanté de un salto y corrí hacia él, mientras el coronel les decía algo en chino a los guardianes y luego salía de la tienda hecho una furia. Yin tenía la cara llena de cortes y magulladuras.

—Yin, ¿está bien? —le pregunté, ayudándole a subirse a un camastro.

—Sí, estoy bien —dijo, tirando de mí para que me sentara en el jergón a su lado—. Vinieron por nosotros en cuanto usted se marchó. —En sus ojos había una gran emoción—. Cuénteme lo que pasó. ¿Consiguió llegar a Shambhala?

Le miré y me llevé un dedo a los labios.

—Seguramente nos han puesto juntos para vigilar lo que decimos —susurré—. No le quepa duda de que deben haber instalado micrófonos. Será mejor que no hablemos.

—Tendremos que correr el riesgo —dijo Yin—. Arrimémonos al calentador, es muy ruidoso. Cuénteme lo que pasó.

Durante la media hora siguiente le conté todo lo que había visto en Shambhala.

Luego, bajando la voz más aún, le mencioné la existencia de los templos.

Abrió los ojos desmesuradamente.

—Entonces, ¿aún no ha descubierto la Cuarta Extensión al completo?

Moví los labios casi sin emitir sonido:

—Lo que falta está en los templos.

Acabé de contarle la travesía por la nieve con Tashi, el encuentro con Wil y lo que me había dicho Ani acerca de que tenía que conocer la labor que realizaban los habitantes de los templos.

—¿Y qué más le dijo? —preguntó Yin.

—Dijo que no debemos tener enemigos —repuse.

Yin hizo una mueca de dolor y añadió:

—Pero ahora mismo estaba usted incurriendo precisamente en eso con el coronel. Estaba utilizando su ira y su desprecio para sentirse fuerte. Son los mismos errores que cometí yo. Tiene suerte de que no le matara en el acto.

Me dejé caer de espaldas. Comprendí que había perdido el control de mis emociones.

—¿Recuerda que su esperanza negativa hizo que la pareja holandesa de la furgoneta se alejara de usted, perdiendo una importante sincronicidad? Configuró una esperanza de temor según la cual ellos podían ocasionarle algún daño. Ellos percibieron esa esperanza y probablemente sintieron que si se detenían, harían algo malo. Por eso se marcharon.

—Sí, lo recuerdo.

—Toda presunción o esperanza negativa que nos formamos con respecto a otro ser humano es una plegaria que sale de nosotros y actúa para crear esa realidad precisa en esa persona concreta. Recuerde que nuestras mentes están interconectadas, nuestros pensamientos y esperanzas salen de nosotros e influyen en los demás para que piensen del mismo modo que nosotros. Eso ha hecho con el coronel. Ha esperado de él que fuera malo.

—Un momento. Yo le veía simplemente tal como es él.

—¿De verdad? ¿Qué parte de él? ¿Su ego o su yo anímico superior?

Yin tenía razón. Todo aquello era algo que pensaba tener aprendido con la Décima Revelación, pero no estaba actuando en consecuencia.

—Ha sido capaz de seguirme todo el tiempo que he estado huyendo de él —dije—. Él afirma que lo ha hecho por medio de su mente y de su intuición.

—¿Pensaba usted en él? —preguntó Yin—. ¿Esperaba que él le siguiera?

—Por fuerza tiene que haber sido así.

—¿No lo recuerda? Eso mismo sucedió ya conmigo. Y ahora usted está repitiendo el mismo error. Su esperanza negativa creaba en la mente de Chang los pensamientos que le llevaban hasta usted. Usted esperaba que él le encontrara. Rezaba por ello, de hecho.

»¿No lo ve? —prosiguió Yin—. Hemos hablado de esto muchas veces. Nuestro campo de plegaria está actuando de forma constante en el mundo, enviando al exterior nuestras esperanzas. Cuando se trata de otra persona, el efecto es casi instantáneo. Por fortuna, como ya le he dicho en otras ocasiones, una plegaria negativa no es tan fuerte como una positiva, pues en el caso de la primera, el contacto con las energías del yo superior queda interrumpido de inmediato. Pero aun así tiene su efecto. Tal es el proceso oculto que se desarrolla detrás de su Regla de Oro.

Me quedé mirándole unos segundos sin comprender. Tardé un minuto en recordar a qué se refería: hablaba del precepto bíblico de actuar con los demás del mismo modo que uno desearía que los demás actuaran con él. No veía la relación y le pedí que me lo explicara.

—Tal como está formulada la regla —continuó Yin—, parece que haya que seguirla con el objetivo de crear una sociedad buena, ¿verdad? Como si fuera un dictamen ético. Pero, más allá del hecho de que sea una buena idea, lo cierto es que hay una verdadera razón espiritual, energética, kármica, para seguirla. Es importante mantener esta regla porque le afecta personalmente a uno.

Hizo una efectista pausa y añadió:

—Si buscásemos una expresión más completa de la regla, deberíamos decir: haz a los demás lo que quieras que los demás hagan contigo porque la manera en que les trates o en que pienses en ellos es exactamente como van a tratarte. La plegaria que envías junto con tu sentimiento o actuación tiende a obtener de los demás exactamente lo que tú esperas.

Asentí con la cabeza. La idea empezaba a calar en mí.

—En el caso del coronel, cuando usted concluye que él es malo, su energía de plegaria sale de usted y penetra en la energía de él, sumándose así a sus propias tendencias. De modo que él empieza a actuar de la forma que usted espera que actúe, con ira y crueldad. Precisamente porque no está conectado con una energía divina profunda, la energía de su ego es débil y maleable. Asume el papel que usted espera de él. Piense en cómo suelen funcionar las cosas en la cultura humana. El efecto que le he descrito es omnipresente. Recuerde que los seres humanos compartimos actitudes y estados de ánimo. Y que todo ello es muy contagioso. Cuando enjuiciamos a los demás y pensamos de alguien que es gordo, o flaco, que no ha sabido desarrollar su potencial, o que es feo, o que su aspecto deja mucho que desear, le estamos enviando nuestra energía de una forma real, y entonces empieza a forjarse una idea negativa de sí misma. Nos entregamos así a una dinámica a la que sólo cabe dar el nombre de energía del mal. Es un cúmulo de plegaria negativa.

—Pero entonces, ¿qué debemos hacer? —protesté—. ¿Es que no tenemos que ver las cosas como son?

—Por supuesto que debemos ver las cosas tal como son, pero una vez vistas, debemos modificar de inmediato nuestras esperanzas, debemos pasar de *lo que es* a *lo que podría ser*. En el caso del coronel, usted debería haberse dado cuenta de que aunque estuviera actuando de una forma vil, al margen de toda espiritualidad, su yo superior era capaz de ver la luz en un instante. Ésa es la esperanza que usted quiere mantener, porque de esta forma usted envía realmente su campo de plegaria para elevar la energía y la conciencia de él y orientarlas en esa dirección. Siempre debe volver a esa postura mental de partida, vea lo que vea.

Calló de repente, sonriendo, lo que me resultó extraño, dada la situación en que nos encontrábamos y los cortes y magulladuras de su rostro.

—¿Le han pegado? —le pregunté.

—No me hicieron nada que no les deseara yo a ellos —dijo, subrayando así lo que acababa de decir—. ¿Ve lo importante que es todo esto? —preguntó—. No puede seguir adelante con las extensiones mientras no haya comprendido este punto. El dejarse arrastrar por la ira siempre será una tentación. Uno se siente satisfecho. Hace que nuestro ego se crea más fuerte. Pero usted tiene que ser más inteligente. No podrá alcanzar los niveles más fuertes de energía creativa hasta que haya desechado todo género de plegaria negativa. Ya hay suficiente mal en el mundo sin necesidad de añadir más inconscientemente. Ésta es la gran verdad que encierra el código tibetano de la compasión.

Desvié la mirada, consciente de que todo lo que decía Yin era cierto. Me había dejado llevar de nuevo por el modelo de reacción de la ira. ¿Por qué incurría en ello una y otra vez?

Yin me miró a los ojos.

—La conclusión es ésta. Al corregir un modelo contraproducente en uno mismo, en nuestro caso la ira propia y la condena ajena, es primordial no crear una plegaria negativa sobre nuestras propias posibilidades. ¿Comprende lo que quiero decir? Al hacer comentarios derrotistas tales como «no puedo superar este problema», o «nunca podré cambiar», estamos rezando por quedarnos igual. Debemos mantener la visión de que encontramos una energía superior y superamos nuestros modelos negativos de comportamiento. Debemos instruirnos a nosotros mismos con nuestra propia energía de plegaria.

Se inclinó hacia atrás en el jergón.

—Yo mismo debo aprender esta lección. Nunca había podido comprender la actitud de compasión que mostraba el lama Rigden hacia el gobierno chino. Estaban destruyendo nuestro país y yo quería derrotarles. Nunca había estado lo bastante cerca de ninguno de los soldados para mirarle a los ojos, para verle como una persona atrapada en un sistema tiránico.

»Pero al final aprendí a no añadir más negatividad a la energía del mal con mis presunciones. Por fin pude mantener una visión superior para ellos y para mí mismo. Y estoy convencido de que también usted lo aprenderá.

Me desperté con los primeros ruidos del campamento. Alguien estaba amontonando bidones o barriles, que producían un golpeteo metálico al entrechocar. Me levanté con ímpetu, me vestí y miré hacia la puerta. Dos nuevos soldados habían relevado en la guardia a los anteriores. Me miraban con ojos soñolientos. Fui hasta el ventanuco y miré al exterior. El día era gris y el cielo estaba cubierto. Soplaba un fuerte viento. Había movimiento en una de las otras tiendas, cuya puerta se abrió. Era el coronel que salía y se dirigía hacia la nuestra.

Me volví hacia el camastro de Yin y vi que se estaba

despertando. Tenía la cara inflamada y entrecerraba los ojos con esfuerzo para mirarme.

—El coronel viene hacia aquí —le dije.

—Haré lo que pueda por ayudar —repuso él—. Pero usted tendrá que mantener un campo de plegaria diferente con respecto a él. Es su única posibilidad.

La puerta de lona se abrió y los soldados se pusieron de pie. El coronel entró y les hizo una señal para que esperaran afuera. Miró a Yin un instante antes de dirigirse hacia mí. Realicé respiraciones profundas e intenté extender mi campo todo lo que pude. Visualicé que la energía fluía de mí y me concentré en verle no como un torturador, sino sólo como un alma llena de temor.

—Quiero saber dónde están esos templos —dijo con voz grave y siniestra, mientras se quitaba el abrigo.

—La única forma en que podría verlos es si su energía fuera lo suficientemente elevada —repuse, expresando en voz alta lo primero que me vino a la cabeza.

Pareció como si le hubiera pillado desprevenido.

—¿De qué está hablando?

—Dijo usted que creía en el poder de la mente. ¿No podría formar parte de ese poder el elevar su nivel de energía?

—¿Qué energía?

—Dijo que las ondas cerebrales existen y que podían manipularse por medio de una máquina. ¿No podrían manipularse también a nivel interno de cada persona por medio de la intención y hacernos más fuertes, elevando el nivel de energía?

—¿Cómo es eso posible? —dijo—. La ciencia jamás ha descubierto nada semejante.

No podía creerlo, parecía abrir su mente. Me concentré en la expresión de su rostro, que parecía considerar sinceramente lo que le estaba diciendo.

—Pero en cambio es posible —continué—. Las ondas cerebrales, o quizá otro tipo de ondas diferentes que van más lejos, pueden incrementarse hasta el punto que podemos influir en lo que sucede.

Aquello pareció interesarle.

—¿Me está diciendo que usted sabe cómo utilizar las ondas cerebrales para hacer que sucedan cosas?

Mientras hablaba, volví a ver una zona iluminada en la pared de la tienda a sus espaldas.

—Sí —continué—. Pero sólo las cosas que hacen que nuestras vidas puedan ir en la dirección para la que están destinadas. Si no es así, la energía acaba cayendo de golpe.

—¿Destinadas? —preguntó entornando los ojos.

La zona de la tienda situada tras él seguía más iluminada que el resto y no podía evitar mirar hacia allí. Se volvió a mirar él también.

—¿Qué está mirando? —preguntó—. Explíqueme qué quiere decir con eso de «la dirección para la que están destinadas». Yo me considero un ser libre. Llevo mi vida en la dirección que yo quiero.

—Sí, por supuesto, eso es verdad. Pero hay una dirección que parece la mejor, es más inspirada, y nos produce una satisfacción mayor, ¿no le parece? —Era increíble la luminosidad que estaba adquiriendo la zona de detrás del coronel, pero ya no me atrevía a mirar directamente hacia ella.

—No sé de qué me está hablando —dijo.

Parecía confundido, pero me seguí concentrando en la parte de su expresión que estaba escuchando.

—Somos libres —dije—. Pero también pertenecemos a un designio superior con el que podemos conectar. Nuestro ser verdadero es mucho mayor de lo que pensamos.

Me miraba fijamente. En algún lugar muy profundo de su conciencia parecía comprender.

Nos interrumpieron los golpes de los guardias en la parte exterior de la lona de la entrada. Advertí entonces que el fuerte viento se había convertido en un auténtico vendaval. Se oía el ruido de objetos volcados y arrastrados por todo el campamento.

Uno de los guardianes apartó la lona de la entrada y se puso a gritar en chino. El coronel corrió hacia él. A través de la abertura de la entrada vimos lonas de tiendas volando por todas partes. El coronel se volvió y nos miró a Yin y a mí. En aquel momento, una tremenda ráfaga de viento golpeó y rasgó el lateral izquierdo de nuestra tienda y lo arrancó de sus fijaciones, cayendo sobre el coronel y los guardianes, que rodaron por el suelo y quedaron cubiertos por la lona.

El viento y la nieve entraron de sopetón por la tela rasgada y nos azotaron a Yin y a mí.

—Yin —grité—. Los dakini.

Yin se puso de pie con esfuerzo.

—¡Es su oportunidad! —dijo—. Corra.

—Vamos —dije yo, cogiéndole por el brazo—. Podemos ir juntos.

Me apartó con determinación.

—No puedo. Lo único que haría sería entorpecerle.

—Podemos conseguirlo —supliqué.

Yin gritó para imponerse al soplido del viento:

—Aquí ya he hecho lo que tenía que hacer. Ahora le toca a usted actuar. Todavía nos falta por saber el resto de la Cuarta Extensión.

Asentí y le di un rápido abrazo. Luego cogí el grueso abrigo del coronel y salí corriendo en medio de la tormenta a través del desgarrón de la tienda.

10

Reconocimiento de la luz

Tras recorrer poco más de treinta metros me volví a mirar hacia el campamento. Se oía por todo el recinto el estrépito de los objetos derribados por el viento y un vocerío de gritos.

Ante mí se extendía un uniforme manto blanco. Me puse a caminar con esfuerzo hacia las montañas donde me habían prendido, cuando oí los gritos del coronel.

—Le encontraré —gritaba con furia por encima del viento—. No logrará escapar.

Seguí caminando todo lo aprisa que me permitía la espesura de la nieve. Tardé quince minutos en recorrer un centenar de metros. Por fortuna el viento soplaba todavía con inclemencia, por lo que los chinos tardarían en poder hacer despegar los helicópteros.

Oí un sonido apagado. Al principio pensé que sería el viento, pero poco a poco se hizo más audible. Me agaché. Alguien me llamaba. Al final pude ver a una persona caminando entre la ventisca. Era Wil.

Le di un abrazo.

—Dios mío, ¡qué alegría! ¿Cómo me has encontrado?

—Seguí la dirección en que se alejó el helicóptero —dijo— y caminé hasta que encontré el campamento. He pasado la noche aquí. De no ser por el fogón de gas, me habría congelado. He estado tratando de idear un plan para sacarte de ahí, pero la tormenta ha resuelto el problema. Vamos, tenemos que hacer un nuevo intento para llegar a los templos.

Vacilé unos instantes.

—¿Qué ocurre? —preguntó Wil.

—Tienen a Yin —repuse—. Está herido.

Wil se quedó pensativo mientras ambos mirábamos hacia el campamento.

—Organizarán una expedición de búsqueda —dijo—. No podemos regresar. Tendremos que intentar ayudarle más tarde. Si no encontramos los templos antes de que lo haga el coronel, puede que lo perdamos todo.

—¿Qué le ha pasado a Tashi? —pregunté.

—La avalancha de nieve nos separó —replicó Wil—, pero luego le vi subir por la montaña.

Caminamos durante más de dos horas. Fue extraño comprobar cómo una vez abandonamos los alrededores del campamento chino el viento comenzó a amainar, aunque seguía nevando copiosamente. Durante la marcha le conté a Wil todo lo que Yin me había dicho en la tienda y lo sucedido con el coronel.

Finalmente llegamos a la zona en que se había producido el alud. La sobrepasamos y un buen trecho más adelante giramos hacia el oeste para seguir el contorno de la ladera.

Wil abría la marcha y continuamos ascendiendo en silencio durante un par de horas más. Se detuvo por fin para descansar detrás de un enorme banco de nieve.

Intercambiamos una mirada mientras ambos tratábamos de recuperar la respiración regular. Wil sonrió y me preguntó:

—¿Comprendes ahora lo que te decía Yin?

Permanecí callado unos segundos. Aun después de

haberlo comprobado con el coronel, me parecía todavía difícil de creer.

—Me empeñaba en mantener una plegaria negativa —dije por fin—. Por eso el coronel era capaz de seguirme.

—No podemos seguir adelante hasta que ambos hayamos desechado tal actitud —dijo Wil—. Nuestra energía debe mantenerse en un nivel elevado y consistente si queremos avanzar en lo que queda de la Cuarta Extensión. Tenemos que andar con sumo cuidado para no visualizar la maldad de aquellos que actúan desde el miedo. Debemos verlos de forma realista y tomar nuestras precauciones, pero si nos recreamos en su comportamiento o mantenemos imágenes negativas ello les envía energía que fomenta su temor y puede suscitarles la idea real de hacer eso mismo que esperamos de ellos, sea lo que sea. Visualizar los acontecimientos no deseados actúa como una plegaria que tiende a generarlos.

Moví la cabeza en señal de negación, pues me daba cuenta de que seguía resistiéndome a aceptar aquella idea. Si lo que decía era cierto, debíamos vigilar con atención los pensamientos de los demás. Cuando expresé esta objeción, Wil se rió.

—Desde luego que debemos estar pendientes de los pensamientos de los demás. Hemos de hacerlo para no pasar por alto ninguna intuición. Además, lo único que se precisa es volver a un estado de alerta consciente y visualizar siempre cómo aumenta la conciencia de los demás. Las leyendas son muy claras al respecto. Para extender nuestra energía de plegaria y hacerla más poderosa, no debemos permitirnos jamás utilizarla de una manera negativa. No podemos seguir adelante mientras no hayamos resuelto del todo este problema.

—¿Cuántas leyendas te han explicado? —pregunté.

Ante mi pregunta, Wil explicó su experiencia en el transcurso de aquella aventura con mucho mayor detalle de lo que había hecho hasta entonces.

—Por aquel tiempo en que me presenté en tu casa —comenzó—, me sentía muy extrañado por el bajo nivel al que había caído mi energía con respecto a la época en que habíamos investigado la Décima Revelación. Empezaron a acudir a mi mente pensamientos relativos al Tíbet, hasta que fui allí y un buen día me encontré en el monasterio del lama Rigden, donde conocí a Yin y oí hablar de los sueños. No los entendí todos, pero yo también había tenido sueños similares. Sabía que tú, de una manera u otra, tomabas parte en todo esto y tenías una misión que cumplir aquí. Entonces empecé a estudiar con detalle las leyendas y a aprender las extensiones de la plegaria. Lo preparé todo para encontrarnos en Katmandú, pero descubrí que los chinos me seguían y le pedí a Yin que fuera en mi lugar. Tenía que confiar en que al final acabaríamos por encontrarnos.

Wil hizo una pausa, buscó una camiseta interior en la mochila y se puso a cambiarse el vendaje de la rodilla. Contemplé la extensión infinita de blancas montañas que teníamos detrás. Las nubes se abrieron por un instante y el sol de la mañana creó un efecto de claroscuro, iluminando los riscos más elevados y llenando los valles de profundas sombras. La visión despertó en mí un sentimiento de admiración y por algún extraño motivo me sentí como en casa, como si una parte de mí hubiera comprendido por fin aquella tierra.

Cuando me volví hacia Wil, vi que él me miraba fijamente.

—Tal vez —dijo— deberíamos ir más allá de lo que dicen las leyendas sobre el campo de plegaria. Debemos llegar a comprender cómo se ensambla todo ello, dónde reside la unidad.

Asentí con la cabeza.

—Todo comienza —continuó— con la certidumbre de que nuestra energía de plegaria es real, de que fluye fuera de nosotros y afecta al mundo.

»Comprendido esto podemos darnos cuenta de que este campo, este efecto que tenemos sobre el mundo, puede expandirse, pero debemos comenzar por la Primera Extensión. Primero debemos mejorar la calidad de la energía que recibimos físicamente. Los alimentos pesados o muy elaborados generan sólidos ácidos en nuestras estructuras moleculares, que hacen descender nuestra vibración y acaban por causar enfermedades. Los alimentos vivos tienen un efecto alcalino y fortalecen nuestra vibración.

»Cuanto más pura es nuestra vibración, más fácil nos resulta conectar con las energías más sutiles disponibles en nuestro interior. Las leyendas dicen que aprenderemos a respirar de una forma continuada a este nivel superior de energía utilizando como medida nuestra percepción aumentada de la belleza. Cuanto más elevado es nuestro nivel de energía, más belleza vemos. Podemos aprender a visualizar que este nivel superior de energía fluye de nosotros hacia el mundo, y para saber que ello está sucediendo podemos tomar como medida el estado emocional del amor.

»Así pues, nos conectamos con nuestro interior de la forma que aprendimos en Perú. Sólo que ahora sabemos que, al visualizar que la energía es un campo que fluye de nosotros y nos precede allí donde vamos, podemos mantenernos más fuertes de una manera continuada.

»La Segunda Extensión comienza cuando disponemos este campo de plegaria extendido para reforzar el flujo sincronístico de nuestras vidas. Esto lo conseguimos permaneciendo en un consciente estado de alerta y esperanza con respecto a la próxima intuición o coincidencia que vaya a hacer avanzar nuestras vidas. Esta esperanza envía nuestra energía más lejos aún y la hace más fuerte al emparejar nuestras intenciones con el proceso intencional de crecimiento y evolución que está estructurado en el propio universo.

»La Tercera Extensión implica otra esperanza: la de que nuestro campo de plegaria sale de nosotros y eleva el nivel de energía en los demás, mostrándoles su propia conexión con lo divino que hay en su interior y exponiéndoles la intuición de su propio ser superior. Esto, por supuesto, incrementa la probabilidad de que ellos nos proporcionen a su vez información intuitiva que pueda reforzar más aún nuestro propio nivel de sincronicidad. Es ni más ni menos que la ética interpersonal que aprendimos en Perú, sólo que ahora sabemos cómo utilizar el campo de plegaria para fortalecerla.

»La Cuarta Extensión comienza cuando aprendemos la importancia de afianzar y mantener el flujo de nuestra energía hacia el exterior, aun cuando nos vemos sometidos a situaciones que nos producen miedo o ira. Esto lo conseguimos conservando en todo momento una postura de desapego con respecto a los hechos que suceden. Debemos buscar siempre un pensamiento positivo y esperar que el proceso mismo resuelva la situación, sin importar lo que esté sucediendo. Esta actitud mental nos ayuda a mantener la atención en el flujo vital y evita que nos recreemos en imágenes negativas sobre lo que podría suceder si fracasamos.

»Cuando descubrimos nuestra mente una imagen negativa, debemos considerar si se trata de una advertencia intuitiva, y, en tal caso, emprender las acciones apropiadas. Pero debemos volver siempre a la expectativa de que surgirá una sincronicidad superior que nos guiará para superar el problema. Así afianzamos nuestro campo, nuestro flujo de energía, con una esperanza poderosa a la que siempre se le ha dado el nombre de fe.

»En resumen, la primera parte de la Cuarta Extensión versa acerca de mantener nuestra energía fuerte en todo momento. Una vez conseguido esto, podemos avanzar y extender nuestra energía aún más.

»El siguiente paso de la Cuarta Extensión empieza cuando esperamos de una forma completa que el mundo humano progrese hacia el ideal expresado en la Décima Revelación y realizado en Shambhala. Enviar al exterior la energía propia con mayor fuerza y proyección precisa de un convencimiento auténtico. Por eso es tan importante comprender Shambhala. Saber que Shambhala lo ha realizado aumenta nuestra esperanza de que el resto de la cultura humana también puede hacerlo. Por todas partes vemos cómo los seres humanos pueden dominar la tecnología y ponerla al servicio de nuestro desarrollo espiritual, para luego centrarse en el proceso de la vida mismo, la verdadera razón por la que estamos en este planeta: crear en la Tierra una cultura consciente de nuestro papel en la evolución espiritual y enseñar este descubrimiento a nuestros hijos.

Se detuvo unos segundos y se quedó mirándome.

—Ahora viene la parte más difícil —dijo—. Para lograr una mayor expansión, debemos hacer algo más que conformarnos con adoptar una actitud positiva en general y evitar esas imágenes de acontecimientos negativos. Debemos también suprimir de nuestras mentes todos los pensamientos negativos relacionados con otras personas. Como acabas de comprobar por ti mismo, si nuestro miedo llega a convertirse en ira e incurrimos en el error de pensar lo peor de los demás, sale de nosotros una plegaria negativa que tiende a crear en ellos la conducta exacta que habíamos esperado. Éste es el motivo por el que los profesores que esperan grandes cosas de sus alumnos suelen tener éxito, mientras que aquellos con expectativas negativas obtienen malos resultados.

»La mayoría de las personas creen que no es correcto decir cosas negativas de los demás, pero que está bien pensarlas. Nosotros ahora sabemos que eso tampoco es correcto. Los pensamientos cuentan.

Mientras Wil decía aquello, pensé en el reciente aumento de casos en Estados Unidos de alumnos que habían disparado contra profesores y compañeros de colegio. Se lo comenté a Wil.

—En todas partes vemos que los jóvenes de hoy día tienen mucho más poder que nunca —dijo—, por lo que los profesores no pueden ignorar por más tiempo esas típicas pandillas que siempre ha habido en las escuelas y los actos vejatorios que cometen. Los alumnos que sufren humillaciones o burlas por parte de sus compañeros, o que sirven de chivo expiatorio de los demás, se ven afectados más que nunca por esta plegaria negativa. Y ahora han empezado a vengarse de forma brutal e inesperada.

»Pero esto no sucede sólo con los jóvenes, sino con todo el ámbito de la cultura humana. Sólo si comprendemos el efecto de los campos de plegaria podremos entender lo que está sucediendo. Todos nosotros somos cada vez más poderosos, por lo que si no somos totalmente conscientes de nuestras esperanzas podemos causar sin pretenderlo un gran daño a los demás.

Wil guardó silencio de pronto y arqueó las cejas.

—Esto nos trae al punto en que nos encontramos ahora, me parece.

Asentí con la cabeza, mientras pensaba en lo mucho que le había echado de menos.

—¿Hacia dónde dicen las leyendas que debemos continuar? —pregunté.

—Al tema que a mí más me interesa —repuso—. Las leyendas dicen que no podemos seguir expandiendo nuestros campos en tanto no reconozcamos del todo la presencia de los dakini.

Le expliqué enseguida las numerosas experiencias que había tenido con extrañas figuras de apariencia humana y con zonas iluminadas desde mi llegada al Tíbet.

—Ya tuviste experiencias similares antes de venir al Tíbet —dijo Wil.

Tenía razón. Cuando buscábamos la Décima Revelación, hubo momentos en que me pareció que surgían extraños haces de luz que me ayudaban.

—Es verdad —dije—, cuando estuvimos en los Apalaches.

—Y también en Perú —añadió él—. Me contaste una vez que te encontraste ante un cruce de carreteras y no sabías qué dirección tomar —dijo—. Una de las carreteras te pareció más iluminada que las demás, más vívida, y optaste por seguirla.

—Sí —dije, recordando el suceso con claridad—. ¿Crees que fue un dakini?

Wil se había puesto de pie y estaba colocándose la mochila a la espalda.

—Sí —dijo—. Son las luminiscencias que vemos y que nos guían en nuestro camino.

Me quedé mudo de asombro. Eso quería decir que cada vez que percibimos un objeto luminoso o un camino que parece más vívido y atractivo, o un libro que parece sobresalir del estante y que nos llama la atención... es obra de esos seres.

—¿Qué más dicen las leyendas sobre los dakini? —pregunté.

—Que son los mismos en todas las culturas, en todas las religiones, sea cual sea el nombre que se les dé.

Le miré con extrañeza.

—No importa cómo los llamemos —continuó Wil—, sean ángeles o dakini, el caso es que se trata de los mismos seres... y ellos cumplen su labor de la misma manera

Quería hacerle más preguntas, pero Wil caminaba ya deprisa ladera arriba, rodeando las zonas en que la nieve era más espesa. Le seguí mientras ordenaba mis ideas. No quería dejar morir la conversación.

Al cabo de unos metros Wil se volvió hacia mí.

—Las leyendas dicen que esos seres vienen ayudando a los humanos desde el principio de los tiempos, y que hay referencias a ellos en la literatura mística de todas las religiones. De acuerdo con las leyendas, cada uno de nosotros irá percibiéndolos cada vez con mayor facilidad. Si de verdad somos capaces de reconocer su presencia, los dakini se darán a conocer por sí mismos.

El modo en que había pronunciado la palabra «reconocer» me hizo pensar que le otorgaba una significación especial.

—Pero ¿cómo podemos hacerlo? —pregunté mientras me encaramaba a una roca que bloqueaba el paso.

Wil esperó a que llegara a su altura y contestó:

—Según las leyendas, tenemos que reconocer de verdad que están ahí. Esto es algo muy difícil para nuestras mentes modernas. Una cosa es pensar en ellos como un tema fascinante de conversación. Pero otra muy distinta, esperar que sean algo perceptible en nuestras vidas.

—¿Y qué debemos hacer?

—Estar alerta a cualquier franja de luminosidad.

—Entonces, si mantenemos nuestra energía elevada

y reconocemos su presencia —dije—, ¿podremos ver mejor las luminosidades?

—Exacto —dijo él—. Lo más difícil es descubrir los cambios más sutiles en la luz que nos rodea. Pero si nos entrenamos, seremos capaces de detectarlos mejor.

Pensé en todo cuanto decía y me pareció comprenderlo, pero tenía una pregunta más.

—¿Qué me dices de los casos en que los dakini o ángeles intervienen de forma directa en nuestras vidas sin que hayamos estado esperándoles ni reconociendo su presencia? Eso me ha sucedido a mí.

Le conté a Wil la aparición de la alta figura cuando Yin me echó del jeep, al norte de Ali, y cuando encontré la fogata en el monasterio en ruinas, antes de llegar a Shambhala.

Wil asentía con la cabeza.

—Parece que tu ángel de la guarda se ha mostrado por sí mismo. Las leyendas dicen que todos tenemos uno.

Me detuve un instante, mirándole.

—Entonces los mitos son ciertos —dije por fin—. Cada uno de nosotros tiene un ángel de la guarda.

Nunca hasta entonces había visto tan claro la realidad de esos seres.

—Pero ¿por qué unas veces nos ayudan y otras no? —pregunté.

Wil arqueó las cejas.

—Ése es el secreto que hemos venido a descubrir —dijo.

Estábamos llegando a la cima de la montaña. A nuestras espaldas el sol se asomaba a través de la espesa capa de nubes y parecía que la temperatura se atemperaba un poco.

—Me dijeron que los templos están al otro lado de la cresta —dijo Wil, deteniéndose a escasos metros de la misma.

Se volvió para mirarme.

—Es posible que a partir de ahora venga lo más difícil.

Sus palabras sonaron como un mal presagio.

—¿Por qué? —pregunté—. ¿A qué te refieres?

—Tenemos que unir todas las extensiones y mantener nuestra energía todo lo fuerte posible. Las leyendas dicen que sólo podremos ver los templos si somos capaces de mantener la energía lo suficientemente elevada.

En aquel preciso instante oímos a lo lejos el rumor de los helicópteros.

—Y no olvides lo que acabas de aprender —dijo Wil—. Si te pones a pensar en la maldad de los militares chinos, si sientes ira o desprecio, desplazarás de inmediato tu atención hacia el alma de cada uno de los soldados que pueden aparecer. Visualiza cómo tu energía fluye de ti y penetra en sus campos, y les induce a entablar conexión con la luz en su interior, para que descubran así sus intuiciones más altas. De lo contrario enviarás una plegaria que les dará más energía para ser malos.

Asentí y bajé la mirada. Estaba dispuesto a mantener un campo positivo.

—Y ahora da un paso más, reconoce la presencia de los dakini y espera las luminosidades.

Miré la cumbre de la montaña que teníamos delante, Wil asintió y reemprendió la marcha. Al coronar la cresta, sólo vimos al otro lado una sucesión de valles y cimas cubiertas de nieve. Escrutamos el paisaje con detenimiento.

—Por ahí —prorrumpió Wil señalando a nuestra izquierda.

Miré con atención. En el vértice de la cresta había algo que parecía titilar ligeramente. Cuando traté de concretar la visión en aquel punto, vi que aquella zona parecía más luminosa.

—Vamos —dijo Wil.

Me tiró del brazo y nos abrimos paso entre la profunda capa de nieve hacia el lugar que acabábamos de divisar. A medida que nos acercábamos parecía aún más brillante. Por detrás se veía una serie de enormes picos rocosos que desde lejos parecían alineados uno inmediatamente junto a otro. Pero, al inspeccionarlos más de cerca, descubrimos que uno estaba más separado del resto y dejaba espacio para un estrecho paso que se escoraba a la izquierda y descendía por la ladera de la montaña. Al llegar a este paso vimos unos escalones de piedra tallados en la roca por los que se podía bajar, que aparecían más luminosos que su entorno. Estaban además limpios de nieve.

—Los dakini nos señalan por dónde debemos seguir —dijo Wil, tirando todavía de mí.

Atravesamos la estrecha abertura entre los picos e iniciamos el descenso. A ambos lados del camino escalonado se elevaban sendas paredes de roca desnuda de ocho o nueve metros de altura que nos tapaban la luz. Continuamos bajando los escalones durante más de una hora, hasta que por fin la abertura entre la roca se hizo más amplia sobre nuestras cabezas.

Unos metros más adelante el terreno se nivelaba y no había más escalones. Nos encontramos ante un precipicio que se prolongaba hacia la pared rocosa a nuestra izquierda.

—Por aquí —señaló Wil.

A unos doscientos metros apareció un viejo monasterio totalmente en ruinas, como si tuviera miles de años de antigüedad. Mientras nos dirigíamos hacia él la temperatura se templó más aún y de las rocas empezó a desprenderse una densa bruma que se extendía a ras de suelo. Frente al monasterio, el precipicio se hacía más ancho hasta formar una gran concavidad abierta en la pared de la montaña. Al llegar a las ruinas, caminamos con cuidado entre las paredes derruidas y las enormes piedras diseminadas por el terreno hasta que salimos por el lado opuesto.

Al acabar de cruzar el monasterio nos quedamos petrificados. El terreno rocoso por el que caminábamos se había convertido en una superficie lisa de losas planas, de un claro color ambarino, regularmente dispuestas a nuestros pies. Delante de nosotros se erigía un templo intacto, de unos quince metros de alto y el doble de ancho. Era de un color pardo de tonalidades herrumbrosas, con vetas grises en las junturas de las piedras encajadas que formaban sus paredes. En la fachada principal había dos ciclópeas puertas, de cinco o seis metros de altura.

Vi algo que se movía entre la densa bruma que rodeaba el templo. Miré a Wil y éste asintió con la cabeza, indicándome que le siguiera. Nos acercamos a unos veinte metros de la edificación.

—¿Qué ha sido eso que se ha movido? —pregunté.

Wil hizo un gesto con la cabeza en dirección a la zona que teníamos delante. A menos de tres metros de nosotros había aparecido una forma imprecisa.

Me esforcé por fijar la imagen y al fin pude detectar el frágil contorno de una figura humana.

—Debe de ser uno de los adeptos que habitan en los templos —dijo Wil—. Esa persona vibra a un nivel más alto que nosotros. Por eso sólo podemos ver una silueta borrosa.

Mientras mirábamos, la figura se dirigió hacia la

puerta del templo y desapareció. Wil se encaminó hacia la entrada y le seguí. Parecía labrada en algún tipo de piedra, pero cuando Wil tiró de ella por el pomo de roca, se abrió deslizándose como si no pesara nada.

En el interior había una amplia sala circular, que descendía en forma de terrazas escalonadas hasta un espacio central semejante a un escenario. Mientras contemplaba la estructura, aprecié otra figura a medio camino del escenario, sólo que esta vez pude percibir con toda claridad que se trataba de una persona. Se volvió para que pudiéramos verle el rostro. Era Tashi. Wil se adelantó hacia él.

Antes de que pudiéramos alcanzarle, apareció justo por encima del centro de la sala una ventana espacial. La imagen se fue formando poco a poco, captando nuestra atención, hasta hacerse tan brillante que no podíamos ver a Tashi. Era una visión de la Tierra, vista desde el espacio.

La escena se transformó rápidamente y se formó la imagen de un ciudad europea, y luego la de un área metropolitana estadounidense, y por fin la de una conglomeración asiática. En cada una de aquellas imágenes se veían personas deambulando por ajetreadas calles, u ocupadas en oficinas o en otros lugares de trabajo. Mientras la escena se transformaba sucesivamente y aparecían diferentes ciudades en distintas zonas del planeta, vimos que los individuos, mientras trabajaban e interactuaban entre sí, elevaban lentamente sus niveles de energía.

Empezamos entonces a ver y a escuchar cómo esos individuos hablaban de cambiar de ocupación, siguiendo el curso de sus intuiciones, y cómo aumentaba su inspiración y creatividad para inventar nuevas y más veloces tecnologías y más eficientes servicios. Al mismo tiempo empezamos también a ver escenas de personas que permanecían ancladas en el miedo, resistiéndose a los cambios y tratando de acaparar el control.

A continuación apareció un centro de investigación, y dentro de él una sala de conferencias. Había un grupo de hombres y mujeres enzarzados en un acalorado debate, cuyo contenido se hizo finalmente claro. La mayoría de las personas estaban a favor de una nueva coalición entre las mayores compañías de comunicaciones e informática y un grupo internacional de servicios de inteligencia. Los representantes de los servicios de inteligencia argumentaban que la lucha contra el terrorismo exigía que se tuviera acceso a todas y cada una de las líneas telefónicas, incluidas las comunicaciones por Internet, y que era necesario introducir identificativos secretos en todos los ordenadores para que las autoridades pudieran supervisar cualquier archivo.

Pero eso no era todo. Querían también que hubiera más sistemas de vigilancia. Varios de los asistentes insistían en que si el problema de los virus informáticos no se solventaba, sería preciso controlar todo Internet, así como todos los ordenadores interconectados con otros. El acceso podría controlarse a través de un número de identificación especial que podría ser requerido para hacer cualquier tipo de transacción comercial electrónica.

Uno de ellos lanzaba la hipótesis de que podrían introducirse nuevos sistemas de identificación, como una imagen por escáner del iris o de la palma de la mano, o incluso alguna solución basada en las ondas cerebrales.

Dos personas, un hombre y una mujer, discutían con vehemencia en contra de estas medidas. Uno de ellos mencionaba el libro del Apocalipsis y la marca de la bestia. Mientras seguíamos observando y escuchando, me di cuenta de que podía ver a través de la ventana de la sala de conferencias. Por la carretera que pasaba fuera del edificio circulaba un vehículo, enmarcado en un paisaje desértico, con cactus y kilómetros de tierra árida.

Me volví hacia Wil.

—Esta discusión tiene lugar en este mismo momento —dijo—, en algún lugar y en tiempo presente. Parece que estén en el sudoeste de Estados Unidos.

Justo detrás de la mesa en torno a la cual se hallaba el grupo reunido, advertí algo distinto. El espacio que les rodeaba se hacía más brillante.

—¡Los dakini! —le dije a Wil.

Seguimos mirando y la situación del debate empezó a cambiar. Las dos personas que estaban en contra de aquellas medidas de vigilancia tan extremas parecían ganar atención por parte del grupo. Los ponentes parecían reconsiderar su postura.

De repente, nuestra atención se vio apartada de la imagen que teníamos delante por una fuerte vibración que hizo estremecer las paredes y el suelo del templo. Corrimos en dirección a una puerta que había al fondo del edificio, sin apenas poder ver en medio de la polvareda. Fuera se oía un fragor de piedras resquebrajándose y cayendo. Cuando estábamos a diez pasos de la puerta, ésta se abrió y se coló por ella una figura que no pudimos distinguir.

—Debe de ser Tashi —dijo Wil mientras se abalanzaba hacia la puerta y tiraba de ella para abrirla.

Mientras salíamos a toda velocidad, un nuevo estallido llenó el aire a nuestras espaldas. Las viejas ruinas que habíamos visto antes de entrar en el templo se desmoronaban en un amasijo de piedra y polvo. Detrás, sin que pudiéramos verlos, oímos el ruido de los helicópteros.

—Parece que el coronel aún es capaz de seguirnos —dije—. Pero sólo mantengo en mi mente imágenes positivas, ¿cómo lo habrá conseguido?

Wil me miró inquisitivamente y recordé lo que había dicho el coronel Chang acerca de que disponía ya de una tecnología que me haría imposible escapar. Tenía el escáner de mi cerebro.

Le expliqué a Wil en pocas palabras lo sucedido y dije:

—Quizá yo debiera ir en otra dirección y llevar a los soldados fuera del templo.

—No —dijo Wil—. Tienes que quedarte aquí. Tu presencia es necesaria. Tenemos que mantenernos por delante de ellos hasta que encontremos a Tashi.

Seguimos por un camino de piedra que pasaba por otros templos, hasta que me di cuenta de que mis ojos se fijaban en una puerta a nuestra izquierda.

Wil lo advirtió y se volvió.

—¿Por qué mirabas esa puerta? —me preguntó.

—No lo sé —repliqué—. Me ha llamado la atención. Me miró con impaciencia.

—Vamos a ver qué hay —añadí.

Entramos corriendo y nos encontramos con una nueva sala circular, mucho mayor que la anterior, de unos cien metros de diámetro. Sobre el centro se hallaba suspendida igualmente una ventana espacial. Vi a Tashi a nuestra derecha y empujé a Wil en aquella dirección.

Al vernos, Tashi sonrió aliviado, para centrarse a continuación de nuevo en la escena que era visible a través de la ventana. Esta vez veíamos una habitación repleta de objetos propios de un joven: pósters, pelotas, juegos, ropa amontonada. En una esquina había una cama deshecha y en el borde de una mesa se veía una caja de pizza a domicilio. En el otro extremo de la mesa un adolescente estaba ocupado en alguna clase de aparato electrónico. Únicamente vestía unos pantalones cortos y su rostro expresaba enojo y determinación.

Mientras mirábamos, la escena pasó a otra habitación, donde otro adolescente, vestido con camiseta y tejanos, miraba fijamente un teléfono. Se levantó y se paseó de un lado a otro, hasta que volvió a sentarse. Daba la impresión de que se esforzaba por tomar una decisión. Finalmente cogió el auricular y marcó un número.

En aquel momento la ventana se amplió de modo que podíamos ver ambas escenas. El primer muchacho contestó al teléfono. El joven que había llamado parecía pedirle algo, mientras el otro se enojaba cada vez más. Por fin el chico que había contestado al teléfono colgó dando un golpe, se sentó y se puso a trabajar de nuevo con el aparato que tenía en la mesa.

El otro adolescente se levantó, se puso una chaqueta y salió a toda prisa por la puerta. Al cabo de unos minutos el muchacho que estaba sentado a la mesa oyó llamar a su puerta, se levantó y fue a abrirla. Era el otro chico, el que le había llamado por teléfono. El primero intentó cerrar la puerta, pero el recién llegado logró entrar y se puso a hablar con él con gestos que denotaban que le pedía algo, mientras señalaba el aparato sobre la mesa.

El otro adolescente le empujó, sacó un arma de un cajón y apuntó al visitante. Éste retrocedió, pero siguió suplicando. El que tenía el arma en la mano explotó de ira y empujó a su víctima contra la pared, al tiempo que le ponía el cañón del arma en la sien.

En aquel momento detectamos que la zona que estaba detrás de ambos se hacía más brillante.

Miré a Tashi, quien me devolvió la mirada y volvió a concentrarse en la escena. Ambos sabíamos que éramos de nuevo testigos del trabajo de los dakini.

Vimos cómo uno de los muchachos seguía suplicándole algo al otro y éste le mantenía firmemente arrinconado contra la pared. Pero poco a poco, el chico que sostenía el arma fue tranquilizándose. Por fin, dejó caer la pistola y fue a sentarse en el borde de la cama. El otro joven se sentó en una silla frente a él.

A partir de aquel momento pudimos oír los detalles de su conversación. Comprendimos con toda claridad que el chico que había empuñado el arma quería ser aceptado por sus compañeros del colegio. Muchos de ellos sobresalían en diversas actividades extraescolares, por lo que eran capaces de ampliar sus talentos, mientras que él no había contado con su confianza para unirse a ellos. Éstos le habían humillado, le llamaban perdedor, y él se sentía un fracasado. La situación le llenaba de ira y de un falso sentimiento de fuerza que le había llevado a contraatacar. El artilugio en el que tan ocupado estaba era una bomba casera.

Igual que sucediera antes, notamos que el suelo retumbaba a nuestros pies y que el edificio entero se estremecía. Corrimos los tres hacia la puerta y nada más salir se vino abajo medio templo.

Tashi nos hizo señas para que le siguiéramos y corrimos varios cientos de metros hasta detenernos junto a una pared.

—¿Habéis podido ver a toda la gente que había en el templo y que enviaba energía de plegaria a los jóvenes? —preguntó Tashi.

Ambos le confesamos que no.

—Había cientos de personas trabajando en el problema de la rabia juvenil —dijo.

—¿Qué hacían exactamente? —pregunté.

Tashi se acercó a mí.

—Extendían su energía de plegaria, visualizaban cómo los chicos que veíamos en la escena elevaban su vibración para poder superar su miedo y su rabia y encontrar sus intuiciones más altas para resolver la situación. A uno de los chicos la energía le ayudaba a encontrar las ideas más persuasivas. Al otro chico, la energía de plegaria suplementaria le elevaba a una identidad que estuviera por encima y más allá de la identidad social rechazada por sus compañeros. Así ya no necesitaba su aprobación para ser alguien. Ello aliviaba su rabia.

—¿También en la otra escena hacían lo mismo? —pregunté—. ¿Ayudaban a contrarrestar la acción de los que querían controlarlo todo?

Wil se volvió hacia mí.

—Las personas que estaban en el templo enviaban un campo de plegaria destinado a elevar el nivel de energía de todos los que estaban involucrados en la discusión. Ello tenía el doble efecto de aliviar el miedo de aquellos que exigían un control siempre mayor, y de ayudar a encontrar el valor para hablar a aquellos que se resistían a esta idea.

Tashi asentía con la cabeza.

—Debemos ver todas esas escenas. Son algunas de las situaciones clave que deben vencerse para que pueda continuar la evolución espiritual, para que podamos superar este punto crítico en la historia.

—¿Y los dakini? —pregunté—. ¿Qué hacían?

—Ellos contribuían también a elevar el nivel de energía —repuso Tashi.

—Sí, claro —insistí—, pero seguimos sin saber qué es lo que les hace presentarse en el lugar y entrar en acción. Las personas que estaban en los templos hacían algo más que nosotros aún no sabemos.

En aquel momento oímos un nuevo estruendo que llenaba el aire, mientras la mitad del templo que aún quedaba en pie se derrumbaba.

Tashi se sobresaltó y se puso de nuevo en movimiento.

—Vamos —dijo—. Tenemos que encontrar a mi abuela.

11

EL SECRETO DE SHAMBHALA

Estuvimos caminando entre los templos durante horas, buscando a la abuela de Tashi, siempre pendientes de los movimientos de los militares chinos, mientras observábamos al mismo tiempo el trabajo que llevaban a cabo los moradores. En todos los templos encontramos personas que contemplaban una situación de las culturas exteriores que parecía haber llegado a un punto crítico.

Uno de los templos estaba trabajando en otro problema relacionado con la alienación juvenil: la proliferación de sucesos violentos inducidos por películas y videojuegos sangrientos, que creaban una falsa realidad de poder.

En los ejemplos que presenciamos, vimos cómo a los creadores de tales juegos se les enviaba energía que, como en los casos anteriores, tenía el efecto de elevarles a una perspectiva intuitiva más alta desde la que eran capaces de repensar los efectos que sus creaciones ejercían sobre los niños. Al mismo tiempo, se elevaba la energía de algunos padres para que pudieran percatarse de lo que hacían sus hijos y encontrar más tiempo para configurar un modelo de realidad diferente.

Otro templo estaba dedicado al debate actual en medicina sobre los enfoques alternativos y preventivos, los cuales se revelaban beneficiosos en la erradicación de enfermedades y el aumento de la longevidad. La medicina convencional —organizaciones médicas de diferentes países, directores de hospitales de investigación públicos, institutos sanitarios gubernamentales que patrocinan becas cuantiosas, empresas farmacéuticas— actuaba de acuerdo con un paradigma decimonónico basado en combatir los síntomas de la enfermedad sin tener demasiado en cuenta los aspectos preventivos.

Su objetivo eran los microbios, los genes defectuosos y las células tumorales de crecimiento descontrolado. Y la mayoría de ellos pensaba además que tales problemas eran un resultado inevitable de la edad. Partiendo de este punto de vista, la mayor parte de las subvenciones económicas iban destinadas a los grandes centros de investigación que sólo buscan recetas mágicas: medicamentos para matar microbios, destruir células malignas y reprogramar genes, cuya patente otorga la exclusividad de su comercialización. Muy poco dinero se destinaba a la investigación encaminada a descubrir vías para mejorar y fortalecer el sistema inmunitario y prevenir esas mismas enfermedades.

En una de las escenas que vimos, en la que aparecía una sesión de una conferencia que congregaba a representantes de diferentes campos relacionados con la salud, algunos especialistas defendían que era preciso que todo el ámbito de la medicina modificara su punto de vista si queríamos resolver el enigma de la enfermedad en los seres humanos, incluidas las lesiones arteriales de las dolencias cardíacas, los tumores cancerosos y las enfermedades degenerativas como la artritis, el lupus o la esclerosis múltiple.

Estos científicos argumentaban, igual que hiciera Hanh, que la verdadera causa de cualquier enfermedad era la contaminación del cuerpo debido a los alimentos que comíamos y a otras toxinas. El cuerpo pasaba así del saludable y vibrante estado alcalino de la juventud a un apagado e hipoenergético estado ácido, creador de un clima en el que los microbios proliferaban y se entregaban a la descomposición sistemática del organismo. Toda dolencia, argüían, es resultado de esta lenta descomposición de nuestras células por parte de los microbios, pero éstos no nos atacan sin una causa. Los alimentos que consumimos nos predisponen a la aparición de estos problemas.

A numerosos asistentes les costaba aceptar tales descubrimientos. Tenía que haber algún error, pensaban. ¿Cómo podía ser tan simple la cuestión de la enfermedad humana? Tenían vínculos con industrias sanitarias que veían cómo los consumidores gastaban miles de millones de dólares en complejos fármacos y en costosas intervenciones quirúrgicas. Los representantes de la medicina oficial tenían que creer por fuerza que todo aquello era necesario. Algunos de ellos estaban dedicados al proyecto, a punto de ser aceptado en muchos países, de introducir chips en las personas para obtener información sobre su salud y su consumo de fármacos, una puerta abierta al control y la identificación individual muy bien vista por parte de los servicios de inteligencia, los cuales estaban comprometidos con este programa. Su posición de poder dependía de él. Estaba en juego su sustento.

Además, a ellos les encantaban los alimentos que comían. ¿Cómo iban a recomendar a la gente que cambiara su dieta, cuando ellos mismos no eran capaces de hacerlo? No, no podían aceptarlo.

Con todo, los médicos que se decantaban por la nueva línea de investigación seguían defendiendo su causa, conocedores de que el clima era propicio para el cambio de paradigma. No hay más que ver la deforestación y la destrucción que sufren los bosques tropicales, por ejemplo, sólo para que pueda criarse ganado vacuno destinado al consumo de los países occidentales, argumentaban; un problema que cada vez conciencia a más personas.

También contribuía al cambio de mentalidad el hecho de que la generación nacida del *baby boom* comenzaba a sufrir las consecuencias de las enfermedades, y habían visto cómo la institución médica había fracasado con sus padres. Éstos buscaban también nuevas alternativas.

Poco a poco vimos cómo el conflicto adquiría tintes más moderados en la conferencia que presenciábamos. Empezaba a escucharse a los defensores del punto de vista alternativo.

En otro templo presenciamos un debate similar en torno a la profesión del derecho. Un grupo de abogados instaba a la profesión a depurarse a sí misma. Durante años, gran número de letrados de firme reputación se había mantenido al margen, viendo cómo muchos de sus colegas llevaban a cabo prácticas poco éticas, tales como inducir querellas, instruir a los testigos sobre cómo enmascarar la verdad, inventar defensas imaginarias y engatusar a los jurados. Había llegado el momento de dignificar la profesión. Algunos juristas aducían que debían tener una visión superior de su trabajo, que el verdadero papel de los abogados era reducir los conflictos, no promoverlos.

De forma similar, en alguno de los templos que visitamos se consideraba la situación de corrupción política que se vivía en diversos países. Vimos escenas en que aparecían una serie de cargos electos de Washington, que debatían a puerta cerrada acerca de la conveniencia de dar soporte a una campaña de reformas fiscales. Salía a colación de una forma especial la capacidad de los partidos políticos para recibir contribuciones ilimitadas por parte de determinados sectores especialmente interesados y de gastarlas en anuncios televisivos de ámbito estatal que distorsionaban la verdad de acuerdo con sus intereses. Esta dependencia de las grandes corporaciones para la obtención de fondos obligaba obviamente a los políticos del partido a compensarlas con ciertos favores. Todo el mundo lo sabía.

Este tipo de políticos se resistía a aceptar los argumentos de los reformadores que proclamaban que la democracia jamás podría alcanzar su ideal mientras éste se fundamentara en una propaganda televisiva distorsionada, en lugar de hacerlo en debates públicos en los que los ciudadanos pudieran juzgar con más facilidad el comportamiento, la expresión facial y la sinceridad de quienes intervinieran en ellos, para así basarse en su intuición a la hora de elegir al mejor candidato.

Mientras seguíamos recorriendo los templos, nos convencimos de que todos ellos se centraban de una forma similar en alguno de los ámbitos particulares de la vida humana. Vimos muchos líderes mundiales llenos de temor, incluidos los integrantes del gobierno chino, que eran ayudados a unirse a la comunidad mundial y a introducir reformas económicas y sociales.

En todos los casos, la zona que aparecía tras las personas implicadas adquiría una mayor luminiscencia y quienes actuaban movidos por el miedo para controlar o manipular a los demás con el fin de asegurarse un mayor poder personal, empezaban a transigir.

Mientras continuábamos avanzando por el laberinto de templos en busca de la abuela de Tashi, acudían a mi mente una y otra vez las mismas preguntas. ¿Qué estaba sucediendo allí exactamente? ¿Qué relación había entre los dakini o los ángeles con la realización efectiva de las extensiones de la plegaria? ¿Qué sabían los habitantes de los templos que nosotros todavía desconocíamos?

En un determinado momento, nos encontramos ante miles de templos que ocupaban toda la extensión que alcanzaba la vista. Seguíamos percibiendo el sonido de los helicópteros como un ruido de fondo en el paisaje. Otro gran templo, a menos de doscientos metros por detrás de nosotros, se vino abajo con estrépito.

—¿Qué les sucede a las personas que están en el interior de los templos destruidos? —le pregunté a Tashi.

Miró la columna de polvo que se elevaba de los escombros.

—No se preocupe, no les pasa nada. Pueden cambiar de ubicación sin ser vistos. El problema es que dejan de enviar energía. —Nos miró a los dos—. Y su ayuda es fundamental en las situaciones que estaban contemplando.

Wil se acercó a Tashi.

—Tenemos que decidir hacia dónde dirigirnos. No tenemos mucho tiempo.

—Mi abuela tiene que estar por aquí —dijo Tashi—. Mi padre me dijo que estaba en uno de los templos centrales.

Observé la multitud de edificaciones de piedra.

—No hay centro físico alguno, al menos yo no soy capaz de distinguirlo.

—Mi padre no se refería a eso —dijo Tashi—. Quería decir que mi abuela está en un templo dedicado a los temas centrales, decisivos, de la evolución humana. —Tashi oteaba los templos en la distancia mientras hablaba.

—Tú puedes ver a los que viven aquí mejor que nosotros —le dije—. ¿No podrías pedirles que nos orientaran?

—Ya he intentado hablar con ellos —replicó—, pero mi energía no es lo bastante fuerte. A lo mejor si pudiera seguir aquí un rato más...

Tashi no había acabado la frase cuando se derrumbó otro templo, esta vez mucho más cerca de nosotros.

—Debemos mantenernos fuera del alcance de la energía de los soldados —dijo Wil.

—Un momento —dijo Tashi—. Me parece que veo algo.

Miraba hacia el conjunto de templos. Yo miré también, sin apreciar ninguna diferencia. Me volví hacia Wil, quien se encogió de hombros.

—¿Dónde? —le pregunté a Tashi.

Éste había iniciado ya el descenso por un camino a nuestra derecha, indicándonos que le siguiéramos.

Después de caminar a toda prisa durante veinte minutos, nos detuvimos frente a un templo más grande que los otros y con un ligero matiz azulado en sus paredes de roca.

Tashi permanecía inmóvil, mirando la maciza puerta de piedra.

—¿Qué sucede, Tashi? —preguntó Wil.

Por detrás de nosotros, bastante lejos, oímos el estrépito que indicaba el desplome de un nuevo templo.

Tashi se volvió hacia mí.

—El templo que aparecía en su sueño en el que encontrábamos a alguien, ¿no era azul?

Observé de nuevo la edificación.

—Creo que sí —dije—. Sí, era azul.

Wil se dirigió hacia la puerta y se volvió hacia nosotros.

Tashi asintió con la cabeza y Wil tiró del enorme bloque de piedra, que se deslizó sobre sus goznes.

El templo estaba lleno de gente. Como en las ocasiones anteriores, sólo pude ver la silueta de muchos cuerpos. Me pareció que todos se movían y se congregaban a nuestro alrededor, y me sentí invadido por un sentimiento de alegría. Se desplazaban siguiendo un movimiento en dirección al centro del templo. Al instante vi abrirse una ventana espacial. Empezaron a formarse diferentes escenas situadas en Oriente Medio, seguidas de imágenes del Vaticano y luego de Asia, que parecían sugerir la existencia de un creciente diálogo entre las principales religiones institucionales.

En ellas se desarrollaba una creciente tolerancia. Tanto el cristianismo como el judaísmo y el islam alcanzaban la comprensión de que la experiencia religiosa en sí misma de unas y otras era exactamente lo mismo, a pesar de que cada religión ponía el acento en aspectos diferentes de esa interacción mística con Dios.

Las religiones orientales enfatizaban los efectos sobre la conciencia misma, el sentimiento de unidad con el universo, la liberación de los deseos del ego y un cierto desapego. El islam otorgaba mayor importancia al sentimiento de unidad que nacía de compartir esta experiencia con los demás y el poder inherente a la acción en grupo. El judaísmo ponía el énfasis en la experiencia de sentirse elegidos y de que cada ser humano viviente es responsable de impulsar la evolución de la espiritualidad humana.

El cristianismo enfatizaba la idea de que el espíritu se manifiesta en los seres humanos no sólo como una parte de Dios, sino también como un yo superior, como si nos convirtiéramos en una versión ampliada de la persona que somos, más completa, capaz, dotada de una sabiduría interior que nos mueve a actuar. Como si la personalidad humana de Dios, Jesucristo, mirara ahora a través de nuestros ojos.

En la escena que teníamos ante nosotros podíamos ver los efectos de esta nueva tolerancia y de esta nueva unidad. El foco de atención iba desplazándose cada vez más hacia la experiencia misma de la conexión, minimizando las diferencias sobre el aspecto enfatizado por cada una de las religiones. Parecía fortalecerse la voluntad de resolver los conflictos étnicos y religiosos, así como la comunicación entre los líderes religiosos y la conciencia de lo poderosa que puede ser la plegaria si todos extendían sus campos hacia la unidad religiosa.

Mientras contemplaba la escena recordé lo que el lama Rigden y Ani me habían dicho acerca de que la unificación de la religión sería una señal indicativa de que los secretos de Shambhala estarían dándose a conocer.

Entonces la escena que veíamos a través de la ventana se transformó. Pudimos ver a un grupo de personas que hablaban y festejaban alegremente el nacimiento de un bebé. Todos reían y se pasaban el niño de uno a otro. Aquellas personas tenían un aspecto muy diferente entre sí, como si pertenecieran a nacionalidades diversas. Mientras las miraba tuve la clara impresión de que representaban también trasfondos religiosos diferentes. Al observar con mayor atención pude distinguir a los padres del bebé. Su aspecto me resultó familiar. Sabía que no eran ellos, pero los rasgos faciales de los padres eran muy similares a los de Pema y su esposo.

Me esforcé por mirar con mayor detenimiento, pues tenía la sensación de que esa escena era de gran importancia.

La imagen se transformó de nuevo. Ahora veíamos una región tropical del sudeste asiático o tal vez de China. Al igual que antes, la escena mostró el interior de una casa en la que cierto número de personas de rasgos diferentes se pasaban de brazo en brazo a un recién nacido y felicitaban a los padres.

—¿Ve lo que nos están enseñando? —dijo Tashi—. Ahí es donde iban las concepciones incompletas. Los nuevos seres iban a diferentes familias de todo el mundo. Debe haberse producido un proceso de canalización. Los niños, de algún modo, obtenían la energía genética superior de Shambhala antes de partir.

Wil bajó la mirada, pensativo. Luego se volvió hacia nosotros.

—Es la transición de que hablaban las leyendas —dijo—. La energía de Shambhala está desplazándose a lugares diferentes por todo el planeta.

—¿Qué? —exclamé.

Tashi me miró.

—Usted ya conoce la leyenda que dice que los guerreros de Shambhala surgirán del este y derrotarán a las fuerzas de las tinieblas, para crear una sociedad ideal. Eso no sucederá con caballos y espadas, sino mediante el efecto de nuestros campos extendidos, a la par que el conocimiento de Shambhala se expande por el mundo. Si los adeptos de todas las religiones que creen con fuerza en una conexión con lo divino desechan las plegarias negativas y trabajan juntos, todos podremos utilizar las extensiones de la plegaria para asumir el papel desempeñado por Shambhala.

—Pero no sabemos todo lo que sus moradores están llevando a cabo —dije—. ¡Nos falta conocer el resto del secreto!

Al pronunciar aquellas palabras, la escena que mirábamos a través de la ventana espacial cambió una vez más. Ahora veíamos una gran extensión de montañas nevadas y un grupo de helicópteros militares chinos dirigiéndose hacia nosotros. Vimos cómo varios templos más se derrumbaban mientras ellos se acercaban, adoptando el aspecto de ruinas antiguas que se desvanecían hasta convertirse en polvo. La escena se trasladó al exterior mismo del templo en que nos encontrábamos, y luego al interior.

Nos vimos a nosotros mismos dentro del edificio. A nuestro alrededor, en lugar de vagas siluetas de personas, veíamos sus nítidas imágenes. Muchas de ellas iban ataviadas con la indumentaria tradicional de los monjes tibetanos, pero muchas otras vestían de manera diferente. Unas llevaban ropas propias de las religiones orientales, otras los trajes tradicionales de los judíos hasidim, algunas, vestimenta y crucifijos cristianos, y muchas otras vestían como los mullah mahometanos.

Curiosamente una de ellas me recordó a una persona que vivía cerca de mi casa, en el mismo valle, por lo que la observé con atención. Me sumí en un ensueño que me trasladó de manera momentánea a mi hogar. En mi imaginación lo veía todo con gran claridad: las montañas que contemplaba primero desde la ventana principal, y luego desde la cascada. Recordé el sabor de aquella agua. Me imaginé a mí mismo inclinándome y bebiendo.

Se oyó de nuevo el ruido de los helicópteros, esta vez muy cerca, y el estrépito de un templo al desplomarse contra el suelo.

A través de una ventana espacial observamos que Tashi se había separado de nosotros y caminaba hacia la derecha, mirando de frente a uno de los monjes tibetanos.

—¿Quién es ese monje? —le pregunté a Wil.

—Debe de ser su abuela —repuso él.

Vimos que habían entablado conversación, pero no podía entender sus palabras. Finalmente ambos se abrazaron y Tashi volvió corriendo hasta nosotros.

Yo seguía mirándole a través de la ventana, pero cuando llegó a mi lado la escena desapareció. La ventana continuaba en el mismo lugar, pero las imágenes que proyectaba se habían convertido en una nube borrosa.

Tashi estaba exultante.

—¿No se da cuenta? —dijo—. Desde este templo han estado observándoles a usted y a Wil durante todo el tiempo en que trataban de llegar a Shambhala. Estas personas han estado utilizando sus campos de plegaria para ayudarles. Sin ellas, ninguno de nosotros estaríamos aquí.

Miré a mi alrededor y advertí que ya no podía ver la silueta de las personas que nos rodeaban.

—¿Dónde han ido? —exclamé.

—Tenían que partir —repuso Tashi, que había dirigido la mirada a la ventana vacía que pendía del centro de la sala—. Ahora todo depende de nosotros.

En aquel momento una brutal sacudida retumbó en todo el templo y varias piedras cayeron en el exterior.

—¡Los soldados! —gritó Tashi—. Están aquí. —Se había detenido a escuchar el sonido de los helicópteros que llegaba de fuera.

Sin previo aviso, la ventana espacial se iluminó y vimos a los chinos que descendían de los helicópteros en el exterior del templo. Al frente iba el coronel Chang, dando instrucciones a las tropas. Podíamos ver su rostro con toda claridad.

—Tenemos que instruirle con nuestros campos —dijo Wil.

Tashi asintió y nos guió rápidamente a través de las extensiones. Visualizamos cómo nuestros campos de energía fluían de nosotros y alcanzaban los campos de los soldados chinos, sobre todo el de Chang, elevándoles a una nueva conciencia de sus intuiciones más altas.

Mientras observaba su rostro, pareció detenerse y mirar hacia arriba, como si sintiera la energía superior.

Escruté con atención en busca de cualquier expresión de su ser superior y advertí lo que me pareció una ligera modificación en sus ojos, incluso una media sonrisa tal vez. Se volvió a un lado y a otro, mirando a sus soldados.

—Concentraos en su rostro —dije—. En su rostro.

Mientras así lo hacíamos, se detuvo de nuevo. Uno de los soldados, aparentemente el siguiente en graduación, se acercó a él y comenzó a hacerle preguntas. Durante un segundo o dos, Chang ignoró al oficial inferior. Pero poco a poco el subordinado fue ganando su atención, mientras señalaba el templo en que nos encontrábamos nosotros. Una expresión de ira volvió al rostro de Chang, quien hizo señas a los soldados de que le siguieran y se dirigió hacia nosotros.

—No funciona —dije.

Wil se volvió hacia mí.

—Los dakini no están.

—Tenemos que salir de aquí —gritó Tashi.

—¿Cómo? —preguntó Wil.

Tashi se volvió hacia nosotros.

—Tendremos que pasar por la ventana. Mi abuela dice que a través de ella podemos llegar a las culturas exteriores. Pero sólo si desde allí recibimos ayuda para elevar la energía del otro lado.

—¿Qué quieres decir con recibir ayuda? —pregunté—. ¿Quién va a ayudarnos?

Tashi movió la cabeza en señal de negación.

—No lo sé.

—Bien, pues tendremos que intentarlo. ¡Y deprisa! —exclamó Wil.

Tashi parecía confundido.

—¿Cómo pasabais por las ventanas de vuelta a los anillos externos? —pregunté.

—Allí teníamos los amplificadores —repuso Tashi—. No estoy seguro de poder hacerlo sin su ayuda.

Puse la mano sobre el hombro de Tashi.

—Ani me dijo que todos los que vivíais en los anillos estabais a punto de alcanzar la capacidad de manifestaros sin necesidad de la tecnología. Piensa un poco. ¿Cómo lo hacíais?

Tashi continuaba debatiéndose interiormente.

—No lo sé, de verdad. Era algo automático. —Hizo una breve pausa—. Supongo que, sencillamente, esperábamos que sucediera y ocurría al instante.

—Pues hazlo, Tashi —dijo Wil señalando a la ventana con la cabeza—. Hazlo ahora.

Tashi se concentró y luego me miró.

—Necesito saber dónde quiero ir para poder visualizar el lugar. ¿Dónde vamos a ir?

—Espera un momento —dije—. Recuerda el sueño que tuviste. ¿No veías agua en él?

Tashi se quedó unos segundos pensando y dijo:

—Era un lugar desde el que se veía una fuente de agua. Un pozo, tal vez, o a lo mejor...

—¿Una cascada? —exclamé—. ¿Una cascada con un estanque de paredes de piedra al pie de la misma?

Me miró fijamente.

—Creo que sí.

Me volví hacia Wil.

—Conozco ese lugar. Es una cascada que se encuentra en la vertiente norte del valle en que vivo. Ahí es donde tenemos que ir.

En aquel momento el templo volvió a estremecerse con una violenta sacudida. La mente se me llenó de imágenes del templo derrumbándose y de explosiones que nos lanzaban por los aires. Las alejé rápidamente y en su lugar imaginé que lográbamos escapar. Empecé a sentirme igual que debió sentirse mi padre, inmerso en medio de una batalla que él no había buscado, pero que, debido a las circunstancias, no había podido evitar. Sólo que esta vez se trataba de una batalla mental.

—Concentrémonos —exclamé—. ¿Qué tenemos que hacer?

—Primero, visualizar el lugar al que vamos —repuso Tashi—. Descríbenoslo.

Les describí apresuradamente todos los detalles: el camino de la montaña, los árboles, el modo en que fluía el agua, el color de las hojas en aquella época del año. Luego tratamos de ayudar a Tashi mientras se concentraba en la imagen. Mientras mirábamos la ventana, ésta empezó a desplazarse hasta el lugar imaginado. Podíamos ver la cascada con toda claridad.

—¡Ahí está! —grité.

Wil se volvió hacia Tashi.

—Y ahora, ¿qué? Tu abuela te ha dicho que necesitaríamos ayuda.

A través de la ventana vimos a una persona confundida con el paisaje y nos concentramos los tres en su borrosa imagen. Me esforcé por averiguar quién era y advertí que era muy joven, más o menos de la edad de Tashi.

La imagen por fin se hizo más clara y la reconocí.

—Es Natalie, la hija de mi vecino —exclamé, recordando la primera intuición que había tenido acerca de ella. Aquella vez la había imaginado en aquel mismo escenario.

Tashi sonreía abiertamente.

—¡Es mi hermana!

En aquel momento otro enorme pedazo de piedra del templo cayó en el exterior.

—Está ayudándonos —exclamó Wil, mientras nos empujaba hacia la ventana—. ¡Vamos!

Con un sonido de succión, Tashi penetró a través de la ventana, seguido de Wil. Justo cuando yo la alcanzaba, la pared trasera del templo se vino abajo. Al otro lado apareció el coronel Chang.

Me volví a mirarle, y acto seguido desaparecí por la ventana.

Su rostro seguía mostrando una expresión de determinación, mientras cogía de su cinturón una radio de onda corta.

—¡Sé dónde van! —gritó mientras lo que quedaba del templo se desplomaba en el espacio interior del mismo—. ¡Lo sé!

Tras pasar por la ventana, mis pies tocaron un terreno familiar y sentí en el rostro el calor del aire. Había vuelto a casa.

Miré a mi alrededor y vi a Tashi y Natalie juntos. Se miraban a los ojos e intercambiaban rápidas palabras. Tenían una expresión de gran regocijo, como si acabaran de realizar un gran descubrimiento. Wil permanecía a su lado.

Tras ellos estaba Bill, el padre de Natalie, junto con otros vecinos de la comunidad, entre ellos el padre Brannigan y Sri Devo, y también Julie Carmichael, una ministra protestante. Todos ellos parecían algo confundidos.

Bill se acercó a mí.

—No sé de dónde vienen, pero doy gracias a Dios de que estén aquí.

Señalé hacia el grupo de clérigos.

—¿Cómo es que están aquí?

—Natalie les pidió que vinieran. Les ha hablado de

ciertas leyendas y les ha enseñado a crear campos de plegaria y toda esa clase de cosas. Según parece, de repente empezó a recibir ese tipo de ideas. Decía que podía ver lo que os estaba pasando y hemos visto a alguien vigilando tu casa.

Miré hacia la colina. Iba a decir algo cuando Bill añadió:

—Natalie decía también algo particularmente extraño. Afirmaba que tenía un hermano. ¿Quién es ese muchacho que está hablando con ella?

—Te lo explicaré luego —dije—. ¿Quién ha estado vigilando mi casa?

Bill no contestó. Miraba a Wil y a los demás, que se aproximaban a nosotros.

En aquel momento oímos acercarse varios vehículos, por la colina situada sobre nosotros. Una furgoneta azul se detuvo frente a mi casa. De ella descendieron dos hombres, que nos vieron y se acercaron a un saliente rocoso a unos treinta metros por encima de donde estábamos.

—Son miembros de los servicios de inteligencia chinos —dijo Wil—. Chang debe haberles alertado. Tenemos que crear un campo.

Esperaba que los clérigos preguntaran qué era eso, pero en cambio asintieron con la cabeza. Natalie empezó a guiarnos a través de las extensiones, con Tashi a su lado.

—Comenzad por la energía del creador —dijo Natalie—. Dejad que penetre en vuestro cuerpo y os llene por completo. Dejad que fluya por lo alto de vuestras cabezas y por los ojos. Que fluya al mundo en forma de campo de plegaria constante hasta que sólo veáis belleza y sólo sintáis amor. Manteneos en un estado elevado de alerta y esperad que vuestro campo se propague y estimule los campos espirituales de los hombres que están sobre nosotros, elevándoles a sus intuiciones.

En lo alto de la colina, los hombres nos vigilaban con siniestra mirada. Luego empezaron a bajar por el camino en dirección a nosotros.

Tashi miró a Natalie y asintió con la cabeza.

—Ahora —dijo Natalie—, podemos facultar a los ángeles.

Miré a Wil.

—¿Qué?

—Primero —continuó Natalie—, debemos asegurarnos de que nuestros campos estén dipuestos de tal manera que puedan entrar en los campos de los hombres de ahí arriba.

»Visualizad que ello sucede. No son enemigos, son personas, son almas que tienen miedo. Y luego debemos reconocer de forma inequívoca la presencia de los ángeles, y visualizar expresamente que éstos se dirigen hacia esos hombres.

»Entonces, con toda la fuerza de vuestras esperanzas, visualizad que amplifican nuestros campos de plegaria. Facultad a los ángeles con un poder completo para darles una energía a esos hombres que esté por encima de la que podríamos infundirles nosotros solos, elevándoles a una conciencia incapaz de hacer el mal.

Yo miraba fijamente a los hombres que bajaban por la colina, tratando de divisar alguna zona más iluminada que señalara la presencia de los dakini. Pero por mucho que me esforzaba por detectarla, no veía nada.

—No funciona —le dije a Wil.

—¡Mira! —exclamó él—. Ahí arriba, a la derecha.

Me fijé y empecé a vislumbrar una luz que se acercaba, hasta que me di cuenta de que la luz rodeaba como un halo a una persona que caminaba hacia los dos hombres. El hombre envuelto en el halo de luz llevaba puesto el uniforme de representante del sheriff.

—¿Quién es ese agente? —pregunté a Bill—. Su aspecto me resulta familiar.

—Espera —dijo Wil—. No es una persona.

Me fijé otra vez en él y vi que el agente se ponía a hablar con los dos hombres. El halo de luz los englobó a ellos también hasta que al final se volvieron a su vehículo. Aunque el agente no se movió de donde estaba, el halo de luz se desplazó junto con los dos hombres y se extendió a la furgoneta, que arrancó y se marchó con rapidez.

—La extensión ha funcionado —dijo Wil.

Pero yo no le prestaba atención. Tenía los ojos clavados en el agente, que se había vuelto hacia nosotros. Era alto y tenía el pelo negro. ¿Dónde le había visto antes?

Cuando se alejaba caí en la cuenta. Era el mismo hombre que había visto en el servicio de atención a clientes en Katmandú, quien me había hablado por primera vez acerca de las investigaciones sobre la plegaria: aquel a quien Wil había llamado mi ángel de la guarda.

—Siempre que es necesario adoptan la forma humana —dijo Tashi, mientras se acercaba en compañía de Natalie—. Acabamos de completar la última extensión —añadió—. Por fin conocemos el secreto de Shambhala. Ahora ya podemos actuar como los habitantes de Shambhala. Observando el mundo y buscando las situaciones críticas que en él tenían lugar, intercedían por todos no sólo con la fuerza de sus propios campos de plegaria, sino también con la de los reinos angélicos. Ése es el papel de los ángeles: amplificar.

—No lo entiendo —dije—. ¿Por qué no funcionó cuando tratamos de detener a Chang, justo antes de atravesar la ventana?

—Yo no conocía cuál era el último paso —dijo Tashi—. No sabía lo que hacían en los templos hasta que he hablado con Natalie. Es verdad que instruimos a Chang, pero aún no sabíamos facultar a las fuerzas angélicas para que tuvieran acceso a nuestra energía y les fuera posible intervenir. Hay que empezar por reconocer la presencia de los ángeles, pero luego, una vez llegados a ese nivel de energía, tenemos que facultarles para que puedan actuar. Y debemos hacerlo con toda la intención. Debemos pedirles que vengan.

Tashi guardó silencio y miró pensativo el horizonte, mientras en el rostro se le dibujaba una sonrisa.

—¿Qué sucede, Tashi? —pregunté.

—Es mi madre, junto con todos los demás habitantes de Shambhala —dijo—. Están conectando con nosotros. Puedo sentirles.

Nos pidió a todos que prestáramos atención.

—Podemos hacer una cosa más. Facultar a los ángeles para que ejerzan una acción general de protección en este valle.

Seguimos las instrucciones de Natalie, mientras ésta nos guiaba a través del proceso de disponer un campo especial que fluyera hacia lo alto de las laderas boscosas, en todas direcciones a lo ancho del valle, y que facultara a los ángeles con el poder de protegernos.

—Visualizad un ángel en cada una de las vertientes —dijo Natalie—. Shambhala estuvo siempre protegida. Nosotros también podemos estarlo.

Todos seguimos concentrándonos en las montañas durante algunos minutos más, y luego los dos jóvenes volvieron a entablar conversación mientras nosotros les escuchábamos.

Hablaban de los demás niños que habían llegado procedentes de Shambhala y de la necesidad de que despertaran, estuvieran donde estuviesen. Nos dijeron que los niños que venían ahora eran más poderosos que nunca.

Eran más grandes, fuertes e inteligentes, pero en un sentido nuevo por completo. Y que se entregaban, mucho más que nunca, a actividades extraescolares. Cantaban, bailaban, practicaban una gran variedad de deportes, componían música, escribían. Muchos de ellos desarrollaban sus talentos a una edad más temprana que en las generaciones anteriores.

—Sólo hay un problema. La fuerza de su esperanza es mucho mayor, pero aún no han aprendido a controlar los efectos de sus pensamientos. Necesitan aprender cómo funcionan sus campos de plegaria, y nosotros podemos ayudarles.

Natalie y Tashi, enzarzados todavía en su conversación, se dirigieron a casa de Bill seguidos por los clérigos.

Me invadió un sentimiento de escepticismo. Aun después de ver todo lo que había visto, seguía albergando dudas acerca de la capacidad real de los seres humanos para facultar a los ángeles.

—¿Crees de verdad que podemos hacer que los ángeles vengan a ayudarnos a nosotros y a otras personas? —le pregunté a Wil—. ¿Es posible que se nos haya dado tanto poder?

—No es tan fácil como tú lo expresas —contestó Wil—. De hecho, eso es algo que resulta imposible para alguien que encierre intenciones negativas. Nada de todo esto funciona a no ser que estemos totalmente conectados con la energía del creador que se halla en nuestro interior, y que enviemos nuestra energía al exterior y por delante de nosotros de forma muy consciente para que alcance a los demás. Si dejamos que se inmiscuya el menor atisbo de nuestro ego, o damos entrada al menor rastro de ira, toda la energía desaparece y entonces los ángeles no pueden responder. ¿Comprendes lo que digo? Somos agentes de Dios en este planeta. Podemos afirmar la voluntad divina y mantener su visión, y si nos sumamos con autenticidad a este futuro positivo, tendremos la suficiente energía de plegaria para hacer que los ángeles actúen.

Asentí con la cabeza, reconociendo la veracidad de sus palabras.

—¿Ves qué representa todo esto? —preguntó—. Toda esta información constituye la Undécima Revelación. El conocimiento de los campos de plegaria hace avanzar a la cultura humana un paso más. La Décima Revelación, que afirmaba que el propósito del ser humano en este planeta era crear una cultura espiritual ideal manteniendo la visión, estaba incompleta. No sabíamos exactamente cómo mantenerla. No conocíamos los detalles de cómo utilizar nuestra fe y nuestras esperanzas en términos de energía.

»Ahora sí lo sabemos. La realidad de Shambhala, el secreto de los campos de plegaria, nos ha dado este conocimiento. Ahora podemos mantener la visión de un mundo espiritual y actuar para hacerlo realidad a través de nuestro poder creativo. La cultura humana no podrá avanzar mientras no utilicemos conscientemente este poder al servicio de la evolución espiritual. Debemos obrar siguiendo el modelo de los moradores de los templos: disponiendo metódicamente nuestros campos de plegaria sobre todas aquellas situaciones críticas determinantes. El verdadero papel de los medios de comunicación, sobre todo de la televisión, es el de mostrar esas zonas problemáticas. Debemos tomar conciencia de cada discusión, de cada debate científico, de cada lucha que alguien sostenga entre la luz y las tinieblas, y dedicar todo el tiempo necesario para utilizar nuestros campos.

Miró todo cuanto nos rodeaba y continuó:

—¿Te imaginas qué podríamos conseguir si se aunara

el poder de todas las religiones en un gigantesco campo de plegaria unificado? Por ahora el campo está fragmentado en muchos casos incluso anulado por efecto de la plegaria negativa y el odio. Muchas personas están dejando que sus pensamientos se llenen de negatividad, creyendo que eso no importa.

»Pero ¿por qué no cambiar todo esto? ¿Por qué no disponer un campo, el mayor que el mundo haya visto jamás, que recorra todo el planeta instruyendo a esas fuerzas perniciosas que campan por doquier y que pretenden centralizar el poder y controlar a las demás personas? ¿Qué sucedería si los sectores reformistas de todas las profesiones supieran cómo conseguirlo? ¿Qué lograríamos si pudiera extenderse a tales extremos una conciencia del campo?

Wil hizo una breve pausa, tras la cual continuó:

—Si todos creyéramos de verdad en los reinos angélicos y supiéramos que podemos facultar sus poderes por derecho de nacimiento podríamos incidir de forma inmediata en cualquier situación. El nuevo milenio puede tener un aspecto muy diferente al que hemos conocido hasta ahora. Podríamos ser los verdaderos guerreros de Shambhala y que de nosotros dependa el cariz que tome el futuro.

Guardó momentáneo silencio y me miró con gran seriedad.

—Éste es el verdadero reto de la generación presente. Si no tenemos éxito, todos los sacrificios de las generaciones pasadas pueden ser vanos. Podríamos no superar los daños que se están causando en el medio ambiente... o las insidiosas acciones de los controladores.

»Lo importante es empezar a tejer una red consciente de "pensamiento", interconectar a los guerreros... Las personas que tienen este conocimiento deberían conectar con todas aquellas que tengan relación con su vida y que pudieran querer saber.

Yo permanecía en silencio. Las palabras de Wil me hacían pensar en Yin y en todos aquellos que vivían bajo la tiranía china. ¿Qué habría sido de él? Nunca habría podido conseguirlo sin su ayuda. Le comuniqué a Wil mis pensamientos.

—Aún podemos encontrarle —dijo Wil—. Recuerda que la televisión sólo es una precursora del perfeccionamiento de nuestra visión mental. Intenta visualizar una imagen del lugar en que se encuentre.

Traté de poner la mente en blanco y pensar sólo en Yin. Pero en su lugar surgió el rostro del coronel Chang. Le dije a Wil lo que acababa de sucederme.

—Recuerda el semblante que tenía cuando parecía despertar —dijo Wil—, y busca esa misma expresión en la imagen.

Encontré esa expresión en mi mente y entonces la imagen se modificó de pronto en una visión de Yin encerrado en la celda de una prisión y rodeado de guardianes.

—Le veo —dije.

Extendí mi energía de plegaria y faculté poder a los reinos superiores hasta que la zona que le rodeaba se hizo más luminosa. Entonces visualicé cómo la luz se propagaba a todos cuantos le mantenían apresado.

—Visualiza un ángel junto a Yin... —dijo Wil—, y otro junto al coronel.

Asentí con la cabeza, mientras recordaba el código de compasión tibetano.

Wil arqueó una ceja y sonrió mientras yo volvía a concentrarme en las imágenes. Yin estaría a salvo. El Tíbet finalmente sería libre.

Esta vez no me cabía duda.

Queremos compartir más momentos contigo.

Únete a la comunidad de Penguin Libros
y encuentra tu siguiente lectura.

Penguin
Random House
Grupo Editorial